竹田健二 著

市民大学の誕生

大坂学問所懐徳堂の再興

020 HANDAI Livre 懐徳堂

大阪大学出版会

はじめに

懐徳堂《かいとくどう》―それは、江戸時代の中頃、大坂の大商人である五同志《ごどうし》らによって創設された「学校」である。懐徳堂は百四十年余り続き、中井竹山《なかいちくざん》・履軒《りけん》兄弟などの優れた学者を輩出したが、明治維新による激しい社会的変動を乗り越えることができず、明治二年（一八六九）に閉鎖された。

四十年あまり後、懐徳堂を顕彰しようとの気運がにわかに高まると、明治四十三年（一九一〇）に大阪の財界・政界・言論界の強力な支援を得て懐徳堂記念会《かいとくどうきねんかい》が結成され、翌明治四十四年（一九一一）に懐徳堂記念祭《かいとくどうきねんさい》が盛大に挙行された。

懐徳堂顕彰の運動は、大正二年（一九一三）に設立された財団法人懐徳堂記念会に引き継がれた。財団法人懐徳堂記念会は大正五年（一九一六）に講堂（重建《ちょうけん》懐徳堂という）を建設し、学ぶ機会を求める一般市民に幅広い講義や講演を数多く提供した。財団法人が運営する重建懐徳堂は、文系の大学が存在しなかった当時の大阪において、民間の「市民大学」として機能したのである。

ところが、重建懐徳堂は、第二次世界大戦の末期、昭和二十年（一九四五）の大阪大空襲によって焼失する。幸い多数の貴重な資料を納めていた書庫は焼け残ったが、懐徳堂記念会は活動の拠点を失った。

しかし、財団法人懐徳堂記念会は戦後設立された大阪大学文学部と提携し、今日に至るまで、市民向けの公開講座などを継続して展開している。

懐徳堂を顕彰する気運の高まりが懐徳堂記念会や財団法人懐徳堂記念会の設立、ひいては重建懐徳堂の建設に至ったこと、さらに財団法人懐徳堂記念会が今日に至るまでおよそ百年もの間、学ぶ意欲を持った大阪の一般市民に向けて広く学びの場を提供し続けているということは、実に驚異的である。そしてまた大阪の市民にとって大いに誇るべきことである。

もっとも、懐徳堂記念会・財団法人懐徳堂記念会の設立の経緯については、これまで不明な点も少なくなかった。従来は財団法人懐徳堂記念会が公にした資料のみに基づいて理解されてきたが、近年、財団法人懐徳堂記念会や大阪大学に保存されている資料の調査・研究によって新たな事実が確認され、その結果、見直しや細部の解明が大いに進んでいる。

たとえば、懐徳堂記念会発足にあたって重要な役割を果たした大阪人文会《おおさかじんぶんかい》の活動の実態、あるいは大阪人文会と懐徳堂記念会との関係についての解明が進んだ。また、財団法人懐徳堂記念会が、懐徳堂の編年史である『懐徳堂《かいとくどう》紀年《きねん》』を大正天皇へ献上していたという新事実も確認された。さらに、懐徳堂関係資料の保存や整理に尽力した中井家の子孫・中井木菟麻呂《なかいつぐまろ》の日記『秋霧記《しゅうむき》』の解読により、木菟麻呂と大阪人文会・懐徳堂記念会などとの関係、あるいは大阪府立図書館内に懐徳《かいとく》堂記念室《どうきねんしつ》が設置された経緯なども明らかとなった。

本書では、こうした最新の研究成果を取り入れ、特に懐徳堂記念会や財団法人懐徳堂記念会の設立の経緯に焦点を当てて、「市民大学」たる重建懐徳堂がどのようにして誕生したのかについて考えてみたい。

目次

一　大坂学問所――懐徳堂の歴史

懐徳堂幅

明治の末からの懐徳堂顕彰運動について述べるにあたり、顕彰の対象となった江戸時代の懐徳堂の歴史について、まずその概略を述べておくことにする。

懐徳堂の創設

享保九年（一七二四）十一月、五同志《ごどうし》らは尼崎町一丁目（現在の中央区今橋四丁目）に学舎を建て、平野から三宅石庵《みやけせきあん》を教授として迎えた。これが懐徳堂の創設である。

三宅石庵は寛文五年（一六六五）京都の生まれで、朱子学者である浅見絅斎《あさみけいさい》のもとで学んだ。江戸・讃岐での滞在の後、元禄十三年（一七〇〇）に大坂に移り住み、尼崎町二丁目御霊筋に私塾を開いた。

正徳三年（一七一三）、石庵は門人たちが購入した安土町二丁目に移り住んだ。この安土町の塾を多松堂《たしょうどう》という。享保四年（一七一九）、石庵は高麗橋筋三丁目に転居したが、享保九年（一七二四）三月の妙知焼《みょうちやけ》と呼ばれる大火で焼け出され、平野へ難を逃れた。

同年五月、塾の再建をめぐって石庵の門人たちが協議し、富永芳春《とみながほうしゅん》の隠居所があった尼崎町の表口四間、奥行二十間の土地に新たな学舎を建てて、そこに石庵を迎えることとなった。こうして同年十一月、石庵が平野から迎えられ、懐徳堂が創設されたのである。

三宅石庵と五同志

三宅石庵は、後に水戸藩に仕えて『大日本史』の編纂に当たった九歳年下の弟・三宅観瀾《みやけかんらん》とともに、幼い頃から学問を好んだ。二人の兄弟は、はじめ浅見絅斎《あさみけいさい》に師事して朱子学を修めた。石庵はやがて陸王学、つまり南宋の陸九淵（象山）と明の王守仁（陽明）の学問に傾いた。師の説を守らなかった石庵は、絅斎に破門されたといわれている。

石庵の学問は、陸王学を主としつつ、朱子学をも並び尊ぶ、折衷的な態度であった。このため、石庵はしばしば「鵺《ぬえ》学問」との批判を受けた。鵺とは、頭・胴体・尾・手足がそれぞれ猿・狸・蛇・虎と同じで、声はトラツグミに似ているという伝説上の化け物である。石庵の学問は「首は朱子、尾は陽明、而して声は仁斎」であるとか、あるいは「首は朱、尾は陸、手脚は王の如くにして鳴く声は医」に似ていると言われたのである。「鳴く声は医」に似ているとの批評は、息子の春楼《しゅんろう》が病弱だったために、石庵が返魂丹《はんごんたん》という丸薬を製造し、売薬業を営んだことによる。もっとも、当時は儒者が

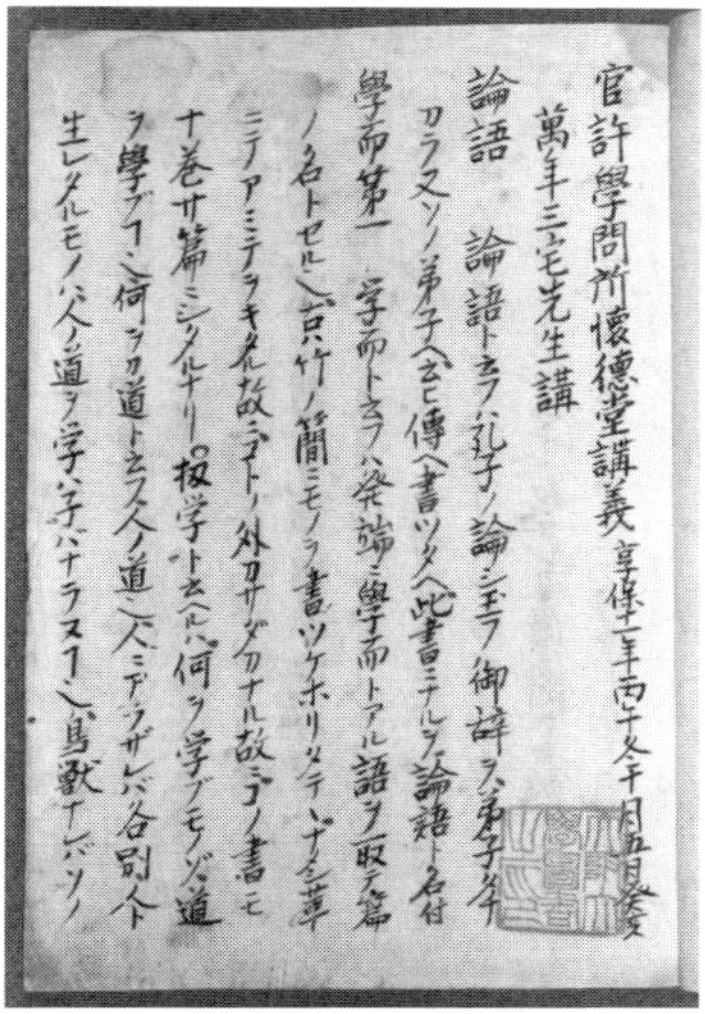
官許學問所懷德堂講義
萬年三宅先生講
論語
學而第一

『万年先生論孟首章講義』

医者（漢方医）を兼ねることは珍しいことではなかった。

五同志とは、中村良斎《なかむらりようさい》（三星屋武右衛門《みつぼしやぶえもん》）・富永芳春《とみながほうしゅん》（道明寺屋吉左右衛門《どうみょうじやきちざえもん》）・長崎克之《ながさきかつゆき》（舟橋屋四《ふなばしやし》郎右衛門《ろえもん》）・吉田盈枝《よしだみつえ》（備前屋吉兵衛《びぜんやきちべえ》。号は可久《かきゅう》）・山中宗古《やまなかそうこ》（鴻池又四郎《こうのいけまたしろう》）の五人を指す。いずれも当時大坂有数の大商人で、中村良斎・富永芳春・長崎克之は石庵の塾が尼崎町にあった頃からの、また吉田可久・山中宗古は高麗橋筋の塾からの門人であった。

江戸時代の学校には、幕府直轄の昌平坂《しょうへいざか》学問所（昌平黌《しょうへいこう》）、各藩の設立した藩校《はんこう》、民間の学者が自宅で門人たちを教育した私塾《しじゅく》、あるいは寺子屋などがあった。そうした中で懐徳堂という学校の特色は、大坂の町人である五同志らが自ら資金を提供し、彼ら自身が学ぶ場としての学舎を建設し、そこに師である石庵を招いたという点である。また懐徳堂は、五同志らが出資して作られた基金の利息によって運営された。懐徳堂は、当時の他の学校とは異なり、町人がつくった、町人のための学校だったのである。

直接的な営利を目的としない学校を大商人が作ったというところは、今日企業が文化的活動などに資金を提供する、所謂「メセナ活動」と相通じるといってよかろう。

懐徳堂の官許

享保九年（一七二四）の創設直後、懐徳堂は大きな転機を迎えた。ことの発端は、石庵の門人である中井甃庵《なかいしゅうあん》のもとに届いた、江戸の三輪執斎《みわしっさい》から手紙である。執斎は、将軍徳川吉宗《とくがわよしむね》が京・大坂に学問所を設立する意欲を持っていることを伝え聞いた。そこでそのことを、手紙で甃庵に知らせてきたのである。知らせを受けた甃庵は、懐徳堂が幕府に公認された学校となれば、以後幕府が懐徳堂の後ろ盾となり、学校の経営は大いに安定するに違いないと期待した。

中井甃庵は、播州龍野《ばんしゅうたつの》の生まれである。父親の中井玄端《げんたん》は龍野藩の藩医であったが、辞職して家族と共に大坂に移住した。甃庵が十四歳の頃である。その後甃庵は、尼崎町で塾を開いていた石庵に入門し、特に塾の管理運営面で石庵を支えた。

執斎からの知らせを受けた甃庵は、まず五同志と相談した後、幕府の公認を得るための運動を開始することとした。本来ならば、甃庵は師の石庵に直ちに相談すべきであったと思われる。ところが、甃庵は石庵にはすぐには知らせなかったようである。石庵が幕府とのつながりを嫌うことを恐れたためである。ただし、享保十年五月には石庵が甃庵の行動を容認していたことが、「三宅石庵書状」から知られている。

甃庵は享保九年、十年、十一年と、大坂と江戸との間を往復し、積極的に運動を展開した。享保十年には、五同志の富永芳春や吉田可久も江戸へ同行した。

運動の結果、幕府の公認を得られることとなり、改めて大坂町奉行に届け出を行うこととなった。そして享保十一年（一七二六）四月、大坂町奉行への届け出が行われ、六月七日に、懐徳堂は幕府公許の学問所として正式に認められた。これを懐徳堂官許《かんきょ》という。

官許を得たことにより、「大坂学問所」とも呼ばれることになった懐徳堂は、表口十一間、奥行二十間に敷地が拡張され、その敷地は幕府から与えられた形となった。また同時に、諸役を免除される特権をも得た。

こうして官許後の懐徳堂は、半官半民の学校として整備が進み、学主（教務の責任者）に三宅石庵、預人《あずかりにん》（校務の責任者）に中井甃庵、支配人（雑務担当者）に道明寺屋新助がそれぞれ就任し、三人を中心とする運営体制も整った。また同年八月には、五同志らの醵金によって、講堂の外に左右の寮も備える学舎の整備が完成した。これ以降、懐徳堂内には、石庵に加えて甃庵も懐徳堂内に居住することとなった。

享保十一年（一七二六）十月五日、官許を得たことを祝う記念講義として、学主・石庵は、門人ら七十八名を前に、『論語』冒頭の学而篇と、『孟子』冒頭の梁恵王篇の講義を行った。この講義の内容を筆記した『万年先生論孟首章講義《まんねんせんせいろんもうしゅしょうこうぎ》』が現存している。

五井蘭洲

官許を得た頃の懐徳堂では、毎日行われる通常の講義を「日講《にっこう》」と呼んでいた。休日は毎月一日・八日・十五日・二十五日である。もっとも、石庵は座談を好み、日講にあまり積極的ではなかったという。このため、五井蘭洲《ごいらんしゅう》・並河誠所《なみかわせいしょ》・井上赤水《いのうえせきすい》の三人が助教として懐徳堂に招かれた。三人の助教の中で、後の懐徳堂に大きな影響を及ぼしたのが、五井蘭洲（名は純禎《じゅんてい》）である。

五井家は、蘭洲の祖父の守香、父の持軒《じけん》、そして蘭洲と、三代続いて大坂に定住した学者一家である。蘭洲の父である持軒は、寛永十八年に大坂で生まれ、京都の伊藤仁斎らに学んだ後、寛文十年に大坂に戻って塾を開いた。持軒は朱子学において重視される『大学《だいがく》』『中庸《ちゅうよう》』『論語《ろんご》』『孟子《もうし》』の四書《ししょ》を特に尊び、そのために「四書屋加助」（加助は持軒の通称）と呼ばれていた。和歌や『日本書紀』にも通じていた持軒は、二十歳以上も年下の石庵と親しく、石庵は持軒を「善人」と呼び、持軒は石庵を「君子」と呼ぶ仲であった。

蘭洲は、元禄十年に大坂に生まれ、持軒のもとで学んだ。蘭洲は親孝行で知られ、享保九年の大坂の大火・妙知焼の際には、中風を患う母を背負って平野まで難を避けたという。

蘭洲が懐徳堂の助教に招かれたのは、中井甃庵との親交が縁と考えられる。蘭洲は享保十四年に大坂を離れて江戸に行き、享保十六年に津軽藩に仕えたが、元文四年（一七三九）には津軽藩を辞して大坂に戻り、再び懐徳堂で教鞭を執った。

帰坂した蘭洲を懐徳堂に再び助教として迎え入れ、懐徳堂内に住まわせたのも甃庵である。甃庵は、三宅石庵が享保十五年（一七三〇）七月に没した後、学問所預人《あずかりにん》を兼務したまま、懐徳堂の第二代学主に就任していた。甃庵は、竹山と履軒の二人の息子の教育を蘭洲に委ね、二人に朱子学を学ばせた。竹山と履軒は、後に懐徳堂の全盛期を築くことになる。

懐徳堂の学則

石庵・甃庵が学主を勤めた頃の懐徳堂は、一体どのような「学校」だったのであろうか。その様子を知る手がかりの一つが、創建時の壁書《へきしょ》である。壁書とは、初期懐徳堂の学則といえるもので、懐徳堂の玄関に掲げられていた。

三ヶ条からなる壁書の第一条には、「学問とは忠孝を尽《つく》し職業を勤《つと》むる等の上に之《これ》有るの事にて候《さうらふ》」と、学問とは「忠孝を尽し職業を勤」めた上で行うべき事であるとした上で、「講釈も唯《た》だ右の趣《おもむき》を説きすすむる義第一に候へば、書物持たざる人も聴聞《ちやうもん》くるしかるまじく候事。但《ただ》し、叶《かな》はざる用事出来《でき》候はば、講釈半《なか》ばにも退出之《これ》有るべく候」とある。「講釈」、つまり講義は、忠孝や仕事の実践の重要性を説くことがまず第一であるから、書物を持っていなくても聴講が許された。しかも所用のために中途で退席してもかまわなかった。

第二条には、「武家方は上座と為《な》すべく候事。但し、講釈始り候後出席候はば、其の差別有るまじく候」とある。基本的には武士が上座につくこととされてはいたが、講義開始後に出席した者については、武士も町人も区別がなかったのである。

こうした壁書の内容からは、この時期の懐徳堂は武士と町人とが共に学ぶ場であり、忠孝の実践

宝暦八年定書

や職業を勤めることを何よりも優先していたこと、そして、限定的ではあるけれども、武士と町人の身分の差を絶対視しなかったことが分かる。

また、享保十一年（一七二六）頃、懐徳堂には、貧しくとも学ぼうとする者に配慮した謝礼の規定が存在した。

この規定は、講師への謝礼を、基本的には五節句ごとに銀一匁《もんめ》か二匁と定めるものであったが、これは、謝礼を受講生の「心任《まか》せ」にすると高額になりがちで、その結果貧しい者が次第に出席しにくくなるので、それを避けるためにわざわざ定められたものだったのである。しかも、銀一匁か二匁の負担も苦しい者には、事情に応じて紙一折《おり》又は筆一対でよいとの、大幅な減免処置も認められていた。懐徳堂は、地位・身分・財産にかかわらず、学ぼうとする意欲がある者に広く門戸を開いた「学校」だったのである。

享保二十年（一七三五）には、学主の世襲の禁止や、講義の内容を四書五経を中心とすること、子供を対象とする教育や懐徳堂への寄宿を認めることなどを規定する「播州大坂尼崎町学問所定約《ていやく》」が定められた。学主の世襲を禁止した点は、民間の学者が開く所謂家塾《かじゅく》との大きな違いである。

ただし、後にこの規定は見直されることになる。

第三代学主・三宅春楼

宝暦八年（一七五八）六月、第二代学主・中井甃庵が死去した。甃庵の遺言により、懐徳堂の第三代学主には初代学主・石庵の子である三宅春楼が、預人《あずかりにん》に甃庵の子・中井竹山がそれぞれ就任した。

春楼と竹山は、同年八月、懐徳堂に寄宿していた学生に向けて「宝暦八年定書《ほうれきはちねんさだめがき》」を講堂に掲示した。この定書《さだめがき》は、懐徳堂における教育の基本方針を示すものとして名高い。

特に、「書生の交りは、貴賤貧富を論ぜず、同輩と為すべき事」と、懐徳堂に学ぶ者は貴賤貧富にかかわりなく、対等の「同輩」として交わらなければならないとする第一条は重要である。この規定は、懐徳堂の目指すところが、世俗の「貴賤貧富」を超越した自由な学びの場であったことを示している。

もっとも、同じ第一条には続いて「但し、大人小子の弁は、之有るべく候。座席等は、新旧長幼、学術の浅深を以て面々推譲さるべく候」とある。大人と子供、入門の時期や学問の進み具合による座席等の区別はあってしかるべき、とされていた。さすがに儒教の学校だけに、所謂《いわゆる》長幼の序などが完全に否定されていた訳ではなかった。

この年には、懐徳堂の定約を修正した「懐徳堂定約附記《かいとくどうていやくふき》」も制定され、学主世襲の禁止が解かれた。第三代学主として初代学主・石庵の子である春楼が就任したことに伴い、「定約《ていやく》」に修正を加える必要が生じたためである。

春楼には著述として知られているものがなく、その学問的業績は目立たないが、鵺学問と評された父・石庵に似て、朱陸一致、つまり朱子学と陸王学とは矛盾しないとの説を唱えたという。

蘭洲の活躍

春楼が朱陸一致を唱えたのに対して、元文四年（一七三九）の帰坂後、助教として懐徳堂を支えていた五井蘭洲は、程朱学を中心とする立場に立っており、春楼を強く批判した。蘭洲はまた、春楼が石庵と同様に売薬業を営んだことに対しても批判的であった。

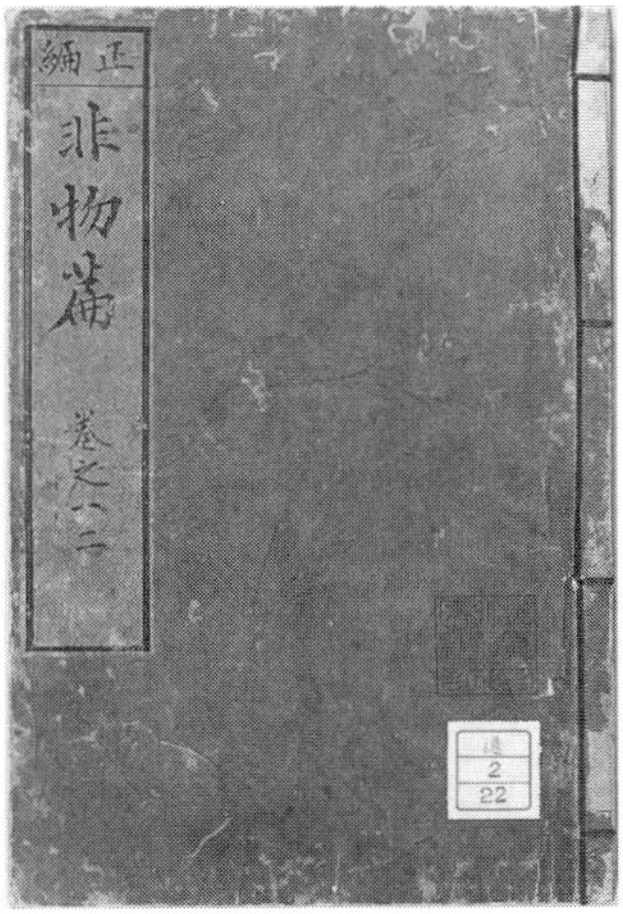

『非物篇』

蘭洲の学問的業績としては、『非物篇《ひぶつへん》』の著述が最も有名である。『非物篇』は、蘭洲が江戸にいた頃に執筆が開始された。蘭洲は宝暦十二年（一七六二）に没し、その生前に『非物篇』が刊行されることはなかったが、蘭洲の没後の明和三年（一七六六）、中井竹山によって校訂・浄書され、天明四年（一七八四）、竹山の著である『非徴《ひちょう》』とあわせて懐徳堂で刊行された。蘭洲の『非物篇』も竹山の『非徴』も、ともに荻生徂徠《おぎゅうそらい》の『論語徴《ろんごちょう》』に対する批判の書である。蘭洲の学問は、竹山・履軒に継承され、懐徳堂全盛期の基盤を築いていく。

蘭洲は詩文にも優れていた。先に述べた宝暦八年（一七五八）制定の「懐徳堂定約附記《かいとくどうていやくふき》」には、四書五経以外に余力があれば「詩賦文章」を学んでもよいとの規定があるが、これは蘭洲が詩文に長じていたためとされている。

蘭洲はまた日本の古典にも通じ、『古今和歌集』の注釈書である『古今通《こきんつう》』や、『伊勢物語』の注釈書である『勢語通《せいごつう》』などの著作がある。所謂漢学と和学とを両立させていた点は蘭洲の学問の大きな特色である。

第四代学主・中井竹山

天明二年（一七八二）、三宅春楼が七十一歳で死去し、懐徳堂第四代の学主に、第二代学主・中井甃庵の長男である中井竹山《ちくざん》が就任した。春楼が学主の間、預人《あずかりにん》であった竹山は、以後学主と預人を兼ねた。懐徳堂で学主のことを教授とも呼ぶようになったのは、竹山の頃からである。

竹山の時代となって懐徳堂は最盛期を迎える。竹山の学問の基盤は、五井蘭洲から学んだ程朱学にあった。竹山は積極的に講義を行い、また詩会も開いた。

天明四年（一七八四）、竹山は長年師事していた五井蘭洲の著作『非物篇《ひぶつへん》』を、自ら執筆した『非《ひ》徴《ちょう》』と併せて刊行した。三宅石庵以来、折衷的な傾向が強いとされた懐徳堂の学問は、蘭洲・竹山によって朱子学中心へと大きく変わっていったのである。

竹山が学主をつとめた時期に、懐徳堂は幕府と深くかかわる出来事が重なった。その一つは、竹山が老中・松平定信《まつだいらさだのぶ》から諮問を受けたことである。天明八年（一七八八）六月四日、竹山は西国巡視中に来坂した老中・松平定信に召され、学問経世の道を尋ねられた。当時、竹山のような在野の学者の意見を、わざわざ老中が直接会って聞くということは、甚だ異例だった。

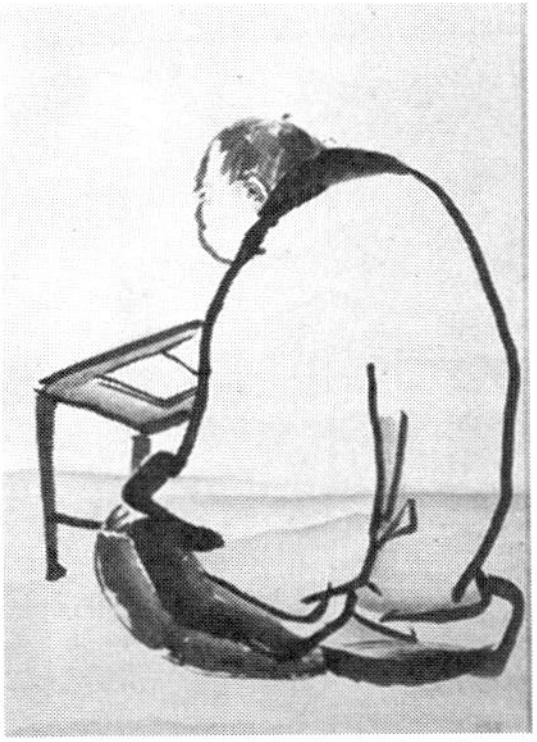
中井竹山肖像

この後、竹山は国家や社会、学問などのあり方に対する意見を著した『草茅危言《そうぼうきげん》』の下巻を著し、同年十一月に定信に献呈した。『草茅危言』とは、「草茅」、つまり野に在る士が「危言」、つまり忌憚ない意見を述べたもの、という意味である。後に定信は寛政の改革を進めたが、竹山の『草茅危言』から大きな影響を受けたとされる。

もう一つは、焼失した懐徳堂の再建である。寛政四年（一七九二）五月、懐徳堂は大火によって建物が全焼した。竹山は直ちに再建に取り組んだ。同年八月には江戸に行き、松平定信に再建を願い出ている。運動の結果、一旦大坂に戻って町奉行所に願い出るようにとの沙汰があり、竹山は帰坂の後直ちに町奉行所に願い出た。

竹山は、再建に当たって懐徳堂の規模を拡張することを企画した。町奉行所より絵図面を差し出すようにとの指示があった際、竹山は二つの再建案を提示した。一つは、敷地を拡大して新たに聖廟を建築する案、もう一つは、従来の敷地のままで、講堂や学寮などを建て増す案である。町奉行所は敷地の拡大を認めず、後者の案によって予算を見積るように指示した。そこで竹山が千四、五百両と見積もると、奉行所は減額を命じた。両者の間でやりとりが繰り返された結果、寛政七年（一七九五）七月六日にようやく懐徳堂再建の正式な許可が幕府から出たが、幕府からの支給額はわずか三百両であった。

懐徳堂再建の工事は寛政七年（一七九五）八月十日に着手され、翌寛政八年（一七九六）七月に完成した。再建にかかった経費は結局七百両余りに及んだ。幕府からの支給で賄えなかった分は、同志や門下生の協力によって調達されたという。

三つ目が、竹山の著『逸史《いっし》』の幕府への献上である。『逸史』とは、徳川家康の一代記である。自序によれば、豊臣びいきの大坂の人々が家康の功績を評価しないことから、竹山はこの執筆を決意したという。完成までに竹山は三十年以上もの歳月をかけている。

献上のきっかけは、寛政十年（一七九八）、竹山の子の中井蕉園《しょうえん》が、親交のあった江戸の学者に『逸史』の副本を見せたことだという。同年十一月、大坂町奉行を通じて幕府への献上が命ぜられ、翌寛政十一年（一七九九）七月、献上が行われた。

中井履軒

懐徳堂の学者の中で最も優れた業績を挙げたとされるのは、中井履軒《なかいりけん》である。第二代学主・中井甃庵の次男である履軒は、二歳年上の兄・竹山とともに五井蘭洲に学んだ。

明和三年（一七六六）、履軒は京都の公卿・高辻家に招かれて懐徳堂を離れ、一年間京都で過ごした。明和四年（一七六七）に大坂に戻った履軒は、長堀のほとりに塾を開いた。この塾を水哉館《すいさいかん》という。

中井履軒肖像

履軒は、儒教の経典である経書の研究に精力的に取り組んだことで知られている。経書の注釈書として『七経雕《しちけいちょう》題《だい》』、『七経雕題略《しちけいちょうだいりゃく》』を執筆し、さらにその後『七経逢原《しちけいほうげん》』を著して、その研究を集大成した。また履軒は自然科学の分野にも強い関心があった。彩色された人体解剖図とその解説からなる『越俎弄筆《えつそろうひつ》』の執筆や、また天体模型である木製天図などの作製も、履軒の業績として著名である。

もっとも、独創的な研究を生み出していった履軒の著書が、その生前に刊行されることはなかった。履軒の『七経逢原』をその生前に見たのは、僅かに二、三人の高弟だけであり、門人が履軒に刊行を求めても、履軒は許さなかったという。

先に述べた通り、兄の竹山は懐徳堂の預人《あずかりにん》や学主として懐徳堂の運営を担い、幕府と重ねて接触しているが、弟の履軒は、世俗的な権威や名声を激しく嫌った。松平定信の家臣が履軒の家を訪れようとした際、履軒は面会を避けて外出し、門人宅に隠れたとか、あるいは裏口から下駄履きで伊丹へ逃げ出した、といった逸話が伝わっている。

履軒は転居を繰り返したが、安永九年（一七八〇）、南本町一丁目に転居すると、その住居を、中国の伝説的な皇帝・黄帝《こうてい》が夢に遊んだ国になぞらえて「華胥国《かしょこく》」と名付けた。黄帝が夢の中で華胥国に遊んだという話は、『列子』黄帝篇に見える。『列子』黄帝篇においては、華胥国は、身分の上下が無く、また民には欲望が無く、皆あるがままの自然に暮らしており、生を楽しむことも死をにくむことも無く、愛憎も無く、利害も無い、そうした理想の国として描かれている。履軒は自らの住まいをその華胥国に見立てて、「華胥国門《かしょこくもん》」の扁額を掲げ、自ら華胥国王と称した。履軒の独創的な研究を支えた自由な精神や旺盛な遊び心がよく表れているエピソードである。

中井蕉園と中井碩果

寛政九年（一七九七）、竹山は学校預人《あずかりにん》の職を第四子の蕉園《しょうえん》に譲った。蕉園は、懐徳堂の後継者として大いに期待されていたのだが、享和三年（一八〇三）八月、三十七歳の若さで死去した。蕉園の死は竹山に大きな衝撃を与え、竹山も翌享和四年（一八〇四）二月五日に七十五歳で没した。

竹山の没後、懐徳堂の教授となったのは、竹山の第七子である中井碩果《なかいせきか》である。

碩果は、明和八年（一七七一）に生まれ、懐徳堂に育った。後に懐徳堂を出て天満に私塾を開いたが、兄の蕉園が没したために懐徳堂に戻り、預人《あずかりにん》となった。翌年父・竹山が没すると、碩果が教授となって預人を兼ねた。

碩果には、学問的業績として著名な著書はないが、懐徳堂の経営を立て直して、蔵書や備品を充実させたことで知られている。

並河寒泉と中井桐園

天保十一年（一八四〇）三月、碩果が七十歳で没すると、並河寒泉《なみかわかんせん》が教授となり、中井桐園《なかいとうえん》が預人《あずかりにん》となった。

寛政九年（一七九七）に生まれた並河寒泉は、並河尚誠《なみかわしょうせい》に嫁いだ中井竹山の娘・とじの子で、竹山の外孫にあたる。並河尚誠は、初期の懐徳堂で助教を務めた並河誠所《なみかわせいしょ》の弟の孫である。

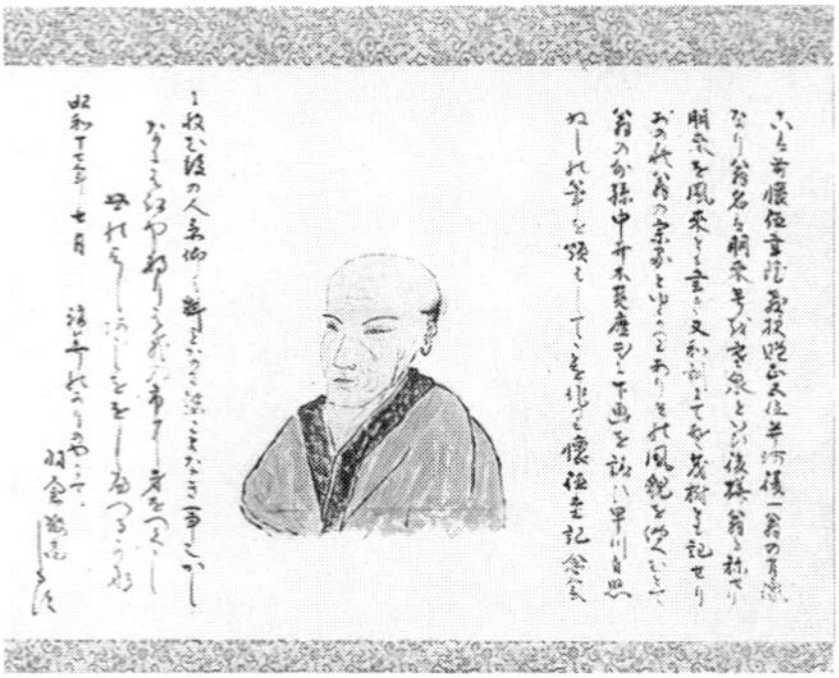

並河寒泉翁像

文化十年（一八一三）、寒泉は十七歳で懐徳堂で伯父の碩果《せきか》に学んだ。その後碩果の養子となり、懐徳堂の預人となったが、天保三年（一八三二）一月、碩果は十歳の中井桐園を養子とした。このため寒泉は翌月に並河の姓に戻って懐徳堂を出た。もっとも、その後も懐徳堂の校務を担い、碩果が死去すると、懐徳堂の教授となったのである。

中井桐園は、履軒の子・中井柚園《なかいゆえん》の子で、文政六年（一八二三）に水哉館《すいさいかん》に生まれた。碩果の死後、十八歳で懐徳堂の預人となり、寒泉の指導の下で懐徳堂の運営にかかわった。

こうして寒泉と桐園の二人が懐徳堂を運営する態勢となったが、時代はすでに幕末の混乱期を迎えていた。

懐徳堂の終焉

懐徳堂の経営は、基本的に同志らの寄付による基金を運用した利子によって支えられていた。懐徳堂の授業料は、受講生がそれぞれ応分に払えばよいとされていたため、経営的には決して楽だったわけではない。

幕末期を迎えて社会が不安定になり物価が高騰すると、一時は碩果が立て直したとされる懐徳堂の経営は、次第に不安定になっていった。同志らからも、また大坂町奉行からも、十分な支援を受けることができなくなっていったのである。

幕府瓦解後の明治二年（一八六九）一月、新政府から懐徳堂へ免税処置の解除が通告されると、懐徳堂の経営はいよいよ行き詰まった。同年十二月二十五日、ついに懐徳堂は閉鎖された。寒泉と桐園は懐徳堂を去り、本庄村へ移った。この時寒泉は、「堂構于今百四十年、皐比狗続尚綿々、豈図王化宗文世、席捲講帷村舎遷」の漢詩と、「百余り四十路四とせのふみの宿けふを限りと見かへりて出づ」の歌（「出懐徳堂歌」）を門に貼り付けたという。

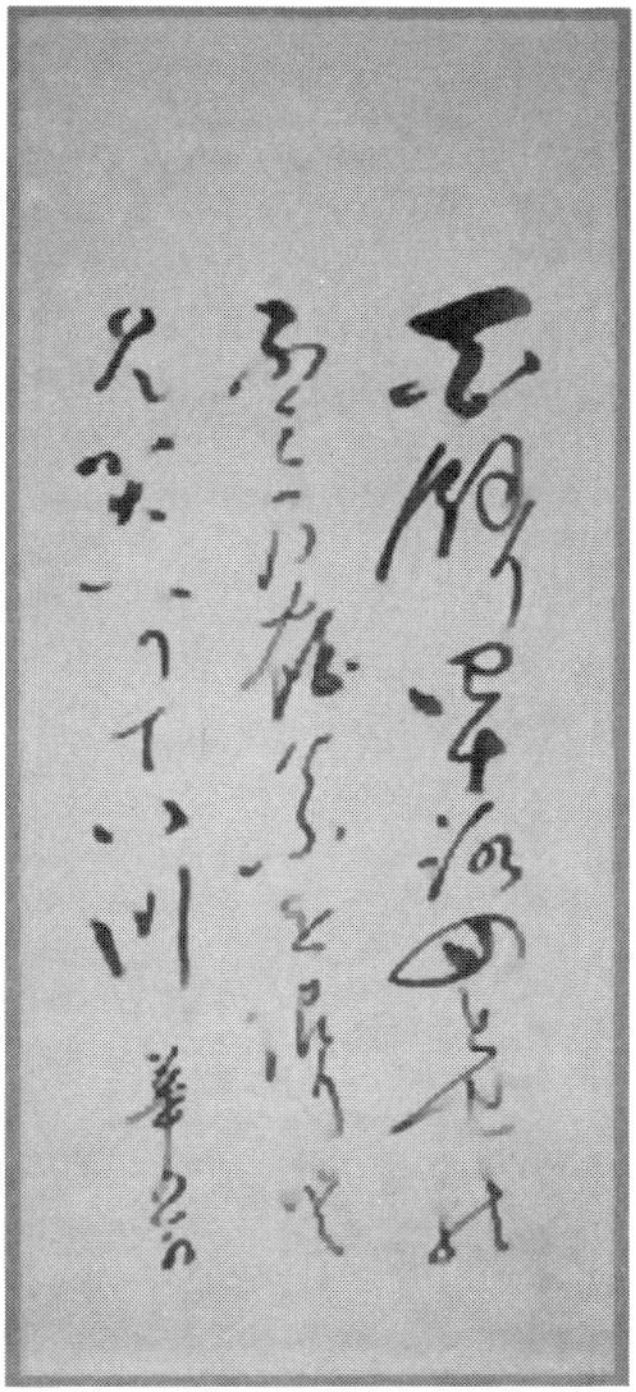

出懐徳堂歌

二　懐徳堂の復興――懐徳堂記念会と財団法人懐徳堂記念会

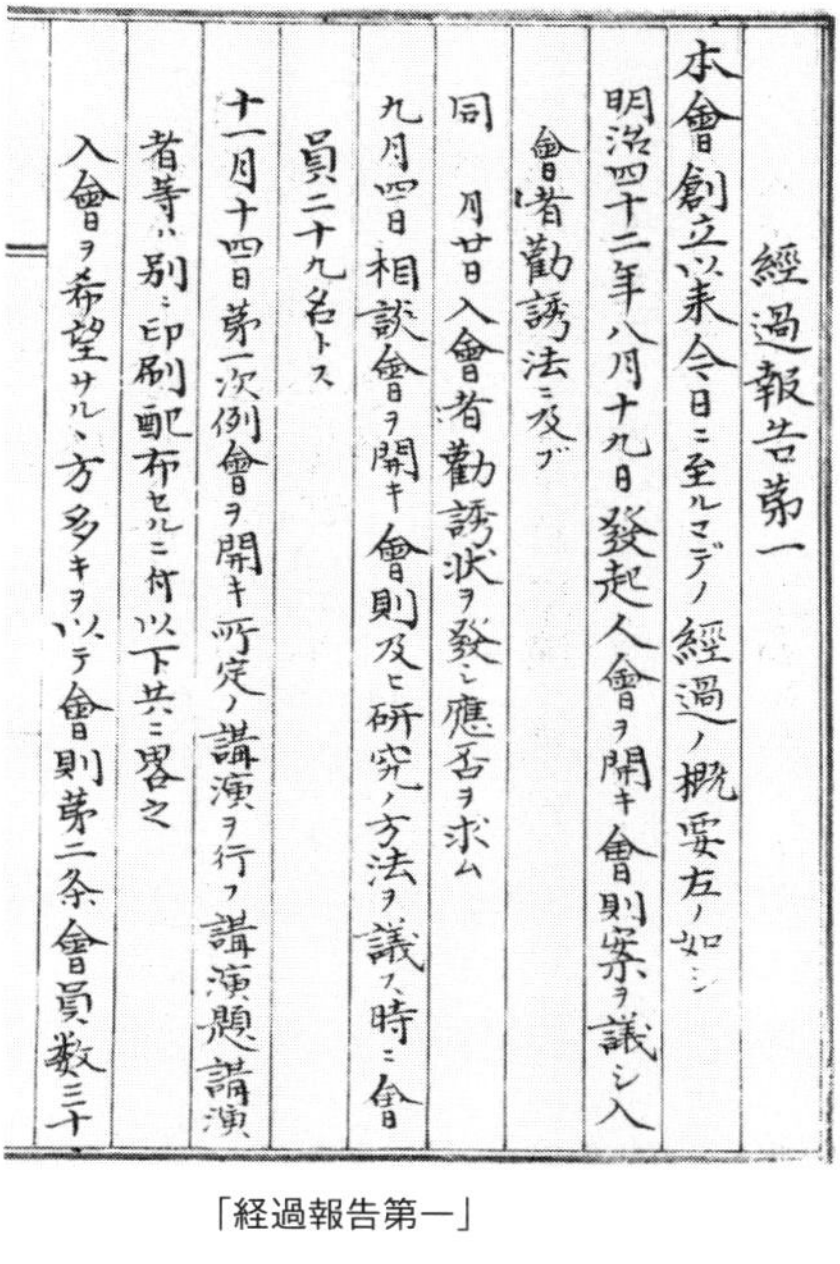
經過報告第一
本會創立以来今日ニ至ルマデノ經過ノ概要左ノ如シ
明治四十二年八月十九日發起人會ヲ開キ會則案ヲ議シ入
會者勸誘法ニ及ブ
同　月廿日入會者勸誘状ヲ發シ應否ヲ求ム
九月四日相談會ヲ開キ會則及ヒ研究ノ方法ヲ議ス時ニ會
員二十九名トス
十一月十四日第一次例會ヲ開キ所定ノ講演ヲ行フ講演題講演
者等ハ別ニ印刷配布セルニ付以下共ニ略之
入會ヲ希望サルヽ方多キヲ以テ會則第二条會員数三十

「経過報告第一」

明治二年（一八六九）に懐徳堂が閉鎖されてから四十年あまり後、大阪では懐徳堂を顕彰する気運が盛り上がり、明治四十四年（一九一一）十月五日、大阪中之島の大阪公会堂《おおさかこうかいどう》で懐徳堂記念祭《かいとくどうきねんさい》が挙行された。

懐徳堂記念祭とは、三宅石庵《みやけせきあん》、五井蘭洲《ごいらんしゅう》、中井甃庵《なかいしゅうあん》・竹山《ちくざん》・履軒《りけん》、並河誠所《なみかわせいしょ》など、江戸時代の懐徳堂で講義を行った学主・教授や助教ら（これらをまとめて懐徳堂師儒《しじゅ》、あるいは諸先師《しょせんし》という）の霊を祭る祭典のことで、主催者は懐徳堂記念祭の挙行を目的として前年九月に結成された懐徳堂記念会であった。

懐徳堂記念会はその結成後、記念祭挙行の計画を発表するとともに広く大阪市民に入会を呼びかけた。多くの人々がその呼びかけに応えて会員となった結果、懐徳堂記念祭をはじめとする諸事業は見事に成功を収め、しかも余剰金《よじょうきん》が六千円余りが生じた。そこで、その余剰金を基本資産として財団法人を設立することとなり、大正二年（一九一三）に財団法人懐徳堂記念会が設立された。財団法人懐徳堂記念会は大正五年（一九一六）に講堂（重建《ちょうけん》懐徳堂と称される）を建設、以後この重建懐徳堂において一般市民向けに各種の講演・講義を行った。重建懐徳堂は、大阪における市民大学ともいうべき機能を果たしていったのである。

昭和二十年（一九四五）、空襲により講堂は焼失したが、財団法人懐徳堂記念会は戦後大阪大学に設置された文学部と協力して、市民向けの講座を継続的に開催する新たな形での活動を展開した。

その活動は今日まで続いており、懐徳堂記念会に端を発する財団法人懐徳堂記念会の活動は、およそ百年にわたって継続し、大阪市民に学ぶ機会を提供し続けている。

近年、各地の大学や自治体などが主催者となり、市民向けの様々な講座が開催され、それが市民大学と称されることも少なくない。所謂生涯学習活動が盛んとなり、そうした講座には多数の熱心な受講者が集まっている。もっとも、「市民大学」と呼んでいるものの多くは、各種の講座をそう呼んでいるだけであり、専用の講堂や専任の教員が置かれていることはない。

これに対して、財団法人懐徳堂記念会の重建懐徳堂における活動は、数多くの講義・講演が、専任の教員をも含む教授陣により、専用の講堂で行われた。もちろん当時の公的な「大学」とは異なり、あくまでも学ぶ意欲を持った一般市民を対象とするもので、学歴や資格の取得とは無縁であった。しかし、今日の市民大学よりははるかに「大学」に近い、極めて充実した活動を展開していたといえる。

この第二部では、財団法人懐徳堂記念会の設立に至る懐徳堂顕彰運動の経緯と、財団法人懐徳堂記念会が重建懐徳堂において展開した市民大学として充実した活動とを中心に、新資料を活用しながら見ていくことにしよう。

1　大阪人文会と懐徳堂の顕彰

明治四十四年（一九一一）の懐徳堂記念祭の挙行にあたり、極めて大きな役割を果たしたのは、当時大阪朝日新聞の編集者であった西村天囚《にしむらてんしゅう》である。

西村天囚

西村天囚は、本名を時彦《ときつね》といい、慶応元年（一八六五）七月二十三日、種子島に生まれた。幼くして父・城之助を失ったが、郷里の漢学者・前田豊山に学んだ後、明治十三年（一八八〇）に上京、父の友人であった鹿児島出身の重野安繹《しげのやすつぐ》（成斎《せいさい》）に師事し、また島田篁村にも学んで漢学を修めた。明治十六年（一八八三）年、東京帝国大学古典講習科に給費生として入学するが、明治二十年（一八八七）年に給費生の制度が廃止されると退学する。その後、明治二十二年（一八八九）五月に大阪朝日新聞社に入社し、以後大正八年（一九一九）五月まで大阪朝日新聞の名物記者・編集者として活躍した。朝日新聞一面のコラム「天声人語」の名付け親は天囚といわれている。

天囚はまた漢学者として、『楚辞』や『尚書』などの研究に取り組んだ。大正五年（一九一六）九月から大正九年（一九二〇）三月までは、京都帝国大学の講師として『楚辞』などの講義を担当し、大正九年五月には文学博士となった。

西村天囚

大正十年（一九二一）八月、宮内省御用掛に任ぜられて大阪から東京へ移り住み、以後大阪に戻ることはなかった。大正十三年（一九二四）一月に御講書控を命ぜられたが、同年七月に六十歳で没した。

大阪人文会と新資料

懐徳堂記念会が結成され懐徳堂記念祭が挙行される直接のきっかけとなったのは、この天囚が大阪人文会《おおさかじんぶんかい》の第二次例会において行った五井蘭洲の講演である。

大阪人文会（以下、人文会と略記する）は、大阪における文学や漢学などの学問について、会員が分担して研究し、大阪の文化・教育の発展に寄与することを目的とした団体であった。その活動は、明治三十七年（一九〇四）二月に開設された府立図書館を中心として行われた。府立図書館の初代館長・今井《いまい》貫一《かんいち》が、人文会の中心的人物だったからである。

もっとも、これまで人文会についての研究はほとんどなく、わずかに多治比郁夫氏の「中之島図書館物語「大阪人文会」覚え書」（大阪府立図書館報『なにわづ』七十二号、一九七八年）が知られている程度である。多治比氏は、府立図書館の古い館務日誌と「大阪朝日新聞」の記事とに基づき、人文会が明治四十二年（一九〇九）から翌年にかけて、ほぼ隔月に大阪府立図書館で例会を開催し、そこで会員がそれぞれの研究成果を講演の形で発表していたことを明らかにした。しかし、懐徳堂記念会や懐徳堂記念祭の挙行にこの人文会が関わっていく詳しい経緯などについては、これまでよく分からなかった。

こうした状況は、財団法人懐徳堂記念会に保存されていた新資料の発見によって打ち破られた。新資料の調査・研究はなお継続中であるが、人文会の活動やその懐徳堂顕彰運動への関わりについての解明が大いに進んでいる。

人文会の発足と例会の開始

新資料の中でも、「経過報告第一《けいかほうこくだいいち》」と「会金収支精算報告第一《かいきんしゅうしせいさんほうこくだいいち》」は特に注目される。この二つの資料は、明治四十三年（一九一〇）十一月二十九日に開催された人文会の第七次例会の資料であるのだが、これによって人文会の発足後の活動のほぼ全容が判明した。

たとえば、人文会の発足と活動開始時の状況について、多治比氏は明治四十二（一九〇九）年九月四日としていた。ところが、「経過報告第一」により、人文会の発起人会が同年八月十九日に開催されており、人文会はすでに八月十九日に発足していたことが明らかとなった。

発起人会では、人文会の会則案や入会者の勧誘法が協議され、翌二十日に入会者勧誘状が発送されている。そして九月四日には、会則や「研究ノ方法」について協議を行う相談会が開催されたの

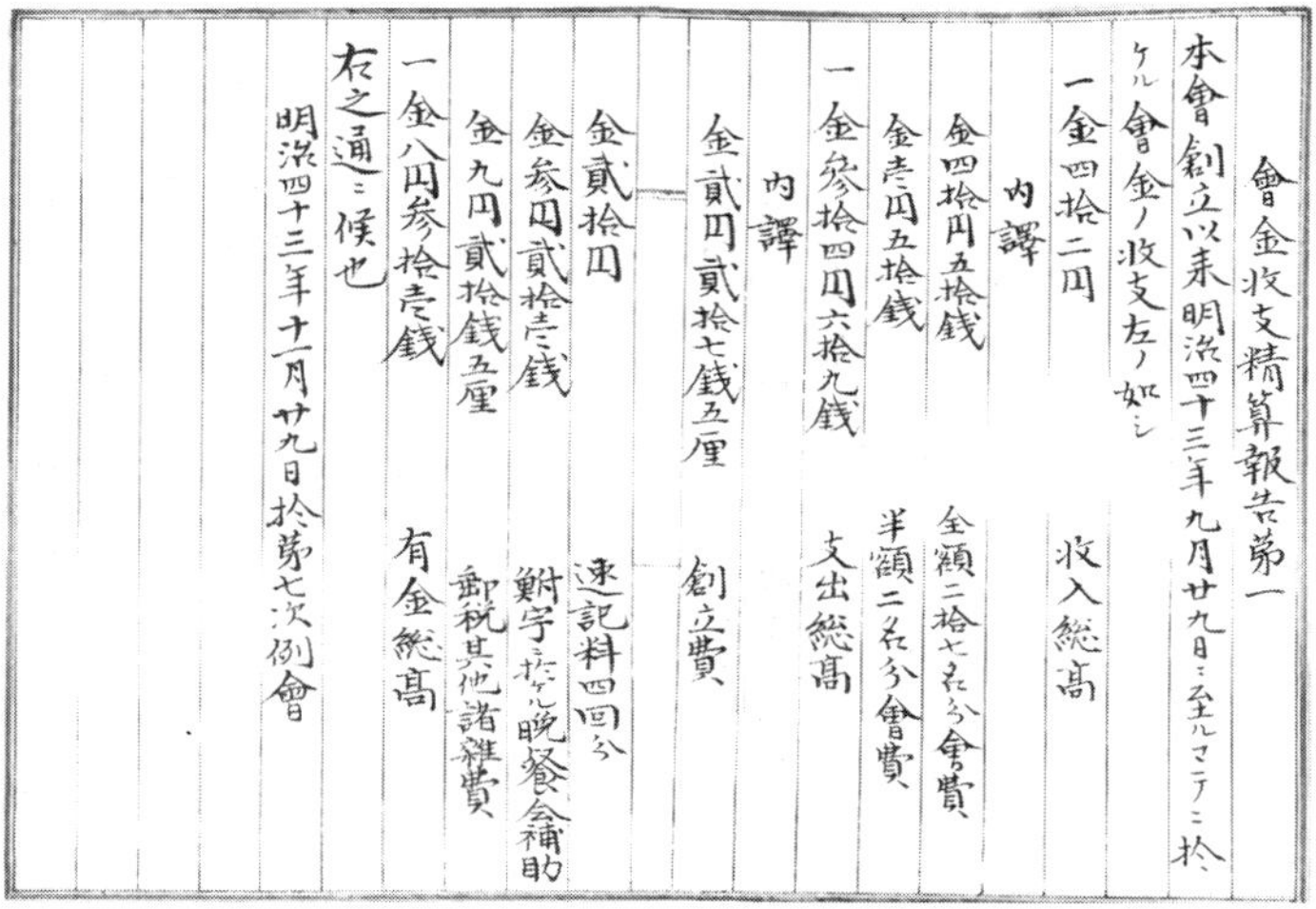
會金收支精算報告第一
本會創立以来明治四十三年九月廿九日ニ至ルニテニ於ケル會金ノ收支左ノ如シ
一金四拾二円　收入総高
内譯
金四拾円五拾銭　全額二拾七名分會費
金壱円五拾銭　半額二名分會費
一金參拾四円六拾九銭　支出総高
内譯
金貳円貳拾七銭五厘　創立費
金貳拾円　速記料四回分
金參円貳拾壱銭　謝字ニ於ケル晩餐会補助
金九円貳拾銭五厘　郵税其他諸雑費
一金八円參拾壱銭　有金総高
右之通ニ候也
明治四十三年十一月廿九日於第七次例會

「会金収支精算報告第一」

である。この相談会には、八月の発起人会に出席したメンバーに加えて、その後の呼びかけに応じて入会したメンバーが加わり、改めて会則などが協議されて正式に決定されたものと見られる。

残念ながら、発起人会や相談会に出席したメンバーは不明であるが、人文会の通常の活動は大阪府立図書館において行われており、府立図書館長の今井貫一が発起人の中心人物であったことは確実である。西村天囚が発起人会に出席していたかどうかは不明だが、相談会には出席している。後述するように、この相談会で、天囚は大阪の儒学の研究を担当することが決まっている。

二ヵ月後の十一月十四日、人文会は第一回の例会を大阪府立図書館紀年室において開催し

大阪府立図書館（開館当時）大阪府立中之島図書館所蔵『中之島百年』より

た。この第一回例会では、木崎好尚と小山田松翠の二人がそれぞれ講演を行っている。以後、人文会は例会を隔月に開催し、そこで会員数名が各自の研究成果を講演として発表していった。

西村天囚の講演

人文会の第二回の例会は、翌明治四十三年一月二十九日に開催された。講演を行ったのは、生田南水と西村天囚の二人である。

この時の天囚の講演「懐徳堂研究其の一　五井蘭洲」こそ、懐徳堂記念会が結成される直接の発端とされるものである。財団法人懐徳堂記念会には、この天囚の講演の速記録が保存されている。後年重建懐徳堂最後の教授となる、吉《よし》田鋭雄《だはやお》によって速記されたこの速記録により、講演の冒頭部分を見てみよう。

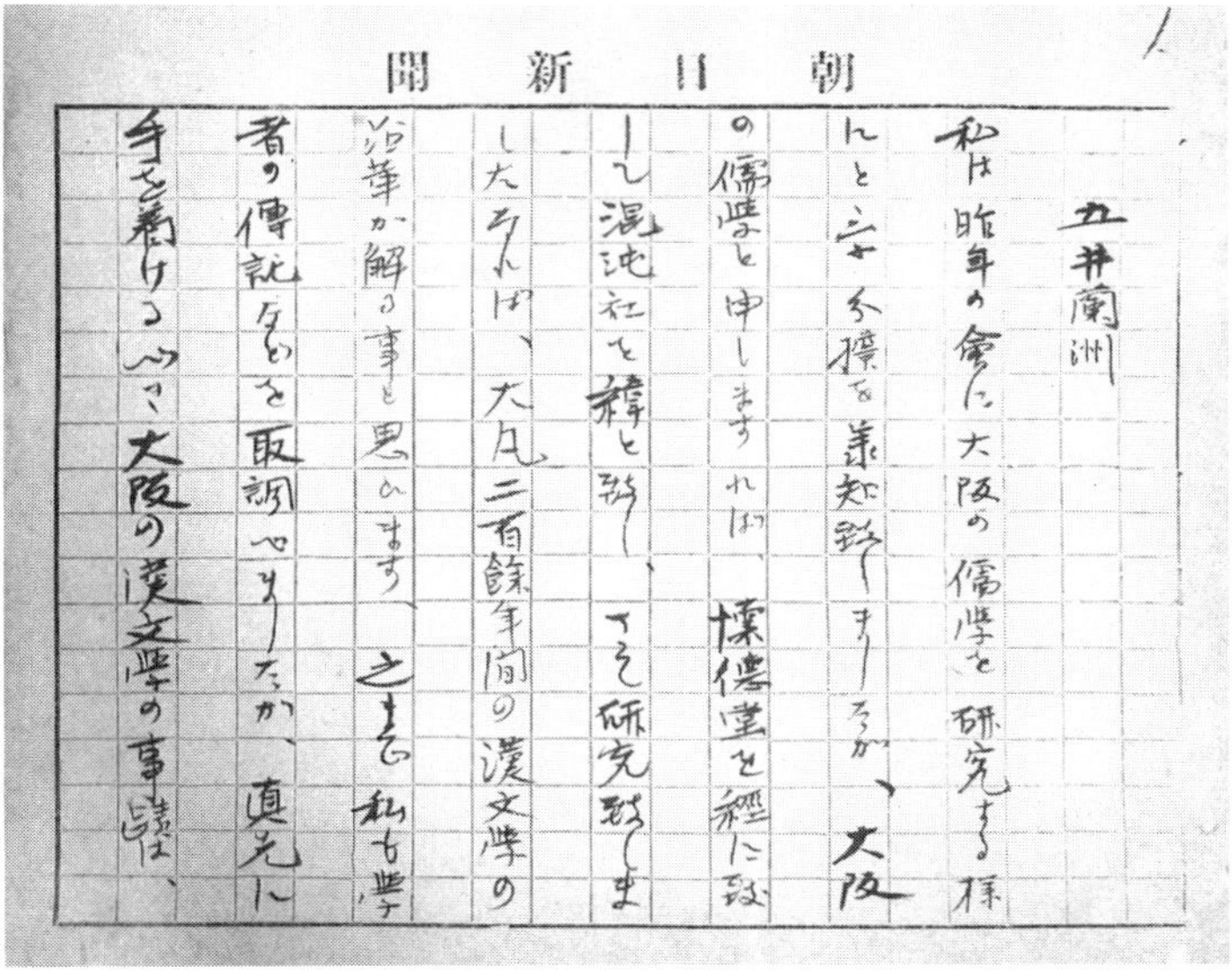
朝日新聞

五井蘭洲

私は昨年の會に大阪の儒學を研究する様
んと云ふ分擔を承知致しましたが、大阪
の儒學と申しますれば、懐德堂を經に致
し混沌社を緯と致し、さて研究致しま
したれば、大凡二百餘年間の漢文學の
沿革が解る事と思ひます。之まで私も學
者の傳記などを取調べましたが、直元に
手を着けるべき大阪の漢文學の事蹟は、

「西村天囚述　懐徳堂研究其の一　五井蘭洲」冒頭部

私は昨年の会に大阪の儒学を研究する様にと云ふ分担を承知致しましたが、大阪の儒学と申しますれば、懐徳堂を経《たていと》に致して混沌社《こんとんしゃ》を緯《よこいと》と致し、さて研究致しましたなれば、大凡二百余年間の漢文学の沿革が解る事と思ひます。

前年の九月四日の相談会で、大阪の儒学の研究を分担することになった天囚は、大阪の儒学の経《たていと》として懐徳堂に着目し、知人らから五井蘭洲の著書『鶏肋篇』や『蘭洲遺稿』を借り受けて、その研究に着手した。そして、着手後一ヵ月もたたぬ内に、漢文で約五十枚の草稿を書き上げ、その草稿に基づいて、この日の講演を行ったのである。

注目すべき点は、題目の前半に「懐徳堂研究其の一」とあることからも明らかなように、天囚の五井蘭洲研究は、懐徳堂研究の一部であったという点である。天囚の関心は、彼が大阪の儒学の経《たていと》と見なした懐徳堂そのものに向けられていた。

この時の天囚の講演は、後にしばしば「五井蘭洲の伝」であったとされるのだが、速記録の全体を読めば直ちに理解できるように、単に蘭洲個人の一生を述べるに止まるものではない。天囚は、蘭洲の一生と懐徳堂の歴史とを密接に重ね合わせ、懐徳堂設立前史から中井竹山・履軒に至るまでの懐徳堂の歴史を、この講演で述べている。

後に天囚は、この時の講演のもととなった草稿を、翌二月の七日から二十七日まで大阪朝日新聞に連載した。その時のタイトルは、講演の題目の前半と同じ「懐徳堂研究其一」である。またその新聞の連載がまとめられて、同年三月六日には単行本として刊行された。そのタイトルは『懐徳堂考』上巻である。このことも、天囚の関心が明確に懐徳堂全体に向けられていたことを示している。

懐徳堂記念祭挙行の決議

天囚の講演が終了すると、懐徳堂の諸先生を祭る式典を挙行すべきであるとの建議があり、全会一致で議決されて懐徳堂記念祭を挙行することが決定した。

この建議を行った人物は、新資料「懐徳堂記念会記録」により、木崎愛吉であったことが明らかになった。木崎は「須《すべか》ラク本会首唱者トナリ為《ため》ニ記念祭ヲ執行スベキニアラズヤ」と、人文会が「首唱者」となって懐徳堂記念祭を挙行すべきではないか、と提案したのである。

もっとも、記念祭を行う提案自体は、木崎本人の思いつきではなかった。天囚は講演の冒頭で、蘭洲研究に着手した第二の理由として明治四十四年が蘭洲没後百五十年祭に相当することを挙げた後、次のように述べている。

懐徳堂も廃せられた後、大阪で祭典などのあった事もございませぬ。甃庵・竹山・履軒其《そ》の忌《き》日《じつ》・年忌《ねんき》と申しまするのも、公けの事は聞きませぬ。依《よっ》て来年などは一緒にして懐徳祭があって然《しか》るべくと考へて居ります。

また講演の結びでも、天囚は「前刻《（ママ）》申上げた通り来年は蘭洲先生百五十年に相当する。捨置《すてお》けぬ事でございますから、来年三月十七日は百五十年祭に相当するから、何《ど》うか本会が主となって懐徳祭を致したい。夫《それ》に甃庵、石庵、竹山、履軒の諸先生も祭りたい」と述べている。

このように天囚は、懐徳堂で講義を行った学主・教授、助教たちを「一緒にして」祭る、「懐徳祭」を挙行したいとの希望を、講演の中で繰り返し述べていた。木崎はそうした天囚の言葉を受けて、天囚の希望する「懐徳祭」を人文会が中心になって実現しよう、と提言したのである。

天囚と中井木菟麻呂

それでは、「懐徳祭」の挙行は、そもそも天囚の発案によるものだったのだろうか。懐徳堂で講義を行った学主・教授、助教たちをまとめて「師儒《しじゅ》」と呼ぶが、この懐徳堂の師儒を「一緒にして」祭ることとは、確かに天囚の発案だった。しかし、講演の中で天囚はまったく触れていないのだが、講演のおよそ一年半前から、中井甃庵・竹山・蕉園の三人を祭る祭典を行いたいと希望していた人物がいた。懐徳堂学主を代々勤めた中井家の子孫・中井木菟麻呂《なかいつぐまろ》である。木菟麻呂については第三部において詳しく述べるが、履軒の曾孫に当たる人物で、中井家に伝わる懐徳堂関係の遺書・遺品の類を懸命に守りつつ、懐徳堂の再興を願っていた。

当時東京に住んでいた木菟麻呂は、明治四十一年（一九〇八）六月、西村天囚の師に当たる重野《しげの》安繹《やすつぐ》を尋ね、甃庵・竹山・蕉園の三人の祖先を祭る式典を大阪で公開して挙行したいとの希望を伝え、助力を求めた。重野はこれに賛成し、天囚を紹介した。そこで木菟麻呂は、かねて交流のあった大阪市史編纂員の幸田成友の紹介を得て、同年八月に天囚に面談し、協力を要請した。天囚も賛成し、明治四十一年の末に府知事への働きかけを行った。しかし、府知事の同意は得たものの、具体的な協力を得ることはできず、この時の働きかけは失敗に終わった。

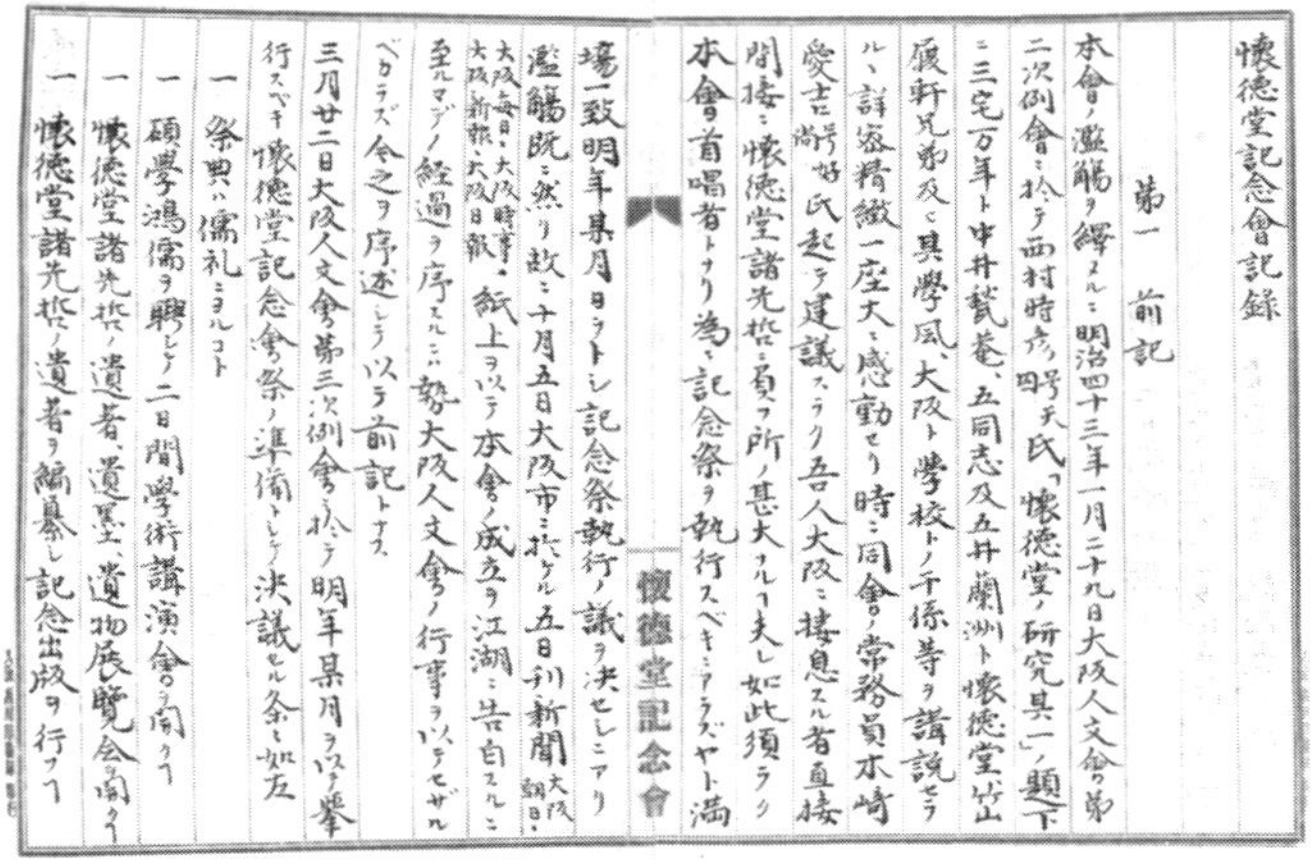
懐徳堂記念會記録
第一 前記
本會ノ濫觴ヲ繹ヌルニ明治四十三年一月二十九日大阪人文會ノ第
二次例會ニ於テ西村時彦（号天囚）氏「懐徳堂ノ研究其一」ノ題下
ニ三宅万年ト中井甃菴、五同志及五井蘭洲ト懐徳堂、竹山
履軒兄弟及ヒ其學風、大阪ト學校トノ干係等ヲ講說セラ
ル、詳密精緻一座大ニ感動セリ時ニ同會ノ常務員木崎
愛吉（号好尚）氏起テ建議スラク吾人大阪ニ棲息スル者直接
間接ニ懐徳堂諸先哲ニ負フ所ノ甚大ナルヿ夫レ如此須ラク
本會首唱者トナリ為ニ記念祭ヲ執行スベキニアラズヤト満
場一致明年某月日ヲトシ記念祭執行ノ議ヲ決セシニアリ
濫觴既ニ然リ故ニ十月五日大阪市ニ於ケル五日刊新聞（大阪朝日・大阪毎日・大阪時事・大阪新報・大阪日報）紙上ヲ以テ本會ノ成立ヲ江湖ニ告白スルニ
至ルマデノ經過ヲ序スルニハ勢大阪人文會ノ行事ヲ以テセザル
ベカラズ今之ヲ序述シテ以テ前記トナス
三月廿二日大阪人文會第三次例會ニ於テ明年某月ヲ以テ擧
行スベキ懐徳堂記念會祭ノ準備トシテ決議セル条々如左
一 祭典ハ儒礼ニヨルコト
一 碩學鴻儒ヲ聘シテ二日間學術講演會ヲ開クヿ
一 懐徳堂諸先哲ノ遺著、遺墨、遺物展覧会ヲ開クヿ
一 懐徳堂諸先哲ノ遺著ヲ編纂シ記念出版ヲ行フヿ

「懐徳堂記念会記録」

天囚は失敗の原因について、祭典が中井家の三人の祖先を祭るものであるという点が問題だと判断したと考えられる。甃庵・竹山・蕉園の三人を祭ることとは、それを公開で行ったとしても、結局は中井家の行事ということになる。そうした私的な行事に対する支援や協力を、府知事といった公的な立場に立つ人物に求めても、積極的な協力を得ることができないのも当然のことである。

そこで天囚は、木菟麻呂の構想に修正を加えて、新たな祭典を構想した。それこそが、懐徳堂で教鞭を執った諸学者すべてを祭る公開の祭典、つまり懐徳堂記念祭（懐徳堂師儒公祭とも呼ばれた）である。中井家以外の関係者をもすべて祭り、懐徳堂そのものを顕彰するための祭典であれば、「懐徳堂の教化こそが近代大阪の発展の基礎を築いたのであり、大阪人たるものは懐徳堂に対して大いに感謝し、その顕彰に努める必要がある」と、府知事をはじめとする多くの大阪の人々に広くその意義を訴え、そしてその賛同を得て祭典を実現することが十分可能である、と天囚は考えた。

もちろん、懐徳堂記念祭の挙行を、天囚一人の力で実現することは難しい。天囚にとって頼もしい味方は、明治四十二年八月に結成されたばかりの人文会であった。天囚は折良く開催された人文会の第二次例会での講演で、大阪の文化を愛する「同志」に向けて、懐徳堂記念祭を挙行したいという希望を述べ、その協力を得ることに成功したのである。

人文会第三次例会の議決

第二次例会において懐徳堂記念祭の挙行を決議した人文会は、以後着々と記念祭の準備を進めていく。明治四十三年（一九一〇）三月二十二日の人文会第三次例会では、水落露石・磯野秋渚・木崎好尚の三人が講演を行ったほか、懐徳堂記念祭の準備に関して以下のことが決議された。すなわち、祭典は儒礼によって執り行うこと、二日間の学術講演会を開催すること、懐徳堂の諸先生の遺著や遺墨、遺物などを展示する展覧会を開催すること、また遺著を編纂して記念出版を行うこと、そして「規則案ヲ草シ第四次例会ニ於《おい》テ協議スル」ことである。

この時決議された儒礼による記念祭の挙行・二日間の学術講演会の開催・展覧会の開催・記念出版の実施は、後にすべてが懐徳堂記念会の事業として実現する。懐徳堂記念会の活動の枠組みは、この人文会の第三次例会において設定されたのである。

最後の項目にある「規則案」とは、おそらく懐徳堂記念会の規則案のことである。つまりこの時、人文会は懐徳堂記念祭を挙行する主催者として、懐徳堂記念会という人文会とは別の団体を別に立ち上げることを決め、その組織に必要な規則案を次回の例会で検討することにしたと考えられる。

おそらく天囚が懐徳堂記念祭を構想した段階で、主催者は人文会とは別の団体にするつもりであったと推測される。天囚は懐徳堂記念祭を、大阪の多数の人々が参加する、盛大な公開事業として構想した。その祭典に加えて、学術講演会や展覧会を開催し、さらに記念出版も行うのであれば、事業全体にかなりの資金と多くの協力者とが必要となる。

当時発足したばかりの人文会は、会員数僅か三十五名程度の小さな団体に過ぎず、知名度も決して高くはなかった。その人文会が主催者となったとしても、多数の賛同者を得ることははなはだ困難であり、事業の実現はおぼつかない。天囚は、大阪に強い影響力を持つ有力者を多数巻き込んだ、強力な組織を新たに設立し、その組織を主催者とすることを当初から考えていたのであろう。

もちろん、記念祭・講演会・展覧会・記念出版を一年後の明治四十四年に実現するとなると、主催者となる組織を立ち上げてから、おもむろに計画・準備を進めたのでは、とうてい間に合わない。また、あらかじめ周到な事業計画が立案されていなければ、大阪の有力者たちの賛同と協力を得ること自体ができない。

そこで人文会が中心となり、事業全体の具体的な計画を立て、可能な範囲で準備を進めておくこととしたのである。事業の準備として人文会が事前にできるところはすべてやっておく。そうした覚悟を「首唱者」たる人文会は固めたのである。

『懐徳堂考』上巻の刊行

なお、先に触れた天囚の『懐徳堂考』上巻は、この人文会の第三次例会が開催された三月二十二日に刊行されている。おそらく例会の開催に合わせて刊行したものと見られる。

『懐徳堂考』は、今日なお懐徳堂研究の最も基礎的な資料として重視されているが、その上巻の初版の発行部数は三十五部と、驚くほど少ない。出版部数がこれほど少ないのは一体なぜなのだろうか。また、『懐徳堂考』上巻の扉の部分に「同志印刷三十五部」と記されているが、この「同志印刷」とはどういう意味だったのだろうか。

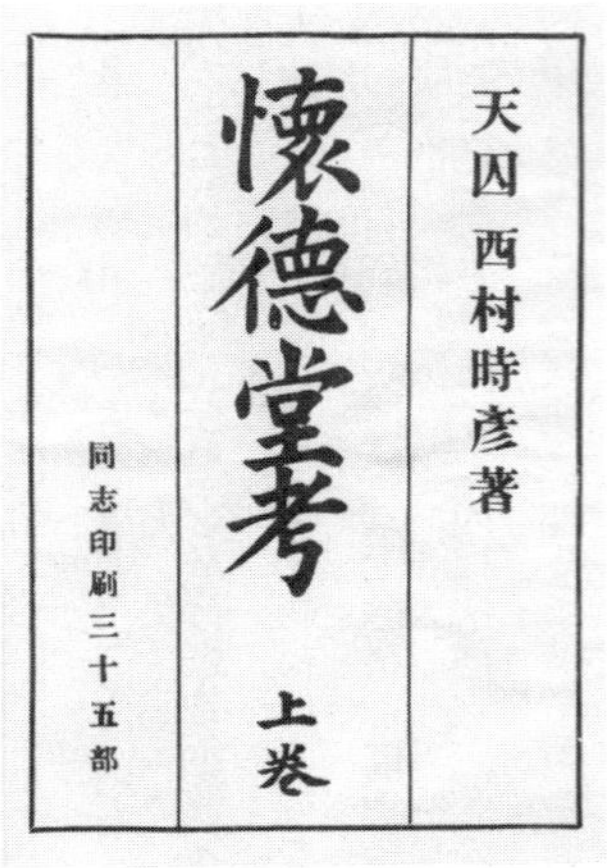
天囚 西村時彦著
懐徳堂考 上巻
同志印刷三十五部

『懐徳堂考』上巻　扉

新資料の「経過報告第一」によれば、『懐徳堂考』上巻の刊行日に開催された人文会の第三次例会の時点で、その会員数はちょうど三十五名である。「同志印刷」の「同志」とは人文会の会員のことであり、『懐徳堂考』上巻は人文会が会員に配布するために刊行したに違いない。

人文会は、第三次例会において懐徳堂記念祭と同時に行う各種事業についても決定し、その準備を開始した。ところが、この時点では、人文会会員の中にも懐徳堂が何なのか、まだよく分からない者も少なくなかった。そこで、懐徳堂に関する理解を共有するために、天囚の連載記事をまとめて『懐徳堂考』上巻として刊行し、人文会会員に一部ずつ配布したのであろう。『懐徳堂考』上巻は、人文会会員が懐徳堂について学ぶための、いわば教科書だったのである。

木菟麻呂の協力

記念祭にあわせて展覧会を開催し、また記念出版を行うとなると、当然展示する価値のある懐徳堂関係の遺著・遺品などを揃えなければならない。また出版に値する貴重な文献を選び出し、刊行の準備も必要である。しかし、明治四十三年春の時点で、人文会には懐徳堂に関する貴重な資料は、一点も存在しなかった。

この問題は、中井家の子孫である中井木菟麻呂に協力を要請し、その要請を木菟麻呂が受け入れたことによって解決した。中井家に伝わる懐徳堂関係の遺書・遺品を懸命に守ってきた木菟麻呂にとって、展覧会や記念出版によってそれらが広く世間に知られることは大変望ましいことであった。

『奠陰集』表紙

この木莵麻呂への要請について、新資料「懐徳堂記念会記録」では、第二次例会の後、二月に西村天囚が自ら東京の木莵麻呂のもとを訪れた際に行われたとしている。その時、天囚から記念祭許行の計画を聞いた木莵麻呂は「大ニ此挙アルヲ喜ビ父祖ノ遺著、遺物ヲアゲテ之ヲ記念出版若クハ展覧会陳列ノ料ニ供センコトヲ約諾」したという。

これが事実であれば、三月の第三次例会で人文会が展覧会や記念出版の開催を決めるよりも前に、天囚が木莵麻呂に記念出版や展覧会の開催への協力を要請していたことになるが、それは事実ではないと考えられる。詳しくは第三部で述べるが、木莵麻呂の日記『秋霧記』によれば、確かに天囚は二月二十八日に上京して木莵麻呂と面談している。しかし、その時には天囚は、記念出版や展覧会について語っていなかったようなのである。

『秋霧記』によれば、明治四十三年三月十四日、帰阪した天囚から木莵麻呂に手紙が届いている。その手紙で天囚は、木莵麻呂が所有する『奠陰集《てんいんしゅう》』をはじめとする竹山・履軒・蕉園の遺書十九種を、府立図書館として借用して書き写したいので認めてほしい、と依頼している。書き写す目的については述べられていない。木莵麻呂はこの依頼に応じているのだが、おそらくこの遺書の借用に、記念出版の準備としての意味が込められていた可能性が高い。木莵麻呂が依頼に応じたことがきっかけとなり、木莵麻呂が府立図書館に貸し出す資料を利用すれば、記念出版のみならず展覧会も無理なく開催ができると天囚をはじめとする人文会側関係者は考え、人文会第三次例会に記念出版と展覧会の開催を提案したのではないかと思われる。

府立図書館への資料の貸与を承諾した木莵麻呂は、四月九日、中井竹山の詩文集である『奠陰集』や中井履軒の『後聖空議』、同じく履軒の『昔の旅』を、小包書留便にて大阪府立図書館の今井貫一宛に発送した。受け取った今井は、それらを府立図書館で保管した。

さらに七月には、木莵麻呂は履軒の『洛汭奚嚢』・『述龍篇』・『越俎弄筆』・『老婆心』、中井蕉園の『津問』などを携えて大阪へ行き、府立図書館へ寄託した。木莵麻呂は、府立図書館、あるいは人文会からの依頼に対して、積極的に協力して資料を提供したのである。

第四次・第五次例会

話は遡るが、三月の人文会第三次例会の後、四月二日に天囚は朝日新聞社主催の世界一周旅行に出発する。帰国したのは同年七月である。

天囚は国際情勢に対する関心が強く、海外への渡航にも積極的であった。懐徳堂記念祭に付随する事業も固まり、準備が始まったばかりの時期に日本を離れることは、天囚にとっても抵抗があったに違いないが、世界を直接回る貴重な機会を見逃すことは、天囚にはできなかった。

天囚不在の間、五月二十九日に人文会第四次例会が開催された。この例会で懐徳堂記念会の会則案についての協議が行われたが、天囚が欠席したため、会則の議決は次回の例会に先送りとなった。会則の議決は、七月三十日開催の人文会の第五次例会で行われた。

前出の多治比郁夫氏の研究「中之島図書館物語「大阪人文会」覚え書」によれば、第五次例会について開催を裏付ける記述は、府立図書館の古い館務日誌にも、「大阪朝日新聞」の記事にも見あたらない。しかし、財団法人懐徳堂記念会の所蔵する新資料「懐徳堂記念会記録」および「経過報告第一」には、大阪人文会が第五次例会を七月三十日に開催したことが明記されている。しかも、その会場は、網島の料亭・鮒宇であった。府立図書館の館務日誌に記載がなかったのは、通常は府立図書館の紀年室で開催されていた人文会の例会が、この時に限って別の会場で開かれたためだったのである。

また新資料「会金収支精算報告第一」によれば、鮒宇で行われた「晩餐会」の会計の一部である「金参円貳拾壹銭」が、人文会の経費から「補助」として支出されている。料亭で例会が開催されたということは、あわせて懇親会のようなものが行われたのであろう。それは天囚の帰朝報告会も兼ねていたのかも知れない。

懐徳堂記念会の会則

第五次例会において、前回の例会に引き続いて懐徳堂記念会の会則案が審議された。その結果、懐徳堂記念会は「明治四十四年十月五日ヲトシ懐徳堂記念祭ヲ執行スルヲ以テ目的」とする団体であると規定された。また、懐徳堂記念会の副事業として「大学ノ教授及ビ碩《せき》儒ヲ聘シ記念講演会（二日間）」を開催すること、「記念出版物ヲ刊行シ記念品ヲ作ル」こと、さらに「懐徳堂諸先哲ノ遺著、遺物展覧会（五日間）」を開催することも定められた。三月の人文会の第三次例会で議決されたことが、すべて会則に盛り込まれたのである。なお、祭典を儒礼によって執り行うことについては、会則には明文化されていない。

この他、この会則案では、会員には「会頭ノ依嘱《いしょく》」する名誉会員、「金拾円以上ヲ醵出《きょしゅつ》」した特別会員、「金壱円ヲ醵出」した通常会員の三種類を設けること、会の組織について、役員として「会頭　一名　副会頭　一名　委員長　一名　委員　若干名」を置くことが定められていた。ちなみに、当時の一円は、現在のおよその価値を企業物価指数を基にして計算すると、千円程度である。

なお、この時点では懐徳堂記念会の事務所の所在や、会費や現金の保管場所などは未定となっている。これらは、二ヵ月後の九月に開かれた懐徳堂記念会の発起人会において、発起人一同がこの案を承認した後に決定した。ただし、そうした事項を除いて、この会則案はそのまま懐徳堂記念会の発起人会で承認されている。懐徳堂記念会の骨格ともいうべき会則は、この人文会の第五次例会でほぼ確定したのである。

発起人会の準備

第五次例会では、会則案だけでなく、懐徳堂記念会を立ち上げる際の発起人の選出についても協議された。

会則案を見る限り、記念祭や記念講演会などの諸事業を実施するための資金に関しては、会員の拠出する会費の規定しかなく、基本的に各種事業の資金は、会員の会費によって確保するものとされたようである。会員の種別として、「金壱円ヲ醵出《きょしゅつ》」した通常会員とは別に、「金拾円以上ヲ醵出」した特別会員を設けている点からは、会員からより多くの醵金を集めたいという姿勢が窺える。

しかし、すべての資金を会費だけでまかなえると考えていたわけではなかろう。それとは別に、発起人などから多額の寄付があること期待していたと考えられる。後述するように、実際懐徳堂記念会の総収入のかなりの部分は、発起人らからの醵金で占められた。

おそらく人文会は、発起人の人選こそが、懐徳堂記念会の事業が成功するかどうかの鍵を握っていると認識していたと推測される。懐徳堂記念会が多数の会員を集めるためにも、発起人は知名度や影響力を備えた大阪の著名人でなければならない。また多額の寄付を期待できる資産家である必要もある。

そうした人物を選び出すために、人文会は今井貫一・西村天囚・上松寅三・木崎愛吉・水落庄兵衛ら十名を発起人推薦委員とした。人文会の中心的メンバーであったこの発起人推薦委員たちは、発起人候補者の選定に当たると同時に、懐徳堂記念会発足まで準備活動の実務を担当することとなった。人文会の例会は二ヵ月に一度しか開催されないため、懐徳堂記念祭などの準備を機動的に進めるためには、実務担当者を絞り込む必要があったのである。

発起人推薦委員の活躍

発起人推薦委員は、八月六日に発起人推薦委員会を開催し、発起人候補者の選考を行った。天囚は所用のためこの会合を欠席し、城崎温泉にいた。発起人推薦委員会の開催後、城崎から帰った天囚は、選出された発起人候補者に対する就任への働きかけを精力的に行った。「懐徳堂記念会記録」はこの時の天囚の活躍を、「東奔西走遊説夜以テ昼ニ継」いだ、と記している。その結果、人文会の他に、下記の団体・個人を懐徳堂記念会の発起人とすることが決定した。

大阪府教育会
土居通夫（大阪商業会議所会頭）　藤田平太郎（藤田組社長）
高崎親章（大阪府知事）　鴻池善右衛門（鴻池家第十二代当主）

村山龍平（大阪朝日新聞社長）　　島村久（鴻池銀行理事）
植村俊平（大阪市長）　　本山彦一（大阪毎日新聞社長）
上野理一（大阪朝日新聞前社長）　　住友吉左衛門（住友家第十五代当主）
小山健三（第三十四銀行頭取）　　鈴木馬左也（住友総理事）

発起人は皆、当時の大阪を代表する政界・財界・言論界の主だった人物であり、大阪において高い知名度と強い影響力を持っていた。彼らが発起人として確定した時点で、天囚をはじめとする人文会関係者は、記念会の事業の成功を確信したことであろう。

なお、大阪府教育界が発起人に含まれているのは、後述するように懐徳堂記念会による懐徳堂顕彰が、懐徳堂の果たした教育上の功績を称えることを趣旨としており、また教育関係者が多数入会することを期待していたためと見られる。

また、大阪府知事や大阪市長という行政の長が発起人に加わったことについては、懐徳堂記念会の運営スタッフとして、行政関係者を組み入れることを予定したためと推測される。もちろん大阪市民に広く記念会への入会を勧誘する上でも、行政との連携は極めて重要と考えられたに違いない。

発起人会の開催に先立ち、九月十五日の夜、発起人推薦委員の今井・木崎・上松の三名が集まって懐徳堂記念会の仮予算案を作成した。その二日後の十七日には、三名の外に発起人推薦委員の西村・今川・藤沢・水落・高安、および橋詰良一が加わり、仮予算案の査定を行った。

こうして作成された仮予算案は、後に発起人に資料として提示されたという。残念ながらその内容は分からないが、懐徳堂記念会が成立するまでに人文会がいかに周到に準備を進めていたのかがよく分かる。

懐徳堂記念会発起人会の開催日

こうしていよいよ懐徳堂記念会の発起人会が九月に開催されたのだが、意外なことに、開催日の日付について、諸資料の記述が異なっている。「懐徳堂記念会記録」は九月二十九日、「経過報告第一」と多治比郁夫「中之島図書館物語「大阪人文会」覚え書」は二十七日、『懐徳堂記念会会務報告』と『懐徳堂要覧』(大正十五年版・昭和四十三年版とも)は二十五日、「懐徳堂復興小史」(再刊本『懐徳堂考』(大正十四年)の附録)は十五日と、実にバラバラなのである。

十五日には懐徳堂記念祭の仮予算案を編成する会合が開催されており、また二十九日には人文会の第六次例会が開催されている。従って、十五日や二十九日とする記述は明らかに誤りと考えられる。

残るは二十五日と二十七日とである。二十五日とする『懐徳堂記念会会務報告』と『懐徳堂要覧』は、当事者である懐徳堂記念会や財団法人懐徳堂記念会が作成した資料であるが、作成された時期が比較的遅い。これに対して二十七日とする「経過報告第一」は、発起人会の二ヵ月後に開催された人文会第七次例会の資料である。また、当時の新聞や大阪府立図書館の館務日誌の記述に基づく多治比氏の研究も、同時期の資料に基づいている。

従って、懐徳堂記念会発起人会は九月二十七日に開催されたと見て間違いない。

2　懐徳堂記念会の発足

懐徳堂記念会の発起人会

懐徳堂記念会発起人会に出席したのは、発起人の住友吉左衛門・鈴木馬左也・植村俊平・小山健三・村山龍平・上野理一・藤田平太郎の代理人、その他に人文会の西村時彦・久松定憲・今井貫一・橋詰良一・上松寅三、おそらく非会員の大阪府の事務官・馬渡俊雄である。発起人の土居・高崎・鴻池・島村・本山は欠席した。

発起人会では、まず七月の人文会第五次例会において決議されていた懐徳堂記念会会則案が審議され、原案通り可決された。第二条の規定する記念会の事務所は大阪銀行集会所に、また第九条の現金の出納保管は発起人の小山健三が頭取を務める第三十四銀行に、それぞれ交渉することとなり、後日すべてその通りに決まっている。

住友吉左衛門友純
住友史料館所蔵

続いて、会則第五条に定める会頭・副会頭の推挙が行われ、発起人の互選によって会頭に住友吉左衛門が、副会頭に小山健三がそれぞれ決まった。

こうして懐徳堂記念会発起人会は無事終了し、ここに懐徳堂記念会は成立を見た。

懐徳堂記念会の活動報告書である『懐徳堂記念会会務報告』によれば、発起人十一人が記念会に対して合計五千四百円（現在の価値に換算するとおよそ五百九十万円程度）もの醵金をしている。団体である人文会と大阪府教育会を除くと、個人で発起人となったのは十二人であるから、「十一人」という点がいささか不可解だが、ともかく発起人だけでこれほどの醵金が行われたことは注目に値する。

最終的な懐徳堂記念会の総収入は、一万四千八百六十一円二十一銭（現在の価値でおよそ一千六百万円）であったから、発起人による醵金は、記念会の総収入の三十六・三パーセント、実に三分の一を上回ったことになる。発起人の人選は、資金獲得の面から見て極めて重要な問題だったのである。

人文会第六次例会

懐徳堂記念会の発起人会が開催された直後の九月二十九日、人文会は第六次例会を開催した。この例会では、木崎好尚が講演を行った後、西村天囚と今井貫一とが懐徳堂記念会の成立経過に関する報告を行った。また新資料「経過報告第二」によれば、任期が満了した人文会の役員（常務員）の改選が行われている。前年九月四日の相談会で任命された役員の任期が一年で満了したための改選であろう。

この年の一月の第二次例会から約八ヵ月の間、人文会は二ヵ月ごとに開催される例会において、会員が研究成果を講演として発表するという、本来の活動を継続して行いつつ、懐徳堂記念祭の準備に精力的に取り組んできた。その人文会にとって、懐徳堂記念会の発起人会が無事開催された二日後に例会が開催され、そこで新たな役員人事が行われたということは、発足してから約一年で迎えた一つの大きな節目と受け止められたに違いない。会員たちは、次の一年間は懐徳堂記念祭などの準備で一層多忙になるであろうとの覚悟を固めたことであろう。

それでも、この第六次例会においても、通常通り講演が行われている。このことは、人文会として、その本来の活動と懐徳堂記念会関係の準備とを、以後も並行して行う予定であったことを示していると思われる。

懐徳堂記念会の組織問題

明治四十三年九月末の時点で、懐徳堂記念会が直面していた最大の課題は、懐徳堂記念会自体の組織の問題であった。

懐徳堂記念会が予定している事業は、記念祭・展覧会・講演会・記念出版と複数にわたり、当然その準備には多くのスタッフと多額の資金とが必要となる。しかも事業の挙行は翌明治四十四年十月とあらかじめ決まっており、準備期間は一年しかない。

ところが、懐徳堂記念会の役員に関しては、その会則に会頭一名、副会頭一名の他、委員長一名、委員若干名が置かれることと定められていたが、九月の発起人会では、会頭と副会頭とが決まっただけであり、会頭が適当な人物に依嘱することとなっていた委員長と委員は、まだ決まっていなかった。また各役員の任務は、会則第六条に「別ニ定ムル所ニヨル」と定められていたが、その規定もまだ存在していなかった。

つまり、この時点では、懐徳堂記念会の組織はまだ整っていなかったのである。発足したばかりの懐徳堂記念会としては、できるだけ早く組織を整備する必要があった。

もっとも、懐徳堂記念会の組織をどうするかは、発起人会の開催までのところで、人文会がある程度検討を加えており、その人選も進めていたと見られる。そのことは、財団法人懐徳堂記念会に保存されていた新資料の中の、「展覧係記録」によって明らかとなった。

「展覧係記録」は、展覧係主任に就任した人文会会員の水落庄兵衛が執筆したと見られるが、それによれば水落は、明治四十三年九月十日の時点で、展覧係の委員候補者に対して就任の諾否を尋ねている。おそらく他の係についても、人文会はおそらく発起人候補者の選定と並行して、係の編成とその主任や委員の人選を進めていたことであろう。もちろん、その後の手続きとして、懐徳堂記念会が人文会が作成した人事案を承認し、正式に任命する必要があった。

おそらくその人文会の人事案を承認するための会合が、九月三十日に開催された会合だったと見られる。この会合により、懐徳堂記念会全体の組織整備が大きく前進した。

この会合に出席したのは、人文会の発起人推薦委員であった西村・今川・今井・木崎・水落・上松・高安の七名と、人文会会員の久松定憲・橋詰良一、そして人文会会員ではない伴直之助・馬渡俊雄・木下貞太郎・山本清太郎、合計十三名である。人文会の会員ではない四名は、おそらくいずれも大阪府・大阪市の役人と見られる。懐徳堂記念会の発起人となった大阪府知事・大阪市長からの指示により、府や市の職員の一部が、人文会会員と共に懐徳堂記念会の運営に当たることとなり、この日人文会会員とともに懐徳堂記念会の組織全体について話し合ったのである。

そもそも懐徳堂記念会の発起人として大阪府知事と大阪市長とが選定された時から、知事や市長からその部下である府や市の行政関係者に向けて、記念会の運営に参加し協力するようにとの指示や依頼を行ってもらう計画であったと推測される。もちろん行政関係者にとって、懐徳堂記念会の業務はその本務ではない。しかし、記念会の発起人である上司の府知事や市長から指示や依頼を受ければ、それを断ることはかなり難しかったであろうと推測される。

懐徳堂記念会の役員構成

この九月三十日の会合で検討されたのは、まず懐徳堂記念会会の委員長と委員の人事である。審議の結果、委員長候補者と、懐徳堂記念会の会務を分担する八つの係の主任の候補者とが以下の通り選出された。この人事は、十月四日に住友会頭により裁可され、正式に決定した。

委員長　西村時彦
総務係主任　今井貫一
祭典係主任　久松定憲
展覧係主任　水落庄兵衛
編纂係主任　木崎愛吉
講演係主任　角田勤一郎
会員募集係主任　馬渡俊雄
会計係主任　伴　直之助
記録係主任　後藤玉城

委員長の西村天囚と、八係の主任の内の五人までもが人文会の会員である。これは、この後事業の準備を滞りなく進めるためには、これまで準備にあたってきた人文会の会員がそのまま記念会運営の中枢を担うのが適当との判断によると考えられる。

同時に、大阪府・市の役人である非会員の馬渡・伴・後藤が役員に加わっているのは、懐徳堂記念会の事業が大阪を挙げてのものとなるようにするための配慮であろう。人文会の会員が記念会役員を独占してしまうと、記念会の発起人に大阪の政界・財界・言論界の有名人が幅広く名を列ねていても、その事業は結局人文会という小さな団体が独占して好き勝手にやっているように見なされかねない。そうした懸念から、あえて三人を懐徳堂記念会の運営の中心に加えたと見られる。

もちろん、現役の行政関係者が記念会の運営に携わることとなれば、その事業を進める上で行政からの強力な協力を得ることができるとの期待もあったに違いない。後述するように、懐徳堂記念会は会員を獲得するに当たり、その勧誘に大阪区長以下の教育行政システムを利用している。記念会の事業は、行政の支援を得つつ進める計画だったのである。

また、懐徳堂記念会を運営するにあたり、行政関係者の高い実務処理能力も大いに期待されたに違いない。後述するように、この日の会合では、懐徳堂記念会の役員の執務細則案が、馬渡や伴が天囚や今井と協力して起草することが決まっている。計画された記念会の事業は多岐にわたり、かなり規模が大きい。それだけに、記念会の運営には実務処理能力の高い行政関係者の協力が不可欠と考えられたと推測される。

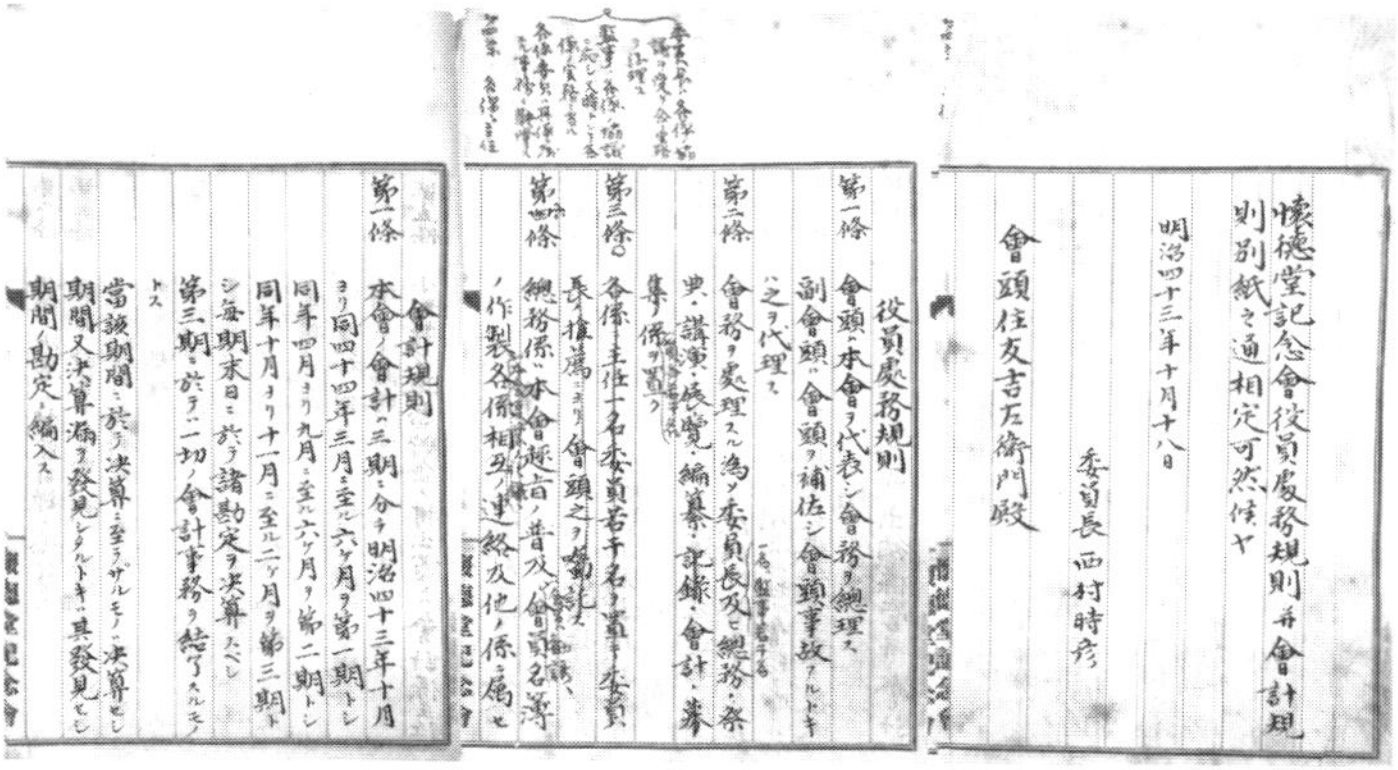

懐徳堂記念會役員處務規則并會計規則別紙之通相定可然候ヤ

明治四十三年十月十八日　委員長西村時彦

會頭住友吉左衛門殿

役員處務規則

第一條　會頭ハ本會ヲ代表シ會務ヲ總理ス
副會頭ハ會頭ヲ補佐シ會頭事故アルトキハ之ヲ代理ス

第二條　會務ヲ處理スル爲メ委員長及ビ總務・祭典・講演・展覧・編纂・記錄・會計・募集ノ係ヲ置ク

第三條　各係ニ主任一名委員若干名ヲ置キ委員長推薦ニヨリ會頭之ヲ嘱託ス

第四條　總務係ハ本會趣旨ノ普及、會員名簿ノ作製、各係相互ノ連絡及他ノ係ニ屬セ

會計規則

第一條　本會ノ會計ハ三期ニ分チ明治四十三年十月ヨリ同四十四年三月ニ至ル六ケ月ヲ第一期トシ同年四月ヨリ九月ニ至ル六ケ月ヲ第二期トシ同年十月ヨリ十一月ニ至ル二ケ月ヲ第三期トシ毎期末日ニ於テ諸勘定ヲ決算スベシ
第三期ニ於テハ一切ノ會計事務ヲ結了スルモノトス
當該期間ニ於テ決算ニ至ラザルモノハ決算セシ期間又ハ決算漏ヲ發見シタルトキハ其發見セシ期間ノ勘定ニ編入ス

会計規則　役員処務規則　稟議書

役員処務規則

九月三十日の会合で検討された二点目は、会則第六条にある「役員ノ任務」を規定するところの、役員の執務細則である。先に触れた通り、役員の執務細則案は西村・馬渡・伴・今井が起草し、次回の会合で決定することとなった。こうした規則の案も、ある程度は人文会で準備したかとも思われるが、組織の運営に通じている現役の府や市の職員である馬渡や伴の知識や経験が、最終的な規則の作成に大いに役立ったことであろう。

財団法人懐徳堂記念会に現存する新資料の中に、明治四十三年十月十八日付で、記念会委員長西村天囚が会頭の住友吉左衛門に「役員処務規則」と「会計規則」との裁可を求める稟議書が存在する。この「役員処務規則」こそが、四人が起草したものに基づく役員の執務細則と見られる。

検討事項の三点目は、会員募集の方策である。懐徳堂記念会の事業が成功するかどうかは、多数の入会者を得ることができるかどうかにかかっていた。多くの会員を集めることは、懐徳堂の顕彰という面で極めて重要であり、また資金面で必要なことであった。

この会合では、会員獲得のための具体的方策として、大阪市内の東・西・南・北の四区長を個別に訪問し、会の活動への助力を要請することが決まった。また四区長に対しては、十月七日に予定された会員募集を検討するための会合への出席も要請することとなった。各区の担当は、東区は今井、西区は橋詰、南区は伴、北区は西村である。この四区長への協力要請も、やはり懐徳堂記念会が行政組織の協力を得つつ事業を推進しようとしていたことを示している。

四点目は、会員章のデザインである。この日の会合にも参加していた、ホトトギス派の俳人でもある水落庄兵衛に依嘱された。ただし、会員章そのものがどの様なものだったのかは、残念ながら不明である。

こうしてこの十月四日の会合の結果、記念会の組織整備は大いに進展した。この後、いよいよ懐徳堂記念会の実質的な活動が開始される運びとなった。

3　懐徳堂記念会の活動開始

新聞発表

明治四十三年十月五日、大阪朝日新聞・大阪毎日新聞・大阪時事新聞・大阪新報・大阪日報の五紙は一斉に、懐徳堂記念会の成立を伝える記事と、「懐徳堂記念会趣旨」とを掲載した。懐徳堂記念会の設立は、これによって広く一般の人々に知られることとなった。

「懐徳堂記念会趣旨」は、先ず懐徳堂の歴史の概略を述べ、懐徳堂は「大阪唯一の学校」として長い間「大阪人を教育して、其《そ》の品性を養ひ、其の風俗を正し、以て世道人心《せどうじんしん》を維持」したとする。そして、今日大阪が大いに発展して日本の商

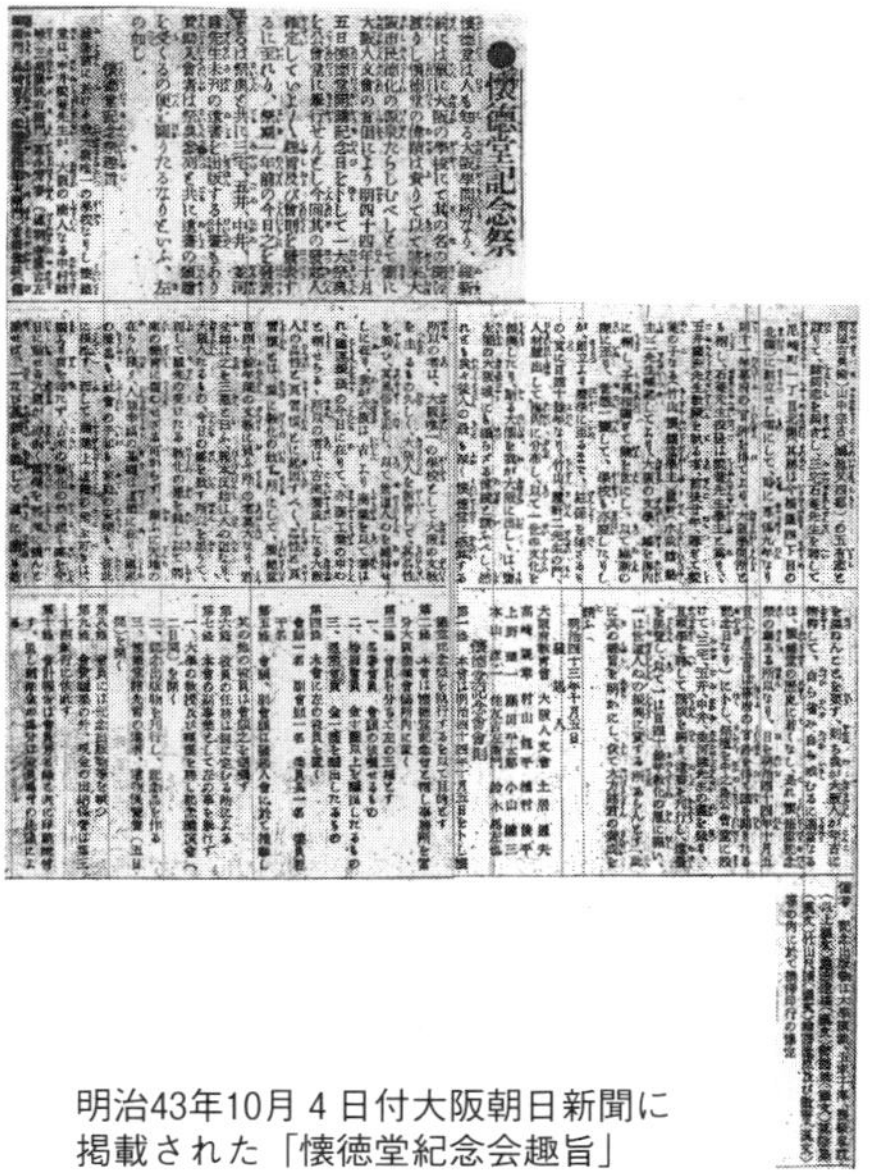
●懐徳堂記念祭

明治43年10月４日付大阪朝日新聞に掲載された「懐徳堂紀念会趣旨」

工業の中心となったのは、「古来養成したる大阪人の品性と良習慣とに起因」しており、その品性と良習慣とは「懐徳堂百四十余年間の文教に負《お》ふ所の者莫大」であると、懐徳堂の教化を高く評価する。

その上で、大阪人たるものは懐徳堂のこの功績を正しく認識し、「祖先の受けたる教化の恩」を心に刻み、「以《もっ》て将来の徳育」に心を留めなければならない。だからこそここに懐徳堂記念祭を挙行し、また講演会・展覧会を開催して記念出版も行い、それによって「百四十余年教化の恩に報い」、かつ「世道人心の振興に資《し》する」ことに役立てようとするのである。このように懐徳堂記念祭を初めとする各種事業の目的について説かれている。

新資料「経過報告第一」には、この十月五日の「懐徳堂記念会趣旨」の新聞発表について、「此《こ》ニ本会ノ手ヲ离《はな》ル、コトトナレリ」と記されている。人文会はこの年の一月以来八ヵ月の間、懐徳堂記念会を立ち上げるための準備に取り組んできた。その結果正式に懐徳堂記念会が発足し、その組織も整い、この日広く社会に向けて会の成立を公表するに至ったのである。人文会関係者にとってはさぞ感慨も深かったことであろう。

この新聞発表の後、確かに懐徳堂記念祭の準備活動は、人文会ではなく懐徳堂記念会が主体となる。もっとも、懐徳堂記念会の委員長や各係の主任など、懐徳堂記念会の運営の中枢には人文会の会員が多数就任しており、懐徳堂記念会の活動が忙しくなると、人文会の会員はそのために忙殺されていった。その結果、ついに人文会としての活動を行うことができなくなっていくのだが、そのことについては後述する。

十月七日の会合—教育行政システムを利用した会員勧誘

十月五日の新聞公表の後、懐徳堂記念会は人文会が構想した各種事業の実現を目指して、いよいよ組織的な活動を開始する。まず最初に手を付けたのは、入会者の確保であった。

懐徳堂記念会の事業の成功は、記念会の活動の趣旨に賛成して入会する人をどれほど多く獲得できるかにかかっていた。もちろん、多数の入会者を確保することは、事業に必要な資金を確保することに直結する。

新資料「懐徳堂記念会記録」によれば、十月七日の夜、西村委員長以下、懐徳堂記念会の係の主任である役員（角田勤一郎・後藤玉城を除く）を含む記念会の中心的メンバーが、大阪市内の四区長（白男川北区長・阪田西区長・傍士東区長・紫安南区長）との会合を開いた。この会合では会員募集の方法が協議され、懐徳堂記念会の会員募集に大阪府下の教育行政のシステムを利用することが正式に決定した。具体的には、各区の小学校費負担区会議長、学務委員、小学校長の全員を懐徳堂記念会の「委員」とし、彼ら教育行政担当者に「会員募集ノ労ヲトラシムル」こととしたのである。

こうして大阪市内の各区では、小学校の校区ごとに教育行政関係者がそのまま懐徳堂記念会の「委員」となり、懐徳堂記念会への入会を勧誘することとなった。懐徳堂記念会の会員確保に大阪市内の教育行政システムが深く関わっていたことは、従来ほとんど知られておらず、新資料「懐徳堂記念会記録」により明らかとなった。

「懐徳堂記念会趣旨」に記されているように、懐徳堂記念会は、懐徳堂がかつて大阪人を教育して「世道人心《せだうじんしん》を維持」したことを顕彰してその「恩に報い」、かつ今回企画している各種事業の実施によって「世道人心の振興」に役立てようとした。そうした社会教育的活動を重視した記念会が、教育関係者らを対象とする入会の勧誘に積極的に取り組んだのは、至極当然のことといえよう。

懐徳堂記念会の発起人のなかに高崎大阪府知事・植村大阪市長・大阪府教育会が名を連ねているのは、そうした公的な教育行政システムを通して行う懐徳堂記念会の会員の勧誘が、すでに発起人選定の段階で計画されていたためであったと見られる。具体的には、小学校の教員に対して強く入会を促すことがねらいだったと考えられる。

もちろん、入会勧誘の対象となった教育関係者は小学校の教員だけではない。後述するように、この年の十二月、懐徳堂記念会は中等程度以上の諸学校の職員に対して、個別に勧誘状を発送している。懐徳堂記念会は、広く教員全般を狙ったのである。

なお、懐徳堂記念会が入会勧誘に大阪市内四区の教育行政システムを利用するのであれば、懐徳堂記念会の発起人には大阪府教育会ではなく、大阪市の教育会でよかったはずである。しかし、明治三十二年二月に発足していた大阪市教育会は、明治四十一年九月に解散していた。市教育会は明治四十四年六月五日に再興されるが、懐徳堂記念会の発足時に大阪教育会は存在しなかったため、代わりに大阪府教育会が発起人となったのである。ちなみに、大阪府教育会は明治三十一年十月に、各群市教育会の連合体として組織された大阪府聯合教育会として発足し、翌明治三十二年二月に大阪府教育会と改称したものである。

十月七日の会合―懐徳堂記念会の予算

十月七日の会合では、各区は「二千円宛ヲ募財スルコト」についても話し合われた。この各区二千円（現在の価値でおよそ二百十万円）という割り当ての金額は、入会者の醵金を合計した金額を意味すると見られるが、この割り当てが正式に決定するのは、翌明治四十四年二月になってからである。

懐徳堂記念会の当初の予算案については資料が残っておらず、また大阪人文会が作成して発起人会の資料となったその仮予算案の内容も不明である。このためあくまでも推測の域を出ないが、おそらくこの時点で懐徳堂記念会は、計画した事業の実施に一万円程度の資金が必要との見通しを持っていたと見られる。

前述の通り、会員の醵金の他に、懐徳堂記念会は発起人からの寄付に期待を寄せていた。その発起人からの寄付が二千円程度あり、そして四区の入会者の醵金がそれぞれ二千円ずつで八千円、合計して約一万円が確保できれば、計画されている各種事業はすべて実現できる見込だったのではないかと思われる。

ちなみに、実際に懐徳堂記念会が各種事業を行った際に最終的に支出した金額の総額は、『懐徳堂記念会会務報告』によると、八千百二十二円三十四銭八厘（現在の価値でおよそ八百八十万円）である。

「委員ニシテ入会セラレサリシ人名調」

十月七日の会合の結果、大阪市内各区の小学校長らは、懐徳堂記念会の「委員」として懐徳堂記念会への入会勧誘に取り組むようにとの依頼ないしは指示を、それぞれ区長から受けることとなったわけだが、それをどのように受け止めたのであろうか。

記念会の事業は、官民を問わず大阪を挙げての取り組みであり、その発起人には、大阪府教育会の他に大阪府知事、大阪市長という行政機関の長もその名を列ねていた。となると、教育行政システムのルートを通して上から依頼・指示があったならば、それを簡単に拒絶したり、無視したりすることはは難しかったと思われる。

もちろん、区長から依頼・指示された懐徳堂記念会への入会の勧誘は、彼らの本来の業務ではない。懐徳堂記念会自体がそもそも任意の団体であり、小学校長らがたとえ部下である小学校教員らに入会を勧めなかったとしても、罰則があるわけではない。校長らの中には、懐徳堂や懐徳堂記念会、あるいは社会教育について興味や関心の高い人もいたであろうが、興味や関心が低く、勧誘に消極的であったり、まったく勧誘に取り組まない校長もいたであろう。

この点に関して、財団法人懐徳堂記念会の新資料の中に、大変興味深いものがある。懐徳堂記念会が作製した「委員ニシテ入会セラレサ《(ざ)》リシ人名調」という資料である。

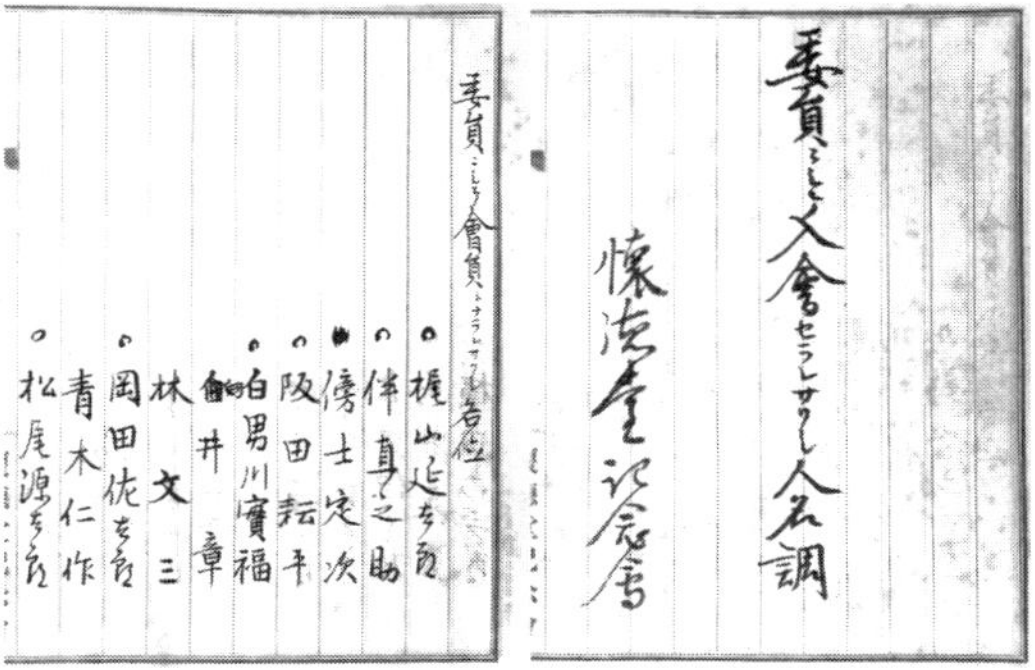

「委員ニシテ入会セラレサリシ人名調」

「委員ニシテ入会セラレサリシ人名調」は、懐徳堂記念会の「委員」となった大阪府下各区の小学校費負担区会議長・学務委員・小学校長などの中で、結局懐徳堂記念会の会員とならなかった人々のリストと考えられる。リストに記載されているのは合計百三名、その内の二名は後から線を引かれて抹消されており、実質的には百一名である。

実はこのリストの中に、十月七日の夜の会合に出席した白男川北区長・阪田西区長・傍士東区長の名がある。『懐徳堂記念会会務報告』に収められている懐徳堂記念会の会員名簿にも三人の名前は記されていないから、彼らが入会しなかったことは確実である。

区長にしてこうだったのであるから、教育行政システムの下部に位置する小学校長らがどれほど入会したのか、そしてまたどれほど積極的に部下の教員らに入会を勧めたのかは、かなり疑わしい。「懐徳堂記念会記録」によれば、四区長が推薦した会員募集のための「委員」に対して、懐徳堂記念会は、十二月十五日に二九七通、十二月十八日に三一通、合計三二八通の委嘱状を発送している。「委員ニシテ入会セラレサリシ人名調」が作製された経緯や時期はよく分からないが、仮にこれが十二月に委嘱状を発送した「委員」の中で入会しなかった者のリストだとすれば、およそ三分の一程度が入会しなかったことになる。

懐徳堂記念会がわざわざ「委員ニシテ入会セラレサリシ人名調」というリストを作成していることからすると、三人の区長をはじめ、入会しなかった教育行政関係者が予想よりもかなり多かったことに、懐徳堂記念会は大きな衝撃を受けたと推測される。

いつの時代でも、またどんな団体でも、わざわざ会費を払って入会してくれる人を獲得するというのは簡単なことではない。懐徳堂記念会も入会者の確保には大いに苦労したのである。

記念会の組織修正

十月七日の夜、四区長を交えた会議の終了後に、記念会関係者だけの別の会合も開催された。この会合では、八つの係の係員の選出や、西村・馬渡・伴・今井が起草した役員の執務細則案、および会計規則案が検討された。この時検討された各係の係員と執務細則・会計規則は、同月十五日に住友会頭によって裁決されている。

こうして記念会の組織は、西村委員長と八つの係の主任が、記念会の実務を担当する中枢としてその運営に当たることが確定した。各係の役割分担や会計規則に関する規定も整備され、懐徳堂記念会の運営体制は固まったかのように見えた。

ところが、この記念会の組織は、すぐに見直さなければならなくなった。翌十一月、大阪府の事務官で募集係主任であった馬渡俊雄の山口転出が決まり、さらに大阪市助役で記録係主任であった後藤玉城が助役を辞任したのである。府と市の行政担当者としての後任には、梶山延太郎と村上庸吉とがそれぞれ着任したが、この二人を記念会の組織の中にどう位置付けるのかが記念会で問題となった。

詳しい事情は分からないが、記念会は当初、梶山と村上の二人をそのまま馬場と後藤の後任にあてて、主任八人の体制を維持しようとしたが、梶山と村上が主任への就任を承諾せず、懐徳堂記念会の運営組織は八つのうち二つの係の主任が不在になるという緊急事態に陥ってしまったと見られる。この時期、特に会員募集を担当する募集係主任が不在となったことは、記念会の事業全体に大きく影響しかねない重大な問題であった。

懐徳堂記念会としては早急に対応しなければならなくなった。十一月十七日、西村委員長や各係の主任ら記念会の幹部は、梶山と村上も交えて対応策を協議し、会頭・副会頭の下に監事の役職を新設して梶山・村上の両名を当てること、そして記録係と募集係の二係を廃止し、両係の業務をすべて総務係に統合することを決めた。こうして懐徳堂記念会の運営組織は、総務係・祭典係・展覧係・編纂係・講演係・会計係の六係体制に再編され、また会頭・副会頭の下に監事が新たに置かれて、梶山・村上の両名が就任した。

この組織再編に伴って懐徳堂記念会の会則を修正する必要が生じ、その会則改定は、翌明治四十四年三月七日に住友会頭の裁可を受けている。

会員とならなかった記念会役員

馬渡・後藤の離脱と、梶山・村上の監事就任とは、府や市の行政関係者が記念会の運営の実務を担当することの難しさ・危うさを浮き彫りにした。

行政関係者が記念会の主任となった場合、転勤・退職などによって途中で離脱する事態も当然起こり得る。また、記念会の業務は行政関係者の本務ではなく、新たに大阪に赴任してきた者に対して、記念会の仕事を強制することはできなかったのである。

懐徳堂記念会の活動報告書である『懐徳堂記念会会務報告』には、会計係主任は今井貫一と記載されているが、新資料「懐徳堂記念会記録」や「懐徳堂役員名簿」により、記念会発足時の会計係主任は、人文会の会員ではない伴直之助であったことが明らかとなった。おそらく行政関係者である伴も転出したか、あるいは退職して記念会から離脱したために、後に今井が会計係主任を兼務せざるを得なくなったと見られる。

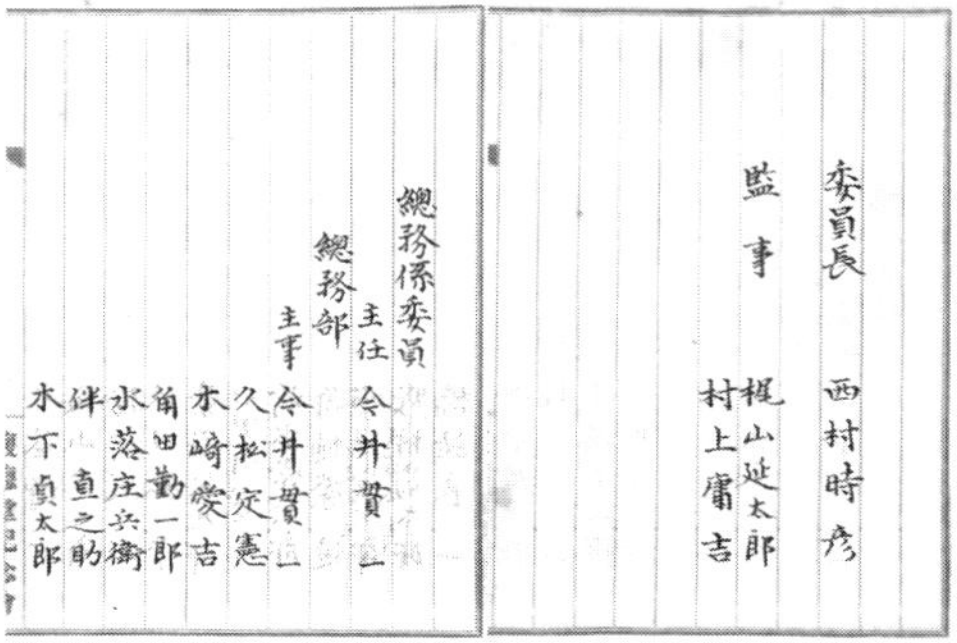
委員長 西村時彦
監事 梶山延太郎
村上庸吉
總務係委員
主任 今井貫一
總務部
主事 今井貫一
久松定憲
木崎愛吉
角田勤一郎
水落庄兵衛
伴直之助
木下貞太郎

懐徳堂役員名簿

結局、行政関係者で主任に就任した馬渡・後藤・伴の三人は、懐徳堂記念祭の挙行前に記念会から皆離脱してしまい、記念会の幹部役員である主任は全員が人文会の会員になってしまったのである。懐徳堂記念会の運営中枢は、人文会関係者と行政関係者とが融合する形でスタートしたが、結局記念会の発足前から準備に関わってきた人文会の会員が記念会の運営の中心にならざるを得なかった。もちろん、すべての行政関係者が途中で離脱したわけではなく、また記念会の運営に否定的であったわけではなかろう。しかし、行政関係者の多くが記念会の事業に必ずしも積極的でなかったことは否めない。

というのも、先に触れた「委員ニシテ入会セラレサリシ人名調」の中には、当初会計係主任であった伴や、監事に就任した梶山の名前も記されているのである。もう一人の監事である村上の名前は、「委員ニシテ入会セラレサリシ人名調」には記載されていないが、『懐徳堂記念会会務報告』の会員名簿の中にもない。従って、村上も懐徳堂記念会に入会していなかったと見るべきであろう。監事や主任といった、懐徳堂記念会運営の中枢となる幹部役員が記念会に入会していないことが外部に知られたならば、市民に入会を勧める上で極めて不都合であったに違いない。

懐徳堂記念祭の挙行の準備に早くから取り組み、その「主唱者」たることを自認していた人文会関係者は、もちろん積極的に記念会の運営に関与した。これに対して、記念会の発足に伴って参入した行政関係者は、全員ではないとしても、記念会の事業に対してかなり消極的だったのである。

そのことを象徴するのが、記念会がわざわざ会則の修正までして新設した監事に就任した梶山・村上の両名が、入会していないことである。懐徳堂記念会の立ち上げに一切関わっていない二人が、本来の職務ではない懐徳堂記念会の主任の仕事を担うことに消極的であったとしても、致し方ないことであろう。しかし、懐徳堂記念会が会則を修正してまでして新設した監事のポストに就任したにもかかわらず入会しなかったということは、随分と身勝手に見受けられる。記念会の発起人に上司の府知事・市長が名を列ねているため、記念会との関わりを拒否するのは不都合だが、会の実務は担当したくない、名誉職的な監事ならばやってもいいが、会費を払って入会するのはお断り、といった態度といえよう。

発足直後の記念会の運営は、順風満帆とは行かなかった。

会員獲得の見込み

しかし、翌明治四十四年十月に予定されている懐徳堂記念祭の実施に向けて、懐徳堂記念会は立ち止まっているわけにはいかなかった。

先述の通り、十一月十七日の会合で運営組織を六係に修正すること、四区長以下教育行政関係者を会員勧誘のために「委員」とすることなどが決められたが、同時にこの会合では、勧誘専門の小学校長らの「委員」を集めて会合を開くことも決まった。会合の目的は、「委員」らに記念会の主旨を説明し、会員募集に関する打ち合わせを行うことで、小山副会頭、西村委員長、今井総務係主任らの出席が予定された。またそれとは別に、適当な時期に懐徳堂に関する学術講演会を開催し、記念会の主旨を広く市民に向けて説明すること、講演は西村委員長、今井総務係主任、木崎編纂係主任らが当たることも決まった。

実は、多数の教育行政関係者を「委員」とすることは、懐徳堂記念会の会則から逸脱する面がある。本来懐徳堂記念会の会則は、会の運営の中枢に当たる者だけを「委員」として想定しており、その人数も「若干名」とされていたからである。会員勧誘にあたるために「委員」という肩書きを与えられた教育行政関係者は、三百名を超えていた。

会則から逸脱してまでも多数の「委員」を設けたのは、それほど懐徳堂記念会にとって会員の獲得が重要であり、また教育行政システムを通した会員募集の効果が期待されたためであろう。

それでは、この時点の懐徳堂記念会は、どれほどの会員が獲得できると見込んでいたのであろうか。十一月十七日の会合では、会員証について、特別会員章は五百枚、通常会員章は四千枚印刷することが決められた。この数字は、懐徳堂記念会の発足当初の段階における会員数の見込みを示す、貴重な数字である。

ちなみに、懐徳堂記念会の最終的な会員数は、名誉会員十四名、特別会員六百二十二名、普通会員千三百七十名である。特別会員は百人余り見込みを上回り、普通会員の数は見込みの約三分の一に止まったことになる。

人文会第七次例会

懐徳堂記念会が会員獲得へ向けて動き始める中、人文会は十一月二十九日に第七次例会を開催した。多治比氏の研究によると、この例会で何が行われたのかは不明で、この例会の後、人文会の活動は府立図書館の記録や大阪朝日新聞の記事から消えてしまっている。

実は、この第七次例会は、人文会にとって大きな転機であった。

財団法人懐徳堂記念会には、この第七次例会の資料である「経過報告第一」と「会金収支精算報告第一」が保存されていた。前者は人文会の創立から明治四十三年十月五日に至るまでの活動をまとめたもの、後者はその創立から明治四十三年九月二十九日までの収支をまとめたものである。両文書とも、末尾に「明治四十三年十一月廿九日於第七次例会」と記されている。

人文会の第七次例会で一体何があったのであろうか。またこの後、人文会の活動がなぜ大阪府立図書館の館務日誌や大阪朝日新聞の記事から消えてしまうのであろうか。

「経過報告第一」と「会金収支精算報告第一」という二つの新資料の内容から見て、人文会が発足以来の活動を総括しようとしたことは間違いない。とすれば、人文会は会の活動を総括した上で、会を解散することを決めたとも考えられなくはないが、その可能性は極めて低い。両資料の名称に「第一」とある以上、人文会は以後も活動を継続し、しかるべき時期には第二、第三の総括を行うつもりだったと見られるからである。

このことは、第七次例会と同じ十一月に刊行された人文会の名簿からも窺える。名簿は、当時の会員五十名について、氏名・号・職業などを一人ずつ区切られた枠の中に記載しているのだが、興味深いことに、名簿は会員五十名で終わっていない。その後に、四十数名分もの空欄が設けられているのである。この空欄は、後から会員が増えた場合に、その情報を書き込むためであろう。明治

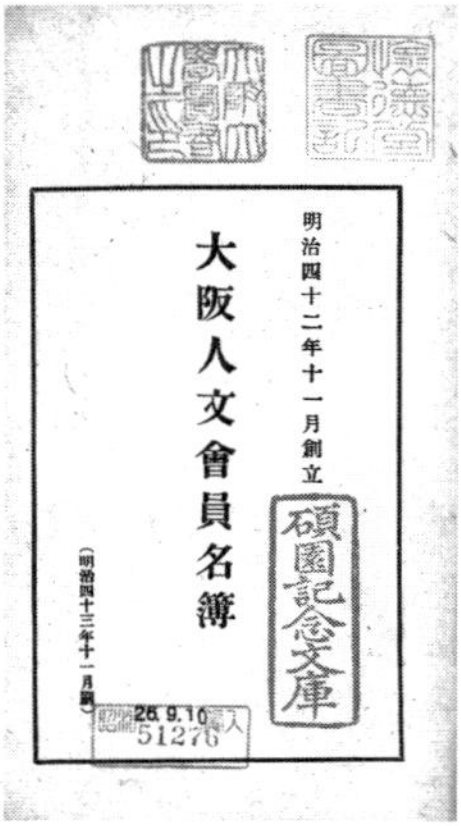

『大阪人文会員名簿』

四十二年（一九〇九）八月の発足後、人文会は順次会員数を増やしてきた。第七次例会の時点でも、その後さらに入会者が現れると予測していたのである。これは当面会を解散する予定がまったくなかったことを示していると見るべきであろう。

筆者の推測によれば、第七次例会において、人文会は会の活動を一年間休止することを議決し、以後休会状態に入った。そのために、この後人文会の活動は新聞等にも一切記録されなくなってしまったのである。

なぜ人文会は活動を休止しなければならなかったのであろうか。それは、懐徳堂記念会の運営の中心から行政関係者が相次いで離脱してしまい、記念会の運営は実質的にほとんどすべて人文会会員が担わざるを得なくなってしまったからである。

人文会は、予定している懐徳堂記念祭や関連する事業の準備と本来の人文会としての研究活動を並行して行う余裕はない、と判断したのであろう。そこでこの第七次例会において、翌年の懐徳堂記念会の諸事業が終わるまでの一年間、人文会としての活動を休止し、人文会の総力をあげて懐徳堂記念会の事業の準備に取り組むことを議決したと考えられるのである。

先にも述べた通り、記念会の発足が新聞に報じられた十月五日の時点で、人文会としては、懐徳堂記念祭の準備を進めるに取り組む主体は新たな組織である懐徳堂記念会に移り、人文会の手を離れたと受け止めていた。皮肉なことに、その手から離れたはずだった記念祭の準備が、すぐに人文会のところへ戻ってきてしまったのである。

なお、人文会の活動休止が一年間の予定だったと推測されるのは、明治四十三年十月の時点で、懐徳堂記念会の活動は翌明治四十四年の十一月末までで終結する予定とされていたためである。そのことは、新資料である懐徳堂記念会の「会計規則」によって明らかとなった。

すなわち、「会計規則」によれば、懐徳堂記念会の会計は、明治四十三年十月から明治四十四年三月までの六ヵ月間が第一期、明治四十四年四月から九月までの六ヵ月間が第二期、明治四十四年十月から十一月までの二ヵ月間が第三期と、三つの活動期間に区分されており、それぞれ期末に「諸勘定ヲ決算」することと定められていた。そして特に第三期の末は、「一切ノ会計事務ヲ終結スル」こととなっていたのである。

明治四十四年十月に懐徳堂記念祭が挙行された後、十一月末までに記念会の会計処理がすべて終われば、その後人文会会員は記念会の事業から解放され、人文会の本来の活動を復活させることができる。従って、休止する必要があるのは、明治四十四年十一月までの約一年で十分と人文会は判断して、第七次例会でそのように決定したと考えられるのである。

しかしながら、実際には、懐徳堂記念会の活動終了後に人文会の活動が再開することはなかった。このことについては後述する。

四区長への働きかけ

明治四十三年十二月に入り、懐徳堂記念会による入会勧誘の活動は、さらに活発になっていった。まず、大阪府下の一市九郡の長に入会勧誘の依頼状を送付した。この依頼状は、行政関係者自身の入会を依頼するとともに、広く一般市民に入会を促すように依頼する内容であったと推測される。また、市内居住者の中の官吏（国家公務員）・公吏（地方公務員）・中等程度以上の諸学校の職員・銀行会社の重役や重立った社員宛にも、個別に勧誘状を発送した。その数は一五二〇通に及んでいる。

さらに、前述した会員勧誘担当の「委員」、つまり小学校費負担区会議長・学務委員・小学校長といった教育行政担当者に対して、「委員」としての依嘱状を二九七通を発送した。この委嘱状は、記念会から小学校長ら「委員」へ直接個別に発送されたわけではなく、区長を通して渡された。依嘱状の交付が区長を通して行われたことは、懐徳堂記念会の会員獲得が大阪市内の教育行政システムをそのまま活用していたことをよく示している。

記念会は、市内各区の小学校長ら教育行政担当者が自ら入会することを期待するとともに、その配下にある多数の小学校教員や、地域の一般市民らの入会を期待していた。「委員」に配布された委嘱状には、「記念会会則」を印刷したものが五部添えられており、「委員」一人につき五名程度の勧誘が求められたものと思われる。

大阪府下の一市九郡の長や「委員」となった大阪市内の小学校校長らにとって、市民や小学校教員らに懐徳堂記念会への入会を促すことはむろん公務ではない。区長や「委員」に懐徳堂記念会へ入会しなかった者が少なくなかったことからすると、こうした一般行政や教育行政システムを利用した会員確保は、効果があったとしても限定的だったのではないかと見られる。

もちろん懐徳堂記念会も、ただ依頼状を発送しただけで効果があるとは考えていなかった。「懐徳堂記念会記録」によれば、「委員」への委嘱状を持って橋詰と今井が四区長を訪問した際、二人は区長に「覚書」を渡している。その覚書には、「委員」の依嘱は「会頭ヨリノ申出」によって行われることであると記されていた。つまり、記念会は会頭である住友吉左衛門の存在を区長に強く意識させているのである。

こうした形で協力を要請された区長からすれば、住友吉右衛門だけではなく、記念会の発起人に名を列ねた府知事や市長らのことも強く意識したに違いない。強い影響力を持つ大阪の有力者が発起人となっている記念会からの要請に対して、それを無視したり、あるいは拒絶するといったことはできなかったであろう。

橋詰と今井は面談した四区長に対して、「委員」を集めて会員募集に関する打ち合わせをする会合について開催を打診し、また区長自身が記念会の総務係の委員、つまり懐徳堂記念会の運営に当たる委員に就任することも要請している。この要請は、会員の確保について、記念会が各区長の協力に大いに期待を寄せていたことを示している。

懐徳堂記念会は、こうした行政システムを通した会員の確保とは別に、事業の遂行に必要な資金をより直接的に獲得するための寄付金集めも開始した。「懐徳堂記念会記録」によれば、十二月二十二日、西村委員長・今井総務係主任・木崎編纂係主任・水落展覧係主任・久松祭典係主任ほか三名（すべて人文会会員）が会合して、「多額ノ醵金アルベキ有志者ニ対スル特別勧誘ノ部署ヲ協定」した。これは、記念会に対する多額の寄付を期待できる人物に個別に働きかけることとし、それぞれ担当者を定めることを相談したものである。

この相談に基づいて、十二月二十八日には、『通俗教育論』（明治十八年（一八八五）年）の著書で知られる「通俗教育」（現在言うところの社会教育）論者の庵地《いおじ》保《たもつ》ら、九十五名に対して勧誘状が発送されている。

総務係委員総会の開催

明治四十四年（一九一一）に入ると、懐徳堂記念会の活動は一層活発になった。

二月五日、総務係委員の総会が開催された。この会合は、前年に行われた懐徳堂記念会の組織修正を踏まえて、改めて総務係の組織・運営のあり方を確認し、その上で会員確保をさらに推進することを目的とするものであったと見られる。前年十一月十七日の時点で募集係・記録係が廃止され、両係の業務は総務係に統合されたため、総務係の業務は大幅に増大していた。このため、係の活動や担当を整理し直す必要があったのであろう。

会場の安土町書籍集会所に会したのは、今井総務係主任、白男川北区長ほか二十九名である。会合では、これまでの経緯について説明があった後、総務係主任の下に会員勧誘に関する常務数名を置くこと、その内四名は四区長に依頼すること、他の会務についても数名の常務員を置くこと、担当の常務員でなくとも必要に応じて会務を担うことなどが協議された。

前年九月に懐徳堂記念会が発足して以降、会の組織はなかなか安定しなかったが、すでに広く社会に告知した懐徳堂記念祭をはじめとする各種事業は、この年の十月に挙行しなければならない。急ごしらえの組織を巧みに運営して、予定された事業の準備を期限までにやり遂げようというのであるから、記念会関係者の苦労、特に懐徳堂記念祭の「主唱者」たる人文会の会員の苦労は、想像するに余りある。記念会の内部で生じたさまざまな問題は、おそらくほとんどすべてが総務係に持ち込まれたことであろう。主任の今井貫一をはじめとする総務係の委員たちは、各自本業を持ちながら、それとは別に、記念会の事業に精力的に取り組んでいったのである。

「委員」総会の企画と流会

総務係は、総務係委員の総会に続いて、会員勧誘を任務とする「委員」の総会の開催を予定した。この会合は、かねてより会員募集のための行事として計画・検討されていたもので、「委員」を依嘱した教育行政関係者らを一堂に集めて開こうというのである。二月十三日に今井総務係主任は、小山副会頭を訪問した際、この会を二月十七日に開催する予定であると告げている。

ところが、開催予定日の二日前である二月十五日、急遽開催が中止された。その理由について「懐徳堂記念会記録」には、「種々ノ都合ニヨリ」とだけ記されており、詳細は不明である。

記念会は、中止した「委員」総会に代わるものとして、四区長や梶山・村上両監事、西村委員長、今井総務係主任らによる少人数の会合を二月二十日に開催した。各区の「委員」に対しては、その会合での協議の結果を各区長から通達し、「委員」総会に代えることとしたのである。

二十日に開催された会合では、まず各区に割り当てられた「募財額」、つまり目標とする入会者の会費の合計を二千円とすることが、正式に決定した。またその期限について、四月末日と定められた。

前年の十一月十七日に開催された、西村委員長や各係の主任らによる会合では、会員証の印刷枚数が特別会員章五百枚、通常会員章四千枚とされていた。その数字を参照して、目指す通常会員数は特別会員数のおよそ十倍程度と計算するならば、各区とも、十円醵金をする特別会員が百人、一円醵金する通常会員が一千人で、合計二千円の醵金を得るということとなる。各区二千円ずつの割り当ては、こうした大まかな計算に基づいていたのであろう。

結局記念会に入会しなかった白男川北区長・阪田西区長・傍士東区長の三区長が出席した会合で、入会者の会費に関する議決がなされたというのも滑稽だが、それはともかく、こうして大阪市内の各区では、定められた目標金額への到達を目指して、懐徳堂記念会への入会者を獲得する取り組みが一層積極的に進められていったと見られる。

講演会の開催とその準備

二月二十日の会合では、「会ノ趣旨普及ノ為《た》メニ講演会ヲ開催」することも正式に決定した。そして小学校の教員に対して、なるべく講演会に出席するようにと、各区長が文書で通達することとなった。

講演会は、結局三月十一日に開催された。しかし、その日程が決まったのも、また出演する講師全員からの承諾が揃ったのも、二月末になってからのことであった。準備はかなり慌ただしく行われたようである。

講演会前日の三月十日、大阪朝日新聞・大阪毎日新聞・大阪時事新聞・大阪新報・大阪日報の五紙に、講演会の開催を告げる記事が掲載された。五紙はいずれも、前年の十月五日に懐徳堂記念会の成立を伝える記事を掲載した新聞である。

記念会の発起人には、在阪の新聞各社の関係者も名を列ねており、記念会の活動は各紙を通して大阪市民に広く伝えられた。ラジオもテレビもない当時、新聞というメディアの果たす役割は今日とは比べられないほど大きかった。懐徳堂記念会が確実に理解者を増やしていった原因の一つは、新聞の力であったと推測される。

三月十一日の講演会当日の運営は、総務係の委員が中心となって行った。その役割分担として、講演者係・会場係・聴衆係が設けられたのだが、興味深いことに、この時各係に数名ずつ「臨時依嘱」として配置された人がいた。おそらく総務係のメンバーだけでは人手が足らなかったため、急遽協力者を求めて配置したと見られる。記念会の運営は結局人文会の会員を中心として行われたといっても、会員わずか数十名の小さな団体である人文会の会員だけでは、マンパワーが絶対的に不足したのである。

この「臨時依嘱」のメンバーとなったのは、府立図書館・朝日新聞社・大阪市役所から集められた人々であった。府立図書館は今井貫一総務係主任が、朝日新聞社は西村天囚委員長が、それぞれ窓口となって協力者を確保したものと推測される。

大阪市役所の窓口となったのは、二月二十日の会合にも出席した梶山・村上両監事であった可能性が考えられる。両監事は結局記念会の会員にはならなかったが、記念会の活動に協力はしていたのであろう。

三月十一日の講演会

講演会当日の準備は早朝から行われ、開会は午後一時であった。今井総務係主任による開会の辞に続いて、下記の六人が講演を行った。

植村俊平「商売と学問」　鈴木馬左也「大阪の偉人」
角田勤一郎「問はず語り」　中橋徳五郎「大阪大学の設立」
西村時彦「懐徳堂の沿革」　小山健三「市民の品性」

『懐徳堂記念会会務報告』には、「此《こ》の講演は大に聴衆を感動し、会場に於《おい》て入会賛助を申込む者多く、従《よっ》て世の耳目を聳動《しょうどう》したり」とある。講演会終了後、会場で懐徳堂記念会への入会手続きをした市民の多さに、世間一般の人々は大いに驚いたというのである。大阪の市民らに記念会の主旨を直接訴え、入会を促す機会として企画された講演会は、確かに成果をあげた。

最終的に懐徳堂記念会の会員となった人数は、特別会員六百二十二名、普通会員千三百七十名に及んでいる。南は九州、北は北海道の会員もおり、記念会は全国から合計約二千人もの会員を集めることに成功したのである。

この後も懐徳堂記念会は、引き続き予定した事業の実施に向けて準備を進めるのだが、その具体的な内容については、特別新しい発見はない。というのも、本書はここまで、懐徳堂記念会の設立、そして記念祭挙行の準備の経緯について、新資料「懐徳堂記念会記録」・「経過報告第一」・「会金収支精算報告第一」などによって新たに得られた知見を中心として述べてきた。新資料の中でも「懐徳堂記念会記録」の記述は詳細であり、この資料によって数多くの新事実を把握できるようになった。ところが、残念なことに「懐徳堂記念会記録」の記述は、なぜか三月の講演会の途中で途絶えているのである。

これ以降の懐徳堂記念祭までの準備活動については、懐徳堂記念会の活動報告書である『懐徳堂記念会会務報告』など、既存の資料の記述を中心として述べることとする。

『懐徳堂考』下巻の刊行

明治四十四年七月、西村天囚の『懐徳堂考』下巻が刊行された。前年の三月に刊行された上巻は、五井蘭洲から中井竹山・中井履軒に至るまでについて述べたものであったが、下巻は、上巻の概要が紹介された後、竹山・履軒・中井蕉園・中井碩果・並河寒泉・中井桐園と続き、明治二年の懐徳

『懐徳堂考』上下巻

堂の閉鎖まで述べられている。

『懐徳堂考』の上巻は天囚が独力で執筆したものであったのに対して、下巻は、天囚が中井木菟麻呂の協力を得て執筆したものである。詳しくは第三部で述べるが、天囚は木菟麻呂に下巻の材料を提供するように要請した。木菟麻呂はその求めに応じて『懐徳堂水哉館先哲遺事』全七巻を執筆し、それを天囚に送っている。この木菟麻呂の協力がなければ、『懐徳堂考』下巻は成立しなかったのである。

もちろん、天囚は『懐徳堂水哉館先哲遺事』をあくまでも材料として用いたのであり、そのまま書き写したわけではない。両者の記述は共通した部分を多く含みつつ、異なるところも多数見受けられる。その関係については近年研究が進められつつある。

ところで、『懐徳堂考』の上巻の刊行部数は、僅かに三十五部であった。先述した通り、この三十五という上巻の発行部数は、上巻の刊行された明治四十三年三月における大阪人文会の会員数と同じであり、上巻はそもそも、大阪人文会の会員に配布する目的で刊行されたものと考えられた。

明治四十四年七月に刊行された下巻の部数は、上巻よりも多いが、それでも七十五部しかない。新資料「経過報告第一」によれば、人文会の会員数は、明治四十四年五月二十九日の第四次例会の時点で三十七名、九月二十九日の第六次例会の時点で四十六名であるから、同年七月の会員数は四十名程度と推測される。従って、下巻も七十五部のうちの約四十部は、上巻と同じく人文会の会員に配布されたのであろうが、三十部余り残ることになる。将来の入会者の分を含めたとしてもやや多い。下巻だけを懐徳堂記念会の発起人、あるいは記念会の運営に参加した主な行政関係者に配布した可能性が考えられるが、詳しいことは分からない。

コラム☆中之島公会堂

明治四十四年（一九一一）三月の講演会と、十月の懐徳堂記念祭の会場となった中之島公会堂は、現在中之島にある大阪中央公会堂のことではない。明治三十六年（一九〇三）三月、第五回内国勧業博覧会協賛会の事業の一環として建設された建物のことである。

第五回内国勧業博覧会は、同年三月から七月まで、現在の天王寺公園を主な会場として開催された、明治期最大の博覧会である。その博覧会の準備のために組織された協賛会は、会長に住友吉左衛門、副会長に土居通夫（大阪商業会議所会頭）と鶴原定吉（大阪市長）とが就任し、各方面からの募金十七万円余りと大阪市からの補助金十八万円とを基として、様々な事業に取り組んだ。その一つに中之島公会堂の建設が含まれていた。

その後岩本栄之助からの百万円の寄付金によって中央公会堂が新たに建設されることになったため、中之島公会堂は大正二年（一九一三）に天王寺公園に移築された。懐徳堂記念会では、大正五年（一九一六）に重建懐徳堂が完成するまで、中之島図書館や、この天王寺公園の公会堂を借りて記念講演会を行っている。天王寺公園内の公会堂は、その後昭和十一年（一九三六）の動物園拡張によって取り壊され、現存しない。

4　懐徳堂記念祭

懐徳堂記念祭の会場

明治四十四年（一九一一）十月五日、懐徳堂記念祭が挙行された。会場となったのは、会員獲得のため三月に行った講演会と同じく、中之島公会堂である。

懐徳堂記念祭の祭典自体は、釈奠の儀礼などを参考にして、儒礼によって執り行われた。もっとも、儒礼とはいっても、中国におけるものと同じという意味ではなく、かなり和風である。このことは、記念祭前日の会場設営の様子を伝える十月五日付の大阪朝日新聞の記事に、「何事にも刻々に欧風化しつつある大阪に滅多に見る能《あた》わざる純日本式の昔を偲《しの》ぶ典雅限りなき懐徳堂記念大祭」

と述べられていることからも確認できる。

大阪朝日新聞に掲載された記念祭当日の写真からも分かるように、中之島公会堂の敷地にめぐらされた外塀には、「学」の字の入った紋章を染めた白い幕が張り巡らされた。この紋章は、懐徳堂の屋根瓦の模様に基づいている。建物内部の壁面にも、同じ紋章の入った白い幕が張られた。

門の両側と玄関の両側には、紋章の入った台提灯が据えられ、提灯の前には盛砂、門に向かって左手に式の次第を記した高札、右手に車馬の乗り入れを禁ずる「下乗」の高札が設けられた。幔幕・提灯・盛砂・高札と、どれも和風の設《しつら》えである。

中之島公会堂正門付近
大阪朝日新聞明治44年10月６日付

門の内側左手に設けられたテントは、参列者に記念品を配付する場所である。大国旗が交叉して掲げられた入り口をくぐって公会堂の中に入ると、会場には、遺族および門故老席、来賓席、役員席、会員席、一般参拝人席が、竹の手すりで区画され、祭壇から離れた所には三間四方の舞台も設けられた。丹塗りの高欄がついた舞台は、懐徳堂記念祭の式典後、舞楽を行うためのものである。

記念祭会場内（中之島公会堂）
大阪朝日新聞明治44年10月６日付

正面奥の中央には、南面する形で祭壇（神壇）が設けられた。祭壇は檜で作られ、高さ一尺（約三十センチ）、幅一間（約一・八メートル）、奥行き二尺五寸（約七十五センチ）、上面が白布で覆われた床に据えられ、後ろには金屏風が立てられた。そして祭壇の上のところには、石庵の手になる「懐徳堂」の扁額が掛けられた。

祭典の開始まで、祭壇全体は緑褐色の縁取りのある白い垂れ絹で覆い隠されており、祭典が始まると巻き上げられた。すると姿を現すのが、神位である。懐徳堂記念祭が儒礼によるものであることを示すのが、この祭壇に据え置かれた神位であった。神位とは、死者の名を記した「かたしろ」のことで、神主ともいう。仏教の位牌にあたるものである。

神位も檜で作られており、高さ四尺（約百二十センチ）、幅二尺五寸（約七十五センチ）、厚さ一尺（約三十センチ）であった。中央に「懐徳堂師儒諸先生之霊」と墨書され、その両側に、三宅石庵以下懐徳堂ゆかりの学者十六名の名が列記されていた。当時の新聞によれば、中井木菟麻呂の筆である。

懐徳堂記念祭

懐徳堂記念祭当日の大阪は、三日降り続いた雨が上がり、曇り空であった。わずかに薄く日光が差し込む中、式典は午前九時に始まった。

式の進行には、かつて懐徳堂で用いられていた木司令《もくしれい》が合図に用いられた。その第一令で、場内の参会者一同は着席した。第二令によって雅楽の演奏が始まり、旧門人である木積一路（懐徳堂で助教を務めた藤戸寛斎。後に木積一路と改名）と藤鹿之助が前に進み出て、祭壇を覆う垂れ絹を静かに持ち上げた。「懐徳堂師儒諸先生之霊」と記された神位が姿を現すと、一同は起立して拝礼、続いて献饌《けんせん》（お供えを献げること）が行われた。

木司令

第三令の後、懐徳堂記念会の会頭である住友吉左衛門が祭文を朗読した。祭文の朗読は、遺族総代の中井木菟麻呂、文部大臣・長谷場純孝の代理である文部参事官の黒澤久次、大阪府知事の犬塚勝太郎、大阪市長の植村俊平と続いた。

第四令と共に再び雅楽が演奏され、その中を山階宮の使者を先頭に、主な参会者が拝礼を行った。その順序は、祭文を朗読した住友吉左衛門、中井木菟麻呂、黒澤久次、犬塚勝太郎、植村俊平、そして懐徳堂記念会名誉会員総代として菊池大麓、記念講演会講師総代として星野恒、武官総代として第四師団長の一戸兵衛、文官総代として大阪控訴院長の古荘一雄、懐徳堂記念会副会頭の小山健三、門人総代として伊藤介夫、懐徳堂記念会委員総代として西村時彦（天囚）である。山階宮の使者は、幕末に祖父の山階宮晃親王が懐徳堂を訪問されたことがある縁から、特に差《さ》し遣《つか》わされた。

拝礼の終了とともに第五令があり、懐徳堂記念会会頭の住友吉左衛門が祭壇の右側に立ち、参会者に向けて挨拶を述べ、続いて懐徳堂記念会委員長西村時彦が、懐徳堂記念会の活動経過の報告を行った。その後第六令が鳴ると、懐徳堂記念会の会員が順次拝礼を行った。

以上で懐徳堂記念祭の式典は終了し、正午に参会者一同は退場した。後述するように、式典参加者の昼食の用意はなかった。懐徳堂記念会は昼食の経費を節約し、それを記念出版の費用に充てたのである。

その後式典が行われた会場では、懐徳堂記念祭の行事の一部として、あらかじめ会場内に設置されていた舞台で舞楽が行われた。演目は、振鉾《えんぶ》・桃李花《とうりか》・胡蝶《こちょう》・陵王《りょうおう》・陪臚《ばいろ》である。懐徳堂記念会の発起人や会員、あるいはまた翌日から行われた記念講演会の講師などが参観したという。舞楽が行われたのは、孔子やその弟子たちを祭る釈奠の儀式の際、舞楽が行われた例に倣ったものである。

こうして十月五日の懐徳堂記念祭の行事は滞りなく無事終了した。

翌六日と七日の正午までの間、式典の会場では希望者による参拝が許可された。会場の混乱を避けるため、団体での入場は謝絶するとのことであったが、懐徳堂があった町内の今橋愛日尋常小学校の三年生以上の男女生徒二百七十余名は、団体で参拝している。

十月八日付の大阪朝日新聞によれば、生徒を引率してきた校長が生徒を祭壇に向かって整列させ、「教育勅語を引いて懐徳堂の由来を話し」、これに対して懐徳堂記念会委員長の西村天囚が懐徳堂についての講話を行った。また、今橋一丁目の修英尋常小学校の男女生徒二百五十余名も参拝し、六年生の生徒が総代として「この祭祀に参拝し我等は我等の祖先が教育されたる諸先生の遺徳を慕ひますます学問を励むべし」と述べたという。

記念出版

懐徳堂記念会は懐徳堂記念祭の他に、二日間の学術講演会と、懐徳堂の先哲（諸学者）の遺書・遺墨・遺物を展示する展覧会を開催し、また記念出版を行った。これらの事業は、明治四十三年三月の人文会第三次例会ですでに決められ、後に懐徳堂記念会の会則に明文化されていた。

記念出版は、以下の懐徳堂関係者の遺著十種十五冊を刊行した。

三宅石庵関係…『論孟首章講義』

中井甃庵関係…『五孝子伝』・『富貴村良農事状』
中井竹山関係…『蒙養篇』・『貞婦さんの記録』・『奠陰集』・『竹山国字牘』
中井履軒関係…『論語逢原』
五井蘭洲関係…『勢語通』・『蘭洲茗話』

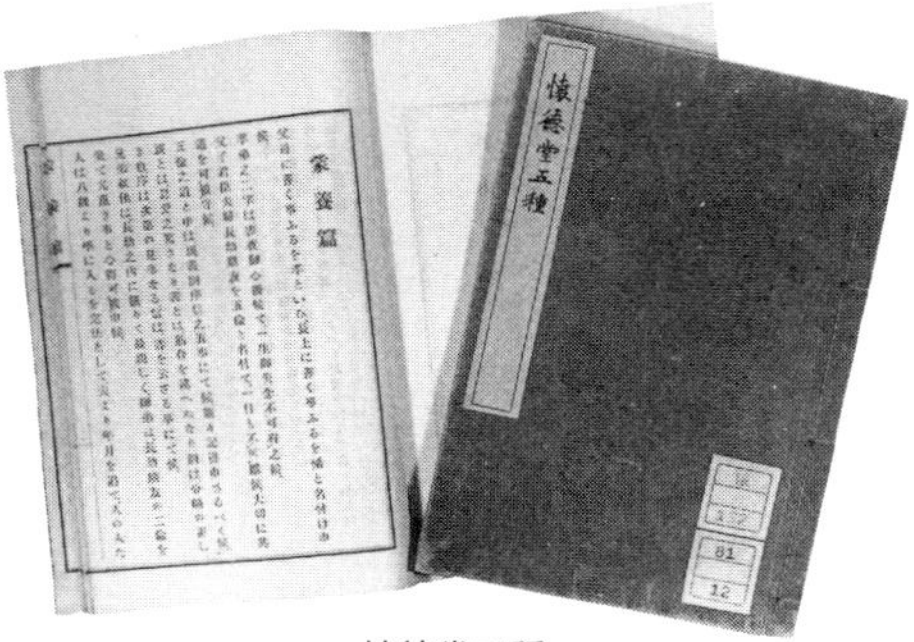

懐徳堂五種

『論孟首章講義』・『五孝子伝』・『富貴村良農事状』・『蒙養篇』・『貞婦さんの記録』の五種類は、一冊に合巻されており、「懐徳堂五種」と題された。

『蒙養篇』を除く九種類の文献は、この時まで刊行されたことがなかった。記念出版は、懐徳堂の諸学者たちの業績を世に広めるという点で、大いに意義があった。

出版にあたって校正を担当したのは、懐徳堂五種は上松寅三、『奠陰集』の詩の部は磯野於菟介、『奠陰集』の文の部と『竹山国字牘』は木崎愛吉、『論語逢原』は中井木菟麻呂、『勢語通』は一柳安次郎、『蘭洲茗話』は大道弘雄である。中井木菟麻呂を除いては、全員が大阪人文会の会員であった。また、木菟麻呂が校正した『論語逢原』を除いてはすべて大阪で印刷・製本されたが、『論語逢原』だけは東京で印刷され、大阪で製本された。このことについては、第三部で述べる。
記念出版された印刷された十種十五冊は、懐徳堂記念祭の式典において、神饌（供物）として「懐徳堂師儒諸先生之霊」に献げられ、また懐徳堂記念会の会員への記念品とされた。記念祭当日、出席した会員には、会場入り口に設置されたテントの中で手渡された。

記念講演会

懐徳堂記念祭が行われた翌日の十月六日（金曜日）と翌々日の七日（土曜日）には、同じく中之島公会堂で記念学術講演会が開催された。その次第については、当初下記の予定であった。

六日　午後五時～十時二十分

開会の辞　小山健三（発起人）
日本近世の文化に就て　内田銀蔵
竹山先生の学問文章と尊王　星野　恒
履軒先生の経学　狩野直喜
儒教と社会政策　市村瓚次郎

七日　午後一時～六時三十分

開会の辞　植村俊平（発起人）
三教の弁　藤澤南岳
履軒学の影響　内藤虎次郎
懐徳堂の感化圏　三宅雄二郎
教育の目的　菊池大麓
草茅危言　杉浦重剛

実際には、何らかの事情によって、市村瓚次郎は六日ではなく七日に、また杉浦重剛は七日ではなく六日に講演を行っている。

講演会の初日は、中之島公会堂に約千人の聴衆が詰めかけ、午後十時二十分とかなり遅い時間まで多数の聴衆が熱心に聴講した。その様子は、江戸時代の懐徳堂の様子を彷彿とさせる感動的な光景であった。『懐徳堂記念会会務報告』には、初日の講演会終了時の情景について、「会場を出れば門内には懐徳堂当時の様見えて篝火《こうくわ》炎々《えんえん》として高く天に冲《のぼ》り、低く土佐堀川の水に映して赤かりき」と述べられている。

二日目の聴衆の人数は不明だが、土曜日の午後一時から六時半までという時間帯から考えると、

第一日目を上回る聴衆が集まった可能性が考えられる。

二日に分けて行われた九人の講演は、懐徳堂記念祭にあわせて行われただけに、いずれも懐徳堂について言及しているが、記念祭以後の懐徳堂記念会に関する発言も少なくなかった。

たとえば星野恒は、「今日の記念会を一時的のものたらしめず、道徳実践を旨とし商業道徳を盛ならしむるの覚悟なかるべからず」と述べた。つまり、記念会は継続的に活動する団体となり、「道徳実践」を目指した社会教育活動に積極的に取り組むべきであると主張したのである。この星野の主張は、「聴衆に多大の感動を与」えたという。

星野が講演の中で、竹山は皇室を尊崇しており、「若し夫《もそ》れ九朝の上に御詮議あらば竹山先生の如き必ずや恩命に接せらるゝの期ありぬべしと信ず」と述べている点は興味深い。というのも、この後懐徳堂記念会関係者は竹山への贈位を申請しており、明治四十五年（一九一二）二月に贈位が行われたからである。この贈位がこの時の星野の講演を発端とするかどうかは不明だが、その可能性も十分に考えられる。

また杉浦重剛は、「懐徳堂記念祭は単に昔を慕ふを以て本旨とせず、其趣旨を実践するを要す。古来全国に対する模範の大阪より出でたるもの多し。将来の我国は草茅危言の精神を実践し、財政風教等の諸問題を整理せざるべからず」と述べ、竹山が『草茅危言』に示したところの精神を継承し、かつそれを実践することの必要性を説いた。懐徳堂記念会がこの後も竹山の精神を実践する団体として機能することを杉浦も希望したのである。

さらに藤澤南岳は、「今日は風教文教てふ語の大に世人の称揚する好機に逢会せば、儒を以て一世を風靡せし懐徳堂を記念せる本会の教化の及ぶ大ならんことを切望す」と、また三宅雄二郎は「今般の懐徳堂記念会のみにては竹山、履軒両先生の志を慰むるに足らざるべし」と発言している。こうした発言にも、懐徳堂記念会が以後も懐徳堂顕彰の活動を継続し、さらに発展することへの期待が込められていたと見られる。

この時点では、懐徳堂記念会の将来について正式には何も決まっていなかったが、活動の継続を期待する声は少なくなかったのである。

展覧会と「展覧会記録」

懐徳堂記念会が懐徳堂記念祭に合わせて開催した展覧会は、明治四十四年十月一日から六日まで、大阪府立博物場美術館において開催された。

財団法人懐徳堂記念会には、展覧係の活動をまとめた「展覧係記録」が存在する。この新資料の筆者は不明だが、おそらく展覧係主任であった水落庄兵衛が作成したと思われる。以下、この新資料を中心に展覧会とその準備の様子を見てみよう。

展覧会の開催と展示品の確保については、中井木菟麻呂から懐徳堂関係の遺書・遺品の提供を受

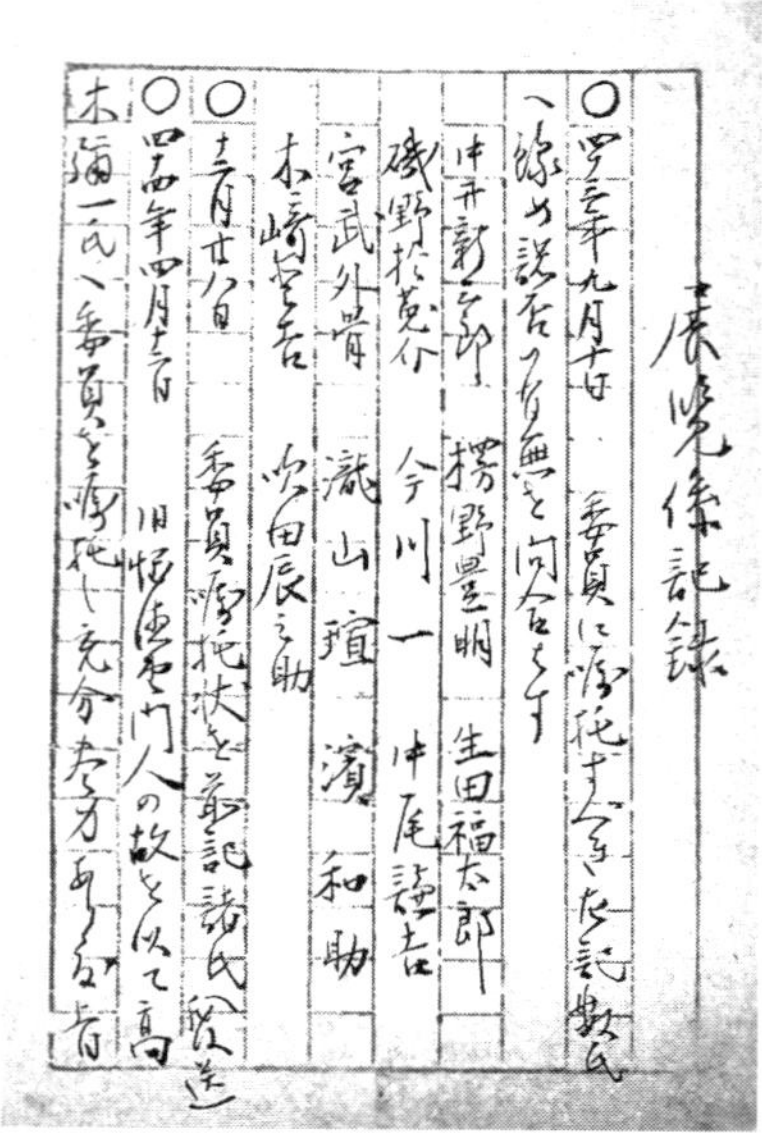
展覧係記録
○四十三年九月十日　委員に嘱託すべき左記数氏へ諾否の有無を問合せす
中井新三郎　楞野豊明　生田福太郎
磯野於菟介　今川一　中尾謙吉
宮武外骨　瀧山瑄　濱和助
木崎愛吉　吹田辰之助
○十月廿八日　委員嘱託状を右記諸氏へ発送
○四十四年四月十三日　旧懐徳堂門人の故を以て高
木蒿一氏へ委員を嘱託し

「展覧係記録」

けることが、かなり早い段階から決まっていたようである。木菟麻呂は明治四十三年三月から大阪の府立図書館へ資料を送り始めている。

懐徳堂記念会の中に、展覧会の実施を担当する部署として展覧係を設けることや、その委員の人選が始まったのは、おそらく明治四十三年の八月に入ってからと推測される。「展覧係記録」によれば、九月十日に、中井新三郎・楞野豊明・生田福太郎・磯野於菟介・今川一・中尾謙吉・宮武外骨・瀧山瑄・濱和助・木崎愛吉・吹田辰之助の十一人に、展覧係委員への就任の諾否について打診が行われた。

この十一名の中には展覧係主任の水落庄兵衛の名が無い。これは、水落が中心となって展覧係の委員の人選を行い、しかもこの「展覧係記録」自体を水落がまとめたためであろう。ちなみに、水落を含む展覧係の委員は、全員が人文会の会員である。

懐徳堂記念会の委員長や、八つの係の主任選出を中心とする懐徳堂記念会の組織整備は、発起人会の後、九月三十日に開催された会合で原案が作られ、翌月に住友会頭の裁可を得て確定した。しかし、係の編成や各係の構成員の配置などの組織作りは、実はその前から人文会によって原案が準備されており、九月になるとすでに各委員の候補者に就任の打診が始まっていたことが、右の新資料「展覧係記録」の記述によって初めて明らかとなった。

水落からの打診を受けた十一名は、全員が就任を承諾した。この後、十二月二十八日に懐徳堂記念会から正式な委員嘱託状が発送されている。

ところが、展覧係はこの後翌明治四十四年の四月まで、係としての具体的な活動を何もしていない。これは、まだ懐徳堂記念会が発足する前から、木菟麻呂との交渉によって展覧会用の展示物が確保されていたことによるのであろう。木菟麻呂との交渉に当たったのは、西村天囚や今井貫一らであり、展覧係が口を出す必要はなかったのである。

旧門人・骨董商の展覧係委員就任

明治四十四年の四月十二日、にわかに展覧係が動き始め、かつて懐徳堂の門人であった高木彌一を展覧係の委員に加えた。人文会の関係者ではない高木を展覧係の委員とする理由について、「展覧係記録」には「旧懐徳堂門人の故を以て」とだけ記されている。展覧会で展示するに値する遺品であるかどうか、懐徳堂記念会の運営に当たった人文会会員らには鑑定ができなかったため、旧門人の協力を必要としたのであろう。

その五日後、四月十七日に展覧係の委員会が府立図書館において開催された。出席者は、展覧係委員の楞野・磯野・木崎・瀧山・高木、そして委員長の西村と総務係主任の今井、さらに総務係・会計係の委員を兼ねる上松寅三である。

この会合は、展覧会に関する具体的な準備について協議する、最初の会合であった。協議の結果、展覧係委員に、さらに「儒者もの」を専門的に扱う骨董商数名を加えることが決定した。この段階で展覧係に骨董商を加えたのは、展示品が木菟麻呂から提供されたものばかりとなることを避ける意図があったためではないかと考えられる。

つまり、木菟麻呂が提供した遺書・遺品の多くは、当然のことながら中井家に関わるものが中心である。懐徳堂記念会は、懐徳堂全体を顕彰するための懐徳堂記念祭を挙行しようとしたのであるから、展覧会には中井家以外に三宅家や五井家などに関する展示品も不可欠であった。そうした展示品を確保するには、木菟麻呂とは別のルートが必要だったのである。

その別ルートとして骨董商が考えられたということは、当時骨董市場に、三宅家や五井家などの遺書や遺物が出回っていたからなのかも知れない。

この後、再び展覧係には動きが無くなる。

三ヵ月前の会場確保

七月三日、展覧会の約三ヵ月前、西村天囚の自宅で展覧係の打合会が開かれた。水落主任も出席したこの会合で、会場を府立博物場美術館とすることが決定した。

ここで大問題が起きる。四日後の七月七日、会場を借り受けるための申し込み手続きを行ったところ、美術館にはすでに、指物競進会と屏風会とが十月一日から貸切とする予約を入れていたのである。前年の秋の段階で、すでに懐徳堂記念祭に併せて展覧会を開催することが決まっていたにもかかわらず、その後会場の決定やその確保を怠り、開催の三ヵ月前になってからようやく手配しようとしたとは、信じ難い大失態である。

展覧係は、美術館を予約していた指物組合長と屏風会会長とに働きかけて、何とか会場を譲ってもらえないかと交渉することとし、七月十日に総務係主任・今井貫一に対して、指物組合長と屏風会会長との交渉を要請した。

今井の働きかけの結果、博物場の星田幹事、屏風会会長の樋口氏、展覧係主任の水落の三者による会談が、翌十一日に実現した。会談の結果、九月二十八日から十月六日まで、府立博物場の美術館を懐徳堂記念会が使用することが決定し、何とか展示会の会場は確保された。

記念会からの申し入れを拒絶することも可能だったと思われる指物組合長・屏風会会長が、たった一度の三者会談で会場を明け渡したというのは、実にあっけない。

もちろんこれは、指物組合長や屏風会会長が懐徳堂記念会の活動の趣旨をよく理解していて、会場を明け渡すことに積極的な意義を認めており、またそれによって特に大きな問題が生ずることがなかっただけなのかもしれない。しかし、総務係主任の今井以外にも誰かが、例えば、住友会頭などの懐徳堂記念会の発起人らが、事前に根回しをしたためだったのではなかろうか。強い影響力を持つ記念会の発起人らによる働きかけ・根回しがあったとするならば、あっけなく会場の譲り渡しが実現したのも納得できる。具体的な証拠はないが、その可能性は十分あるように思われる。

直前の展示品一般公募

九月五日、中之島の料亭において展覧係の会合が開かれた。この会合には、高木委員の推薦によって新たに展覧係委員となった骨董商十名、そして展覧係委員ではないが、人文会の会員で書肆を営んでいた編纂係委員兼会計係委員の鹿田靜七が招かれており、西村委員長や今井総務係主任らも出席した。

会合ではまず、水落主任が骨董商や鹿田らに対して、展覧会準備への協力を要請し、骨董商らはその要請を快諾した。次いで、展示品の公募に関して協議が行われた。その結果、広く一般から展示品を募集することとし、その一般公募分については、九月二十五日までに骨董商十名と高木彌一に申し込むこととなった。

この一般公募も、展示品が中井家関係の遺書・遺物に偏らないようにするための処置と見られる。しかし、展覧会の開催一ヵ月前になって公募の実施を決めるとは、随分と急な話である。中井家関係以外の展示品がよほど揃わなかったのであろう。四月の段階では、骨董市場に流通するもので確保できるとの見通しだったのだが、実際にはほとんど流通していなかったか、あるいはよい物がなかったためなのかもしれない。

九月八日、一般公募を呼びかける文書（出品勧誘状）の配布が始まった。この文書には、懐徳堂関係の諸先賢の名簿が添えられていた。

結果的にこの一般公募は大きな反響をよび、多数の遺書・遺品が集まった。「展覧係記録」によれば、「諸家よりの出品意外に多数に及」び、その結果展示品のすべてを一度に会場に陳列することができなくなったという。結局、期間中に陳列品の一部入れ替えが行われている。

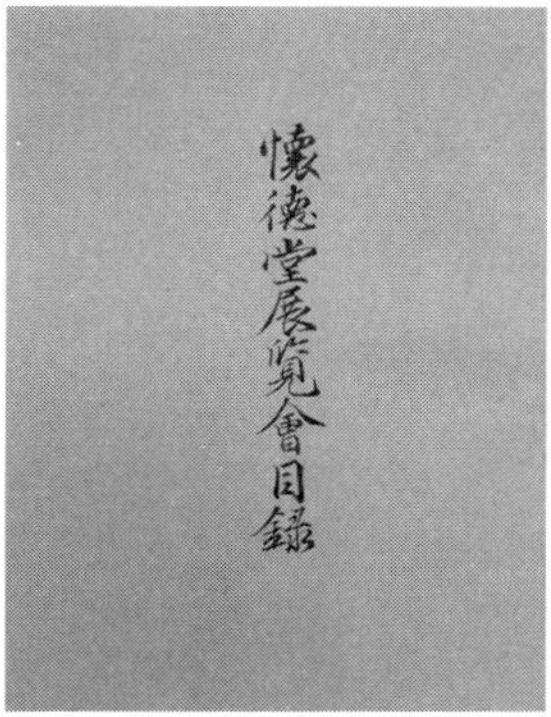

「懐徳堂展覧会目録」表紙

九月二十七日、展覧係委員会が開かれ、展覧会当日の予定などについて、直前の打ち合わせが行われた。翌二十八日に会場となる美術館を人を雇って掃除した後、二十九日と三十日に展示品の搬入・陳列の作業が行われた。この時、記念祭にあわせて来阪した中井木菟麻呂も立ち会っている。

こうして十月一日、五日の懐徳堂記念祭に先立って展覧会が開幕した。十月六日まで開催された展覧会には多くの参観者が来場し、盛況だった。『懐徳堂記念会会務報告』によれば、「遠近の人士来《きた》り観る者、日に多きを加へ、うたゝ展観の期日の短きを憾《うら》ましめき」という状況であったという。

会場の確保の遅れや、一ヵ月前の展示品一般公募に象徴されるように、展覧会運営の手際の悪さは大いに目立つ。展示品の目録の作成も大きく遅れた。

もちろん目録の作成が遅れた直接の原因は、九月になってから行った展示品の一般公募である。結局目録の作成が始まったのは展覧会初日の十月一日、原稿が印刷所にまわったのは四日、発注した二千五百部の印刷ができあがったのは十五日だった。

記念会の収支

十月一日から六日の展覧会、そして五日の記念祭、さらに六日と七日の講演会と、懐徳堂記念会の予定していた事業はすべて無事に終了した。各事業はいずれも多くの入場者を得て、全体として見事な大成功を収めた。懐徳堂記念会の関係者一同はさぞ安堵したに違いない。

事後の処理の中心は、会計の決算とその報告である。懐徳堂記念会の会計については、活動報告書である『懐徳堂記念会会務報告』に記されている。以下、その記述に基づいて、懐徳堂記念会の収支を見てみよう。なお、当時の一円が現在のお金にしてどの程度の価値があるかは、企業物価指数を基にして計算するならば、およそ一千九十円の価値に該当する。おおよそ千倍した金額を考えるとよいことになる。

まず記念会の収入の総額は、一万四千八百六十一円二十一銭（現在のお金でおよそ一千六百万円程度）である。内訳は、発起人（十一人）が五千四百円（収入全体に占める割合は36％）、特別会員（六百二十二人）が六千八百三十五円（46％）、普通会員（千三百七十八人）が二千九十円五十銭（14％）、「特志寄贈金」が百二十九円（同1％）、預金利子が四百六十円七十一銭（3％）である。

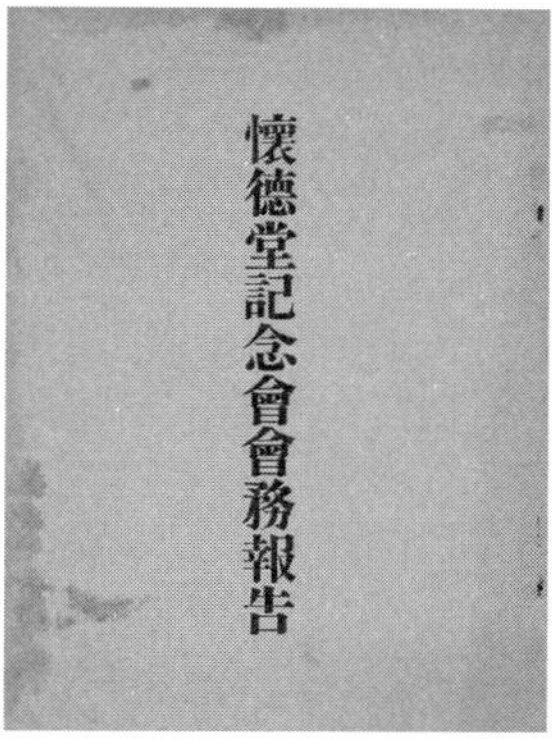

「懐徳堂記念会会務報告」

「特志寄贈金」とは、会員以外の者による記念会への寄付金である。具体的には、記念祭に使者を差し遣わした山階宮の幣帛料が金五千疋、十月六日の講演会で講師となった市村瓚次郎が五十円、中井木菟麻呂が二十円、中井常次郎が二十円、名誉会員の伊藤介夫が十円、同じく名誉会員の有賀長雄が五円などである。

総収入の内、発起人による寄付が実に36％を占めている点は注目される。前述の通り、発起人の中で個人は実は十二人であるから、十一人とする『懐徳堂記念会会務報告』の記述は誤植である可能性も考えられるが、仮に十一名で正しいとすると、一人あたり四百九十円あまり拠出したことになる。

また、六百二十二人の特別会員が総額六千八百三十五円の会費を納めており、それが記念会の収入全体の46%にも達している点も興味深い。もしもこの特別会員が、全員普通会員であったと仮定すれば、記念会の収入は六千円以上少なくなっていたことになる。

続いて支出を見てみよう。支出の総額は、八千百二十二円三十四銭八厘で、その内訳は、各係ごとに下記のように記されている。ただし、各係の支出額を合計すると、八千百十二円二十九銭三厘になり、総額として記述されている金額との間に約十円のズレがある。これもあるいは誤植のためかも知れない。

総務係（総務部）一千六百七十八円八十二銭五厘（支出全体に占める割合は21%）
祭典係（祭典部）九百九十六円四十六銭（同12%）
編纂係（記念出版部）三千五百三十九円四十一銭（同44%）
展覧係（遺物展覧部）八百四円十六銭四厘（同10%）
講演係（記念講演部）六百六十一円三十九銭（同8%）
会計係（会計部）百十円（同1%）

寄托遺物補修并残務処理費三百三十二円四銭四厘（同4％）

「寄托遺物補修并残務処理費」については、特に説明がない。展覧会に提供された中井木菟麻呂所蔵の遺書・遺物に関する補修費用を懐徳堂記念会は支出しているから、そうした経費と、残務処理関係の雑費との合計を指しているのであろう。ただし、展覧係の八百円余りの支出の中にも補修費用が入っていると見られ、このあたりの処理の詳細は不明である。

以上の内容の会計処理が終わると、六千七百円（現在のお金でおよそ七百三十万円）あまりの余剰金が生じることが確定した。

懐徳堂記念会に余剰金が生じたのは、発起人による寄付金がかなりの額にのぼり、そしてまた会員の中でも十円以上の醵金をした特別会員が多かったことが大きく影響したと見られる。もちろん、普通会員が千三百七十人集まったというのも、決して少ないわけではない。しかし、懐徳堂記念会は発足直後の明治四十三年十一月十七日の段階で、普通会員の会員章を四千枚印刷することを決めている。この四千という数字がこの時の普通会員数の見込みであったとすれば、実際の普通会員数は見込みの約三分の一に止まったことになる。普通会員は、期待されたほどには集まらなかったと見てよい。

余剰金の処分方法

懐徳堂記念会の会計は、明治四十五年（一九一二）三月十七日に開催された、懐徳堂記念会の発起人と会員若干名との会合において、報告と承認が行われたと見られる。この会合については『懐徳堂記念会会務報告』に記述されている。

もっとも、懐徳堂記念会の「会計規則」には、明治四十四年十一月末に「一切ノ会計事務ヲ終結」することとなっており、会計処理そのものは実はもっと早くに終わっていた可能性が考えられる。この点は、余剰金の発生がいつ頃確定したかという問題とかかわってくるのだが、詳しいことは分からない。

ともかく、懐徳堂記念会に余剰金六千円余りがあるということが確定した以上、本来は「役員総会」が開催されなければならなかった。懐徳堂記念会の会則には、「剰余金ノ処分ハ役員総会ノ決議ニヨル」と規定されているからである。

しかし、役員総会は開催されなかった。おそらくはそれに代わるものとして、明治四十五年三月十七日に余剰金処分協議会が開催されたと『懐徳堂記念会会務報告』には記されている。

前述した懐徳堂記念会の会計の報告・承認が行われた会合と、余剰金処分協議会とは、『懐徳堂記念会会務報告』によれば別の会合である。しかも、先に余剰金処分協議会の方が開催されたとある。同日の開催だったことから見て、二つの会合の出席者の顔ぶれは同じだったのではないかとも思われるが、両者の関係はよく分からない。

なお、そもそも会則においてあらかじめ余剰金の処分に関する規定が設けられていたということは、当初から赤字を出さないということが、懐徳堂記念会としての基本方針だったことを示している。懐徳堂記念会が発足した時点では、会員数や寄付金の額がどうなるかはまったく分からず、会としての収入が把握できなかったのであるから、運営の方針としては当然である。

『懐徳堂記念会会務報告』によれば、余剰金処分協議会の席上、「余剰金を基本資産とし、本会と同一の目的の下に、更に法人組織の懐徳堂記念会を創立し、有終の美を済《な》さん」との決議が行われ、その決議を受けて寄付行為起草委員が嘱託された。

「寄付行為」とは、財団法人を設立する際の根本規則のことである。余剰金処分協議会は、六千円を上回る懐徳堂記念会の余剰金を、懐徳堂記念会と目的を同じくする財団法人を設立するための資金とすることを決定した。懐徳堂記念会は財団法人として改めて出発することとなったのである。

懐徳堂記念会の目的―「懐徳堂記念祭趣旨」

余剰金を資金として法人組織となる懐徳堂記念会は、それまでの懐徳堂記念会と「同一の目的の下」で創設されるものであった。それでは、その「同一の目的」とは一体何であろうか。これは、財団法人懐徳堂記念会の基本的な性格や、その具体的活動の内容とも関わる重要な問題である。ここで改めて懐徳堂記念会の目的について確認し、法人組織の懐徳堂記念会の目的について考えてみよう。

懐徳堂記念会は、その会則第一条に明記されているように、「懐徳堂記念祭ヲ執行スルヲ以テ目的」とする団体であった。従って、法人組織となった懐徳堂記念会がこれと「同一の目的」を有するとすれば、明治四十四年十月五日の懐徳堂記念祭と規模が同じかどうかはともかくとして、懐徳堂の師儒を祭る祭典を挙行することが目的だったことになる。確かに後に財団法人懐徳堂記念会も、毎年一回、懐徳堂の師儒諸先生と、懐徳堂記念会の物故講師、並びに物故功労者とを祭る「恒祭」を執り行った。

しかし、財団法人懐徳堂記念会の活動は、「恒祭」の執行が中心だったわけではない。むしろ一般市民を対象とした多種多様な講義・講演を行う「学校」としての活動が中心であった。従って、懐徳堂記念会と「同一の目的」ということについては、懐徳堂記念祭と、それにあわせて行われた諸事業に込められた意図にまで広げて考えるべきであろう。

それでは、懐徳堂記念会が懐徳堂記念祭を挙行した意図とは何だったのか。懐徳堂記念会が設立された時の、「懐徳堂記念祭趣旨」から窺ってみよう。

「懐徳堂記念会趣旨」によれば、大阪人たる者は、懐徳堂がかつて「大阪唯一の学校」として「大阪人を教育して、其の品性を養ひ、其の風俗を正し、以て世道人心を維持」したおかげで、今日の大阪が商工業の中心地として大いに賑わっているということを心に刻まなければならない。大阪人は、今日の繁栄を支えている懐徳堂の「教化の恩」を肝に銘じ、さらに「将来の徳育に留心」し、その徳育を振興しなければならないのである。

つまり、懐徳堂記念祭は、大阪人が懐徳堂の歴史を学んで、懐徳堂が行った教化に感謝すること、そして大阪人が大阪の将来のために自省・自戒して、将来のために「徳育」を振興することを意図して挙行されたものだったのである。懐徳堂記念祭の挙行に、「徳育」の振興が意図されていた点は重要である。

記念祭の目的―大阪朝日新聞

懐徳堂記念祭が行われた当日の明治四十四年十月五日、大阪朝日新聞第一面のトップに「懐徳堂記念祭に就《つい》て」との見出しの記事が掲載された。おそらく西村天囚が執筆したと推測されるこの記事にも、懐徳堂記念祭の挙行の目的が述べられている。

この記事の冒頭において、「多数紳士の一堂に会して先儒前哲を祭」る懐徳堂記念祭は、それによって「風教を維持し精神的感化の効を収めんとする」ものであり、「実に神妙の至とも謂ふべき美事」であると賞賛されている。記念祭の挙行が「風教」の維持、つまり大阪の文化を良い方向に

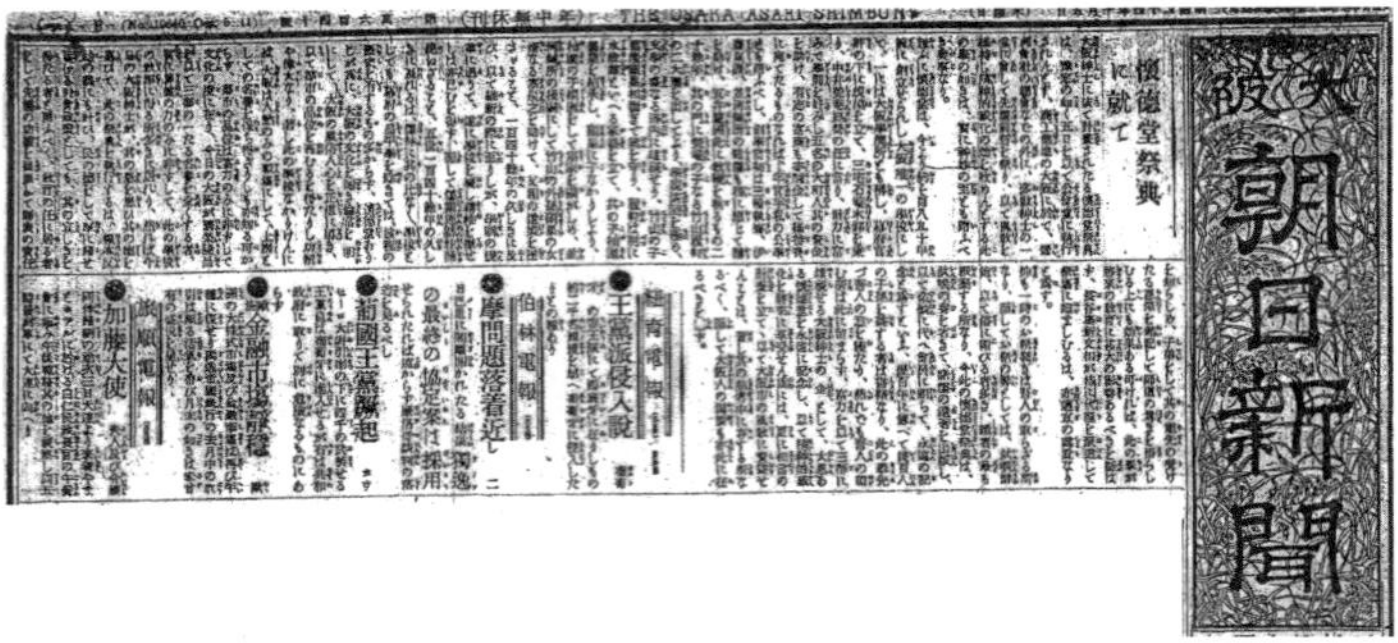

「懐徳堂記念祭に就て」大阪朝日新聞明治44年10月5日付

導く営みを保つことや、「精神的感化の効を収め」ること、つまり大阪人の精神のありようを良くすることを目的とした手段として位置付けられていることは、先に見た「懐徳堂記念祭趣旨」と基本的に同じである。

記事は続いて懐徳堂の歴史の概略を述べて、懐徳堂は大阪の文化を進歩させ、人々の守るべき道徳を明らかにし、大阪の人々の生活を正しい道へと導いたのであり、その結果、大阪は都市の品位が高まったとする。そして、もしも懐徳堂が存在しなかったならば、大阪は「人欲《じんよく》のみの戦場」となってしまったに違いないと、道徳教育面の懐徳堂の功績を強調する。

記事は最後に記念祭と学校教育との関係に触れ、懐徳堂記念祭は、教育に携わる者に教育者としての「責任を知らしめ」、また同時に、教育を受ける側の子どもたちにも「師道《しどう》の尊きを悟らしむる」、つまり先生に付き従って学ぶことの尊さをよく理解させるものであると述べる。懐徳堂記念祭は、学校教育を施す側にも受ける側にも、良い効果をあたえるものだというのである。そして、懐徳堂記念祭が「将来の教育に甚大の影響」をもたらすことは疑いのないところであり、だからこそ懐徳堂記念祭当日に、文部大臣の長谷場氏が代理を派遣して出席させるのは適切な処置である、と結んでいる。

この記事が、懐徳堂記念祭の挙行による社会教育的効果を重視する点は、「懐徳堂記念祭趣旨」とも共通する。注目されるのは、それに加えて学校教育上の効果のあることが強調され、そのことと文部大臣代理の式典出席とが結び付けられている点である。記念祭の挙行と学校教育とを直接結び付ける発想は、「懐徳堂紀年祭趣旨」には見られなかった。

これは、懐徳堂記念会が会員を確保するために教育行政システムを活用したこと、具体的には、記念会が大阪市内の四区長を通して、各区の小学校校長らに記念会への入会勧誘に取り組むことを依頼したことと密接に関わっていると推測される。記念会の「委員」として入会勧誘を担うこととなった小学校の校長らも、部下の教員らに向けて、懐徳堂記念祭は学校教育に良い効果があると主張して入会を勧誘したのであろう。

教育の重視と記念出版

懐徳堂記念祭に社会教育的な、あるいは学校教育的な効果が期待されていたということは、懐徳堂記念会が二日にわたる講演会や、六日間開催された展覧会といった教育的事業にも力を入れたことから容易に理解できる。記念会が実施したもう一つの事業である記念出版にも、教育的な意図がやはり込められていた。

懐徳堂記念会が記念出版した書物は、懐徳堂記念祭で供物として献げられるとともに、懐徳堂記念会の会員に対して、記念品として配布された。会員への記念品に記念出版の書物が選ばれたのは、それが子孫の教育のために役立つからとされたためだったのである。このことは、先に触れた明治四十四年十月五日付大阪朝日新聞第一面の記事に記されている。

当時、こうした式典が催される際には、参加者に食事を振る舞うことがよく行われた。それをこの記事の筆者は「お祭騒ぎ」の弊害であり、こうしたやり方で「俗に媚《こ》びる」のは「識者の最も厭《えん》棄《き》する所」であると切って捨てる。そして、今回の懐徳堂記念祭では宴会のための出費を削り、それを「永遠の記念」となる記念出版にまわして、出版した書籍を会員に配布した。それは書物が「幾百年に伝へて幾百人の子孫を益す」るからだ、と述べている。記念出版もやはり未来を見据えた教育的な営みだったのである。

先述の通り、十月五日に行われた懐徳堂記念祭の式典は、午前九時から始まって正午に終了しており、同じ会場で午後一時から舞楽が行われるまでの間に、昼食の振る舞いはなかった。十月五日付大阪朝日新聞の第九面の記事には、「午前の祭典と午後の舞楽との間の食事時間には別に食事の饗応等なき由《よし》なれば会員諸氏には予《あらかじ》め承知し置かれたしとの事なり」とわざわざ記されている。

昼食が出ないことは当時決して当たり前のことではなかったからであろう。

以上のように、懐徳堂記念会が行った諸事業には、すべてに強く教育的な意図が込められていた。懐徳堂の歴史を学び、懐徳堂についての理解を深めることとあわせて、「将来の教育」、特に「徳育」への強い志向が存在していたのである。

懐徳堂記念会の余剰金六千円余りを資金として創設される新たな法人組織が、懐徳堂記念会と「同一の目的」を持つということは、法人となった後の組織もまた、教育的な目的を持った活動、つきつめればそれは「徳育」の振興を目的とする活動を展開することを目指す、ということであったと考えられる。

5　記念祭挙行後の記念会

記念祭挙行後

懐徳堂記念会の余剰金をもとに設立される新たな法人組織である財団法人懐徳堂記念会が、「徳育」の振興を目的とした継続的な活動を目指したとはいっても、懐徳堂記念祭が挙行された直後である明治四十四年の末から四十五年のはじめの段階で、懐徳堂記念会全体として、あるいはその運営の中心にあった幹部の中で、具体的な活動がどこまで検討され、合意を得ていたのかはよく分からない。

懐徳堂記念祭の当日、明治四十四年十月五日付の大阪朝日新聞第一面トップ記事では、その末尾の部分で、「懐徳堂を永遠に記念し、以《もっ》て精神的感化を将来に享受」するために、「更に相当の計画」を立てて大阪の文化に貢献することを企画中であり、それを大阪の人々も強く望んでいることと信じている、と述べられている。「更に相当の計画」の具体的な内容については触れられていないが、後に実現する懐徳堂記念会の財団法人化や、あるいは講堂の建設に向けて、この時懐徳堂記念会の中に動きが始まっていたことを、この記事は示唆していると見るべきであろう。

第三部で述べる通り、天囚個人には、かなり早い段階から講堂を建設して法人をつくる構想があった。明治四十三年二月二十八日に東京で中井木菟麻呂と面談した際、「来年ノ記念会ヲ開キタル上、旧懐徳堂ノ五同志ノ如《ごと》キ人〻《ひとびと》出《い》デタランニハ、又之《またこれ》ニ関スル種〻ノ議モ起ルコト丶思ハル。其上《その》ハ一ノ記念堂ヲ建テ丶、東京ノ斯文会ノ如キ者トナシテ、諸先生ノ講席ニ備《そな》ヘタラバヨロシカラントモ考フ」と述べている（明治四十三年二月二十八日付『秋霧記』）。

もちろんこれは、あくまでも天囚個人の考えであり、また「旧懐徳堂ノ五同志ノ如キ人〻出デタ」ならば、との仮定の話であった。懐徳堂記念祭が挙行されたばかりの時点では、まだそうした条件も十分には満たされておらず、天囚の考えが実現するにはかなりの時間が必要であった。

懐徳堂記念室

懐徳堂記念会の余剰金の処理をめぐって検討されている中、実は、もう一つ検討されなければならない問題があった。懐徳堂の学主を代々勤めた中井家の子孫・中井木菟麻呂が提供して展覧会に出品された、多数の懐徳堂関係の遺著・遺物をめぐる問題である。

このことについて、明治四十四年十月六日付の大阪朝日新聞には、前日の懐徳堂記念祭で西村天囚が発言したこととして、木菟麻呂の提供した遺著・遺物については、木菟麻呂から「全部を将来長く記念会に保管方を託《たく》すべき旨《むね》」の申し出があったので、「仮《か》りに大阪府立図書館内に懐徳堂の記念室を設け」て保管し、将来「懐徳堂再建の挙を見」た時により適切な処置をする予定である、としている。

詳しくは第三部で述べるが、実はこの懐徳堂記念室の設置は、そもそも木菟麻呂が発案したものであった。明治四十三年二月二十八日、木菟麻呂と天囚とが東京で面談した際、この記念室を府立図書館内へ設ける件について協議が行われている。

木菟麻呂は、懐徳堂が存在した場所に建つ住友銀行の敷地内に設置することを希望したが、天囚は住友銀行内にはスペースがなく、また府立図書館は住友の寄付によって建設されたものであり、近く増築の予定があることなどを理由として、府立図書館内への設置を木菟麻呂に提案した。結局木菟麻呂はこの天囚の提案を受け入れている。

詳しい事情は分からないが、明治四十四年十月五日の懐徳堂記念祭の直前、この遺書・遺物の問題について、木菟麻呂と天囚、そして府立図書館長の今井貫一らの間で話し合いがもたれたと推測される。遺書・遺品の取り扱いについて、木菟麻呂が「将来長く記念会に保管方を託すべき旨申出」たとすれば、それはおそらくその懐徳堂記念祭直前の会合においてであったと見られる。

もっとも、記事にあるような発言を本当に木菟麻呂がしたのかどうか、いささか疑わしい。というのも、先に見たとおり、懐徳堂記念会は懐徳堂記念祭の挙行を目的とした団体であり、明治四十四年十月五日の懐徳堂記念祭挙行の時点で、目的を達成した後の懐徳堂記念会がどうなるのかは、正式には何も決まっていなかった。そうした中で木菟麻呂が「記念会に保管方を託」すと語ったとは、にわかには信じがたい。木菟麻呂が発言したとすれば、遺書・遺品は、懐徳堂記念祭の挙行後も府立図書館にそのまま保管して欲しいという趣旨だったのではないかと推測される。

注目されるのは、この時天囚が、遺書・遺物を府立図書館に懐徳堂記念室を設けて保管することは「仮り」の対応策であり、「懐徳堂再建の挙を見」た時により適切な処置をすると発言している点である。先に述べた通り、天囚個人はすでに講堂の再建を計画していたから、府立図書館内の懐徳堂記念室設置をそれまでの「つなぎ」として考えていたのかも知れない。あるいは、木菟麻呂が住友銀行内への設置を希望していたことに対する配慮だったとも考えられる。

いずれにしても、こうして木菟麻呂の提供した遺書・遺品は、府立図書館内の懐徳堂記念室に保管され、明治四十四年十月のうちに府立図書館内に懐徳堂記念室が設置された。結果的には、遺書・遺品がこの後木菟麻呂の手に戻ることはなかった。

「懐徳堂水哉館遺書及附属品寄託覚書」

余剰金処分協議会が開催されて懐徳堂記念会を法人組織とすることが決定した二日後の明治四十五年三月十九日、木菟麻呂は府立図書館との間で、遺書・遺品の寄託に関する覚書を交わしている。このことは、財団法人懐徳堂記念会に保存されていた新資料「懐徳堂水哉館遺書及附属品寄託覚書」によって明らかになった。

この覚書は、木菟麻呂が家蔵する懐徳堂・水哉館関係の遺書・遺品を大阪府立図書館に寄託するに当たっての条件を申し入れるために、図書館に提出したものの副本と考えられる。覚書の末尾に明治四十五年三月十九日の日付があるが、この日付は、大阪府立図書館の記録に記されているところの、木菟麻呂からの寄託を受け入れた期間（明治四十五年三月十九日から昭和十四年三月十四日まで）の開始日と一致している。

覚書の内容で注目されるところは、遺書・遺品を「大阪府立図書館内ニ設クル所ノ懐徳堂記念室」に寄託するとしている点である。二日前に懐徳堂記念会の法人化が決定していたわけだが、木菟麻呂はその法人組織にではなく、府立図書館への寄託を選択したのである。懐徳堂記念会の法人化が

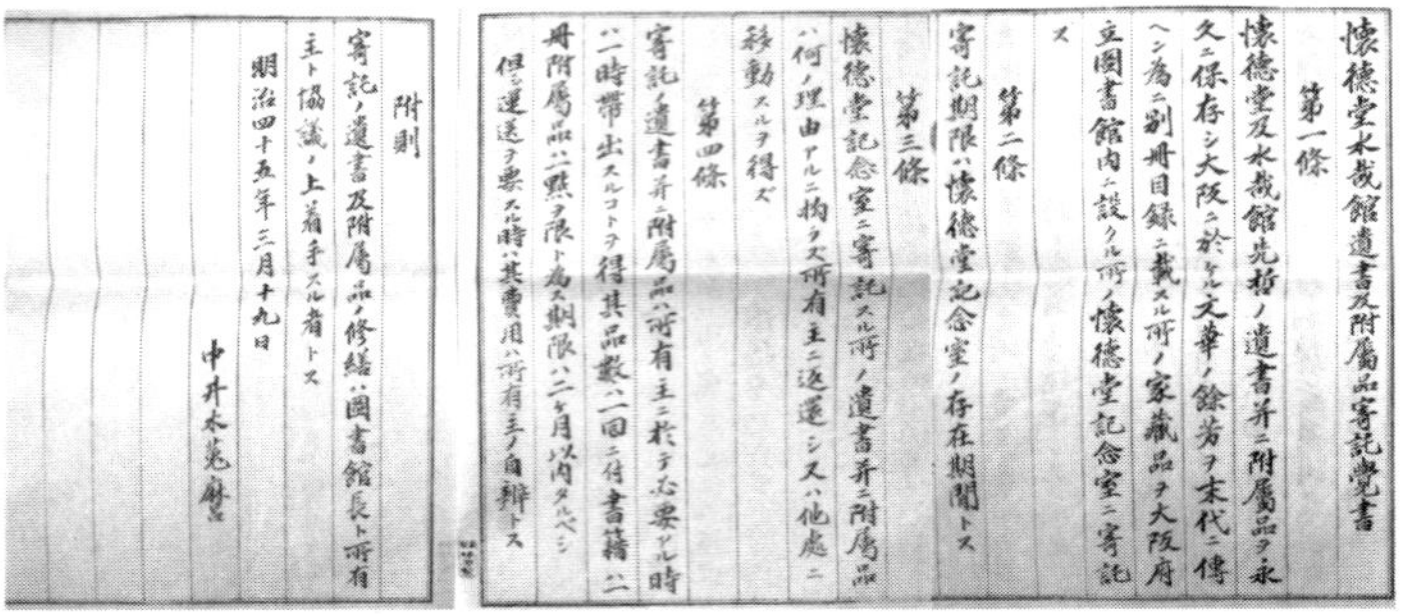

懐徳堂水哉館遺書及附属品寄託覚書

第一條

懐徳堂及水哉館先哲ノ遺書并ニ附属品ヲ永久ニ保存シ大阪ニ於ケル文華ノ餘芳ヲ末代ニ傳ヘンカ為ニ別冊目録ニ載スル所ノ家蔵品ヲ大阪府立圖書館内ニ設クル所ノ懐徳堂記念室ニ寄託ス

第二條

寄託期限ハ懐徳堂記念室ノ存在期間トス

第三條

懐徳堂記念室ニ寄託スル所ノ遺書并ニ附属品ハ何ノ理由アルニ拘ラズ所有主ニ返還シ又ハ他處ニ移動スルヲ得ズ

第四條

寄託ノ遺書并ニ附属品ハ所有主ニ於テ必要アル時ハ一時帯出スルコトヲ得其品数ハ一回ニ付書籍二冊附属品ハ二點ヲ限ト為ス期限ハ二ヶ月以内タルベシ但シ運送ヲ要スル時ハ其費用ハ所有主ノ自辨トス

附則

寄託ノ遺書及附属品ノ修繕ハ圖書館長ト所有主ト協議ノ上着手スル者トス

明治四十五年三月十九日

中井木菟麿

「懐徳堂水哉館遺書及附属品寄託覚書」

決まったとはいっても、法人としての実体はまだない状態であったのだから、この判断は当然といえよう。

先にも触れたように、人文会が懐徳堂記念祭の挙行を決議する前から、木菟麻呂はかつて懐徳堂が存在した地に「懐徳堂記念室」を設立することを希望していた。そして「懐徳堂記念室」の設立が実現した際には、所蔵する懐徳堂関係の遺書・遺物を寄付することも考えていた。

人文会が懐徳堂記念祭の挙行を議決し、その実現に向けて天囚と木菟麻呂とが接触を重ねるようになる明治四十三年二月以降、木菟麻呂は懐徳堂記念室設立の希望や、遺書・遺物の寄付に関する考えを天囚に伝えた。天囚はそれを府立図書館長の今井貫一に伝え、今井は木菟麻呂に対して、府立図書館内に懐徳堂記念室が設置された時には、所蔵する遺書・遺品のすべてを府立図書館に附託してはもらえないかとの照会を行っている。

その後木菟麻呂は、寄付するのか、寄託するのかで悩むが、明治四十三年十月には、府立図書館内の一室が懐徳堂記念室となった場合は寄託することとし、懐徳堂記念室として新たな建物が建設された場合は、懐徳堂関係のものは寄付、中井家関係のものは寄託すると考えるに至った。

このことについては第三部で詳しく述べるが、遺書・遺品の寄託、あるいは寄付に関して、木菟麻呂の考えはその時々の状況によって変化が見られる。しかし、基本的には、遺書・遺品の保管を府立図書館にゆだねる心づもりを、かなり早い段階から持っていた。少なくとも懐徳堂記念会に寄付・寄託する考えはなかったと思われる。

その主な理由は、近代的な府立図書館であれば、遺書・遺物が火災や盗難などによって失われる危険を免れることができると考えられるけれども、懐徳堂記念会にはそもそも専用の施設がなく、そうした遺書・遺品の保管能力がまったくなかったからである。

ただ、懐徳堂記念会の法人化が決定した直後にこの覚書が交わされたということからすると、木菟麻呂は府立図書館との間でこの覚書きを交わすことにより、懐徳堂記念会が法人化しても、にわかには遺書・遺品の管理には関与できないようにすることを意図したとも考えられる。

というのも、この覚書では、寄託の期間を府立図書館に懐徳堂記念室が存在する間とした上で、「何ノ理由アルニ拘ラズ」、所有主である木菟麻呂に返還したり、あるいは他の場所に移動することをすべて禁止しているのである。記念室がある限り、遺書・遺品は記念室で保管され、所有者である木菟麻呂の手元にも戻らない。従って、もしも法人化した懐徳堂記念会が後日自前の施設を建設し、そこに遺書・遺品を保管することを望んだとしても、その場合は木菟麻呂と府立図書館と法人化した懐徳堂記念会との三者が、改めて協議する必要があることとなる。それがこの覚書のねらいであったとも推測されるのである。

財団法人化に向けて――寄付行為の起草

懐徳堂記念会の法人化が明治四十五年三月十七日の余剰金処分協議会で決議されると、直ちに寄付行為の起草が始められた。寄付行為起草委員会が数回にわたって開催され、同年の五月二十一日には脱稿した。ところが、財団法人懐徳堂記念会の設立者の推薦が、順調には進まなかった。その後、七月三十日に明治天皇が崩御し、大正の世が始まった。社会全体に様々な形で自粛ムードが高まる中で、懐徳堂記念会の法人化は停滞してしまったのである。

財団法人の設立に向けた前進が見られたのは、大正二年（一九一三）の六月二十七日のことである。この日、発起人役員会員による会合が開催され、前年に脱稿していた寄付行為案について協議が行われるとともに、財団法人懐徳堂記念会設立者推薦会も開催された。

その結果、寄付行為案は承認され、また財団法人懐徳堂記念会の設立者として、永田仁助（浪速銀行頭取）、西村天囚、今井貫一、水落庄兵衛、広岡恵三（加島銀行頭取）の五人が推薦を受けた。懐徳堂記念会において運営の中心的役割を果たした西村・今井・水落の三人に、大阪の実業界の有力者である永田・広岡の二人が加わった布陣である。

同月三十日、財団法人懐徳堂記念会の設立が出願され、八月二十日付けで文部大臣により許可証が交付された。八月二十七日、財団法人懐徳堂記念会の理事会が開催され、永田仁助が理事長に選出された。それを受けて、九月一日に法人登記が行われた。

こうして財団法人懐徳堂記念会が設立されるに至ったのである。

懐徳堂記念会から財団法人懐徳堂記念会へ

大正二年（一九一三）十月二日、懐徳堂記念会会頭の住友吉左衛門は、懐徳堂記念会の役員を招集して会合を開いた。懐徳堂記念会に残された資産を財団法人懐徳堂記念会に引き継ぐためである。この時引き継がれた資産には、記念祭に用いた器具（神位など）ももちろん含まれていたが、最も重要な資産は、懐徳堂記念会の余剰金だった。

余剰金は、前年（明治四十五年）三月の余剰金処分協議会における決議に基づき、すべて財団法人懐徳堂記念会に寄付という形で引き継がれた。細かく見ると、懐徳堂記念会の総残金六千七百三十八円九十一銭七厘のうち、六千円が財団法人懐徳堂記念会基金として、また七百三十八円九十一銭七厘が財団法人懐徳堂記念会の経常費として、それぞれ寄付された。

この前後に、会計報告と会員名簿とを含めた懐徳堂記念会のすべての活動と、財団法人設立の経緯に関する説明とをあわせて記録した『懐徳堂記念会会務報告』が、同年十月五日付で刊行されている。

　こうして懐徳堂記念会の全活動は、懐徳堂記念祭の挙行から二年後に終結した。明治四十三年九月の設立以来、その活動期間は約三年に及んだことになる。

財団法人懐徳堂記念会の目的

　先に述べたように、財団法人懐徳堂記念会は、懐徳堂記念会と「同一の目的」のもとに創設された。二つの団体は名称が類似しているけれども、その活動は、特に活動の継続性という面で、大きな違いがある。

　懐徳堂記念会は、明治四十四年十月に記念祭・講演会・展覧会・記念出版という四つの事業を行ったが、いずれも単発の事業である。懐徳堂記念会は、そもそもそうした単発の事業を行うために組織されており、「会計規則」においても、会計処理の終結時期が明治四十四年十一月末に設定されていた。事業の終了とともに組織の目的が達成される、そういう団体であった。

　これに対して財団法人懐徳堂記念会は、「国民道徳ノ進歩ニ力《つと》メ学術ノ発達ヲ図《はか》リ本邦文化ノ向上ニ資《し》スル」ことを目的とした学術講演会の開催や「講演集及ビ其他《そのた》図書ノ編纂出版」などを継続的に展開することが目指されていた。法人格を得たのは、そもそも継続的な活動を行うためだったのである。天囚を中心として懐徳堂の再建、つまり講堂（重建懐徳堂）の建設が構想されたのも、継続的活動には拠点が必要との判断があったからであった。

また、懐徳堂記念会は取り立てて学術的活動を目指してはいなかったが、財団法人懐徳堂記念会は「学術ノ発達ヲ図」ること、つまり学術的な活動の推進を明確に目指していた。財団法人懐徳堂記念会はその寄付行為の中で、「大阪先賢ノ事蹟及ビ著書ヲ調査表彰」することや、「奨学金ヲ支出シテ学術ノ研究ヲ奨励」することが定められていたのである。

財団法人懐徳堂記念会と大阪人文会

このように財団法人懐徳堂記念会が学術研究に積極的に取り組もうとした背景には、大阪人文会との関係が影響しているのではないかと推測される。財団法人懐徳堂記念会と大阪人文会との関係を直接示す資料は今のところ確認できないのだが、この二つの団体には、学術的研究活動を重視するという点で共通した性格が認められる。

人文会は、近世大坂で活躍した著名な学者などに関する研究に積極的に取り組み、その成果を例会において講演として次々と発表していた。この団体はそもそも、大阪の学術に関する研究をその目的としていたのである。組織の名称が「人文会」であったのは、いわゆる人文学の研究に取り組む姿勢を表わしていたと見られる。

その人文会が首唱者となって懐徳堂記念会を設立し、しかも結局その運営の中心を担った。すでに述べたとおり、懐徳堂記念会の発足直後、その運営の中枢から行政関係者が相次いで脱落したため、記念会の運営はほとんどすべて人文会会員によって担われることとなってしまった。そのため人文会は、明治四十三年十一月の第七次例会において、一年間人文会としての活動を休止して、各会員は懐徳堂記念会の活動に専念することとし、懐徳堂記念会の活動が終結した後、その活動を再開することを決めた。

ところが、多治比氏の研究が示すように、明治四十四年十月の懐徳堂記念祭の終了後、人文会は活動を再開していない。当時の新聞などの記録からもまったく消えてしまっているのである。

あくまでも推測に過ぎないが、財団法人懐徳堂記念会設立の準備が進められていく中で、人文会が目指していた学術研究的な活動は、新たに設立される法人の活動として盛り込まれることとなり、そこで人文会は解散することになったのではないかと考えられる。

懐徳堂記念会の運営の中心となった人文会会員は、その後財団法人懐徳堂記念会の中枢に入っている。具体的には、懐徳堂記念会の委員長の西村天囚、総務係主任に加えて会計係主任を勤めた今井貫一、展覧係主任の水落庄兵衛の三名は、財団法人懐徳堂記念会の五人の設立者の中に入った。財団法人の設立者は、寄付行為の規定により、そのまま財団法人懐徳堂記念会の理事に就任している。しかも、財団法人懐徳堂記念会の二人の幹事のうちの一人は、懐徳堂記念会の総務係で庶務部主事を勤め、同時に編纂係・会計係の委員でもあった上松寅三であった。財団法人懐徳堂記念会の実質的な運営の中心であった理事五人の内の三人と、理事を補佐して運営の実務を担当したと見られる幹事二人の内の一人は、人文会の会員であったのである。

人文会の活動に積極的に取り組んでいた天囚や西村たちが、懐徳堂記念会の母体ともいえる人文会を忘れてしまったとは考えがたい。人文会をどうするかという問題を共有していたと見られる彼らが、人文会の目指した活動を財団法人懐徳堂記念会の活動に取り入れることによって、人文会を発展的に解消させた可能性は、十分に考えられよう。

コラム☆懐徳堂記念室

懐徳堂記念室は府立図書館の三階部分にあった。図は、『大阪府立図書館一覧』（大正三年版）に掲載されているものだが、三階南東の一室が懐徳堂記念室であったことが分かる。明治四十年版の『大阪府立図書館一覧』によれば、この部屋はそれまで予備室として使われていたスペースであった。

懐徳堂記念室が存在した府立図書館は、現在も大阪府立中之島図書館本館として存在しているが、後に三階南側の部分は大幅に改修され、三つの部屋と廊下とを区切っていた壁が撤去されている。このため、懐徳堂記念室があった部屋は今日その姿を留めていない。

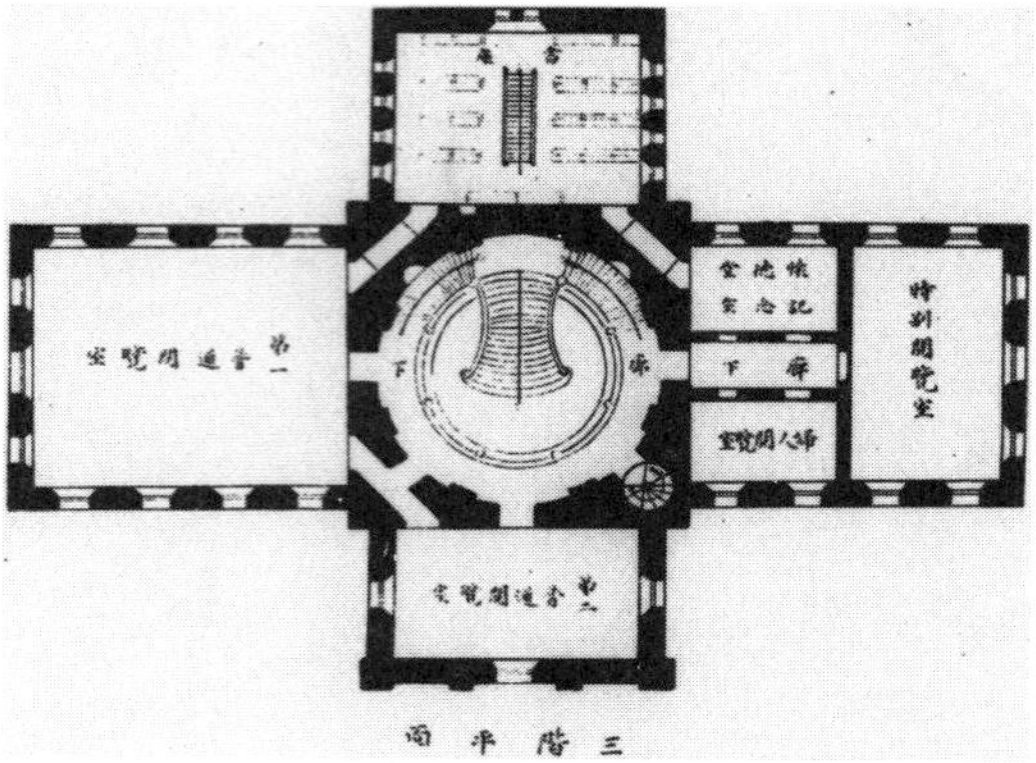

大正３年版『大阪府立図書館一覧』３階館内配置図
大阪府立中之島図書館所蔵

しかし、ちょうどその真下にあたる二階南側の部分には、懐徳堂記念室と同じ間取りの部屋が残っており、部屋の広さや窓の配置など、当時の懐徳堂記念室の様子を偲ぶことができる。

6　財団法人懐徳堂記念会

下賜金二百円

財団法人懐徳堂記念会は大正二年（一九一三）の設立直後、しばらくの間は事業といえるような活動をほとんど行っていない。後述するように、後日財団法人懐徳堂記念会は、定期的な講義や講演などを多数開き、実に活発な活動を展開するのだが、この時期はまだそれができなかった。関係者らは、法人となった懐徳堂記念会としての活動について企画を練り、かつその企画を実現するための資金集めに奔走していたのである。特に、かねて西村天囚が構想していた講堂の建設は、財団法人懐徳堂記念会としての活動の中でも重視され、そのための資金確保が目標とされた。

資金集めの中心となったのは、永田仁助理事長と理事の西村天囚とである。二人は大阪のみならず東京でも積極的に寄付金を集めて回った。しかし、財団法人懐徳堂記念会には活動の実績といえるものが無く、そのために思うようには寄付が集まらなかったという。

そうした中、大正三年（一九一四）三月五日、財団法人懐徳堂記念会は天皇の思召《おぼしめし》により宮内省から金二百円（現在のお金にしておよそ二十万円）を下賜された。この時の「御沙汰書」は、現在財団法人懐徳堂記念会に保存されている。

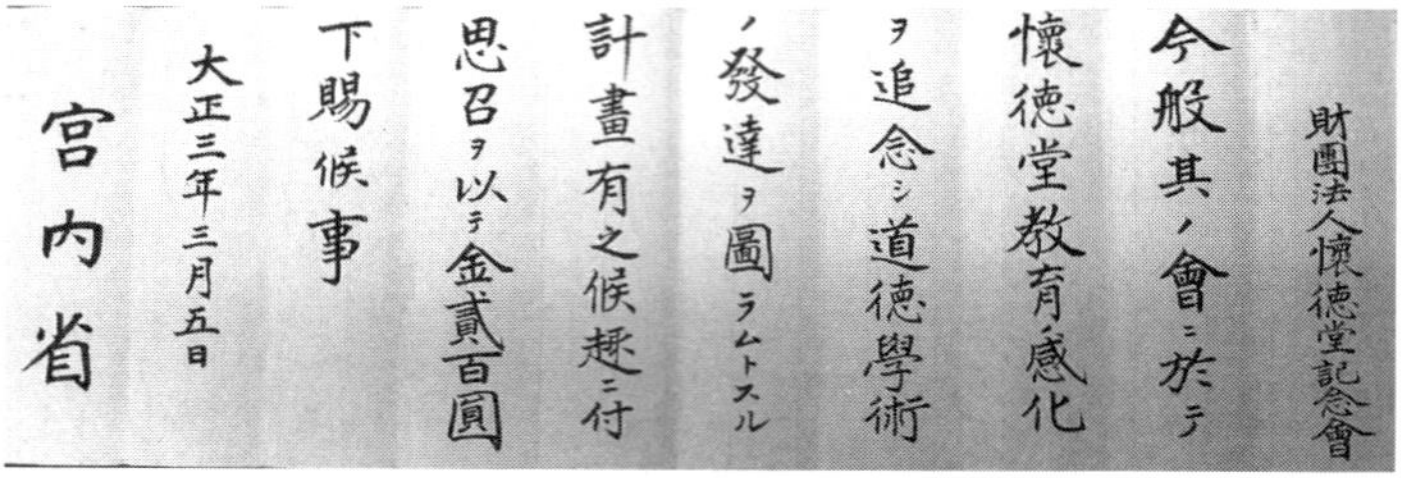
財團法人懐徳堂記念會
今般其ノ會ニ於テ
懐徳堂教育感化
ヲ追念シ道徳學術
ノ發達ヲ圖ラムトスル
計畫有之候趣ニ付
思召ヲ以テ金貳百圓
下賜候事
大正三年三月五日
宮内省

御沙汰書（下賜金二百円）

「御沙汰書」によれば、財団法人懐徳堂記念会が「懐徳堂教育ノ感化ヲ追念シ道徳学術ノ発達ヲ図《はか》ラムトスル計画」を有していることから、天皇の思召《おぼしめし》により下賜金がくだされた。

財団法人懐徳堂記念会が、懐徳堂が行った教化を慕い、そしてそれを現代の大阪に反映させて、「道徳学術」を大いに発展させることを目指す団体であったということが天皇あるいは宮内庁関係者にどのように伝わり、そしてそれがなぜ下賜金に結びいたのかはよく分からない。

ただ、この二年前の明治四十五年（一九一二）二月、中井竹山が従四位を贈位されている。この贈位は、懐徳堂記念会関係者が、竹山の子孫である木菟麻呂の承諾を得た上で申請を行い、それが認められたことによって実現した。この竹山の贈位と下賜金とは、何らかの関連があるのではないかと思われる。法人となる前の懐徳堂記念会の活動や、あるいは懐徳堂記念会の法人化の計画やその準備に関する情報が、竹山の贈位にかかわる交渉の過程で宮内省関係者に伝わっており、それが下賜金実現の伏線となったと考えられるのである。

天皇からの下賜金は、講堂建設に向けて寄付集めを進める財団法人懐徳堂記念会にとって、大いに歓迎されたに違いない。下賜金によって財団法人懐徳堂記念会の存在が広く社会的に認知されることとなり、それに伴って寄付集めが進むと期待されたからである。

『懐徳堂紀年』の献上

財団法人懐徳堂記念会の設立直後、財団法人の関係者が天皇や宮内省との関係を特に重視していたことは、『懐徳堂紀年』の献上からも窺える。大正三年（一九一四）十一月、摂津・河内・和泉で行われた陸軍大演習を閲兵するため、大正天皇が大阪城に行幸した。この時、財団法人懐徳堂記念会は大正天皇に『懐徳堂紀年』を献上したのである。

『懐徳堂紀年』とは、懐徳堂の編年史である。懐徳堂の歴史全体をまとめた書物としては最初のもので、三宅石庵が大坂で塾を開いた元禄十三年（一七〇〇）から、懐徳堂が廃校となった明治二年（一八六九）までの懐徳堂をめぐるさまざまな事件が、漢文で記されている。現在、大正天皇に献上された完本の『懐徳堂紀年』が宮内庁書陵部に、またその二種類の稿本が大阪大学の懐徳堂文庫に所蔵されている。

この『懐徳堂紀年』の成立とその献上に関しては第三部で詳しく述べるが、稿本を執筆したのは、財団法人懐徳堂記念会からの依頼を受けた中井木菟麻呂である。木菟麻呂が執筆した稿本に、西村

懐徳堂紀年
元禄十三年庚辰石庵三宅正名在大阪船場尼崎
坊第二街下帷教授尼崎坊講學之時甃庵中井
誠之奉贄服事其門有中村睦峯三星屋武右衛門富永
芳春道明寺屋吉左衛門長崎克之舟橋屋四郎右衛門等
十四年辛巳
十五年壬午
十六年癸未
寶永元年甲申

宮内庁書陵部蔵
『懐徳堂紀年』第一葉表

天囚が修正・削除を加えた上で浄書され、献上が行われている。

『懐徳堂紀年』の献上については、大変不思議なことに、大正・昭和を通して財団法人懐徳堂記念会自身はまったく記録にとどめていない。このため、従来献上が行われた事実がこれまでほとんど知られていなかった。

献上は、同年三月に受けた下賜金に対する謝意を示すこととあわせて、懐徳堂と財団法人懐徳堂記念会の存在を天皇に向けてさらにアピールすることを意図して行われたと推測される。財団法人懐徳堂記念会の関係者は、献上によって懐徳堂の存在がより深く天皇に認知されることを期待していたのであろう。

『懐徳堂紀年』の献上が行われたのと同じ月には、中井履軒に対する従四位の贈位も行われた。この贈位は、財団法人懐徳堂記念会関係者が子孫である木菟麻呂には無断で申請を行い、その結果実現したものであった。

先の竹山の贈位も、この履軒の贈位も、懐徳堂記念会や財団法人懐徳堂記念会の関係者が、懐徳堂の生んだ偉大な学者に対する社会的認知を高めて、それによって懐徳堂自体の認知を高めること、そしてまた懐徳堂の顕彰に取り組む懐徳堂記念会・財団法人懐徳堂記念会という組織の認知を高めることを目指して、積極的に働きかけを行った結果実現したと見られる。もちろんこれらは、寄付金集めへの効果が期待されていたと見られる。

重建懐徳堂の建設

永田理事長や西村理事をはじめとする関係者らの苦心の結果、ようやく講堂建設に必要な資金を確保することができた財団法人懐徳堂記念会は、大正四年（一九一五）六月、府立大阪博物場の北西の隅に位置する、東区豊後町（現在の中央区本町橋）の府有地三百六十一坪を使用する許可を大阪府より得て、この地に新たに講堂を建築することを決定した。

この府有地の使用は無償とされた。民間の団体である財団法人懐徳堂記念会の活動を、大阪府が公的に支援することとなったのである。これは、懐徳堂が幕府の官許を得た際に、その校地を幕府から与えられ、諸役を免除されたことにならったものであった。

講堂建設のための地鎮祭は、同年十月に行われた。起工は翌大正五年（一九一六）二月である。設計・施工は、竹中工務店が行った。この時の設計図が現在も財団法人懐徳堂記念会に保存されている。

実は、当初は前年の大正三年（一九一四）十月に、地鎮祭を行う予定だったようである。このことは、同年九月三十日付の中井木菟麻呂の日記『秋霧記』から窺える。

重建懐徳堂

木菟麻呂はこの日、財団法人懐徳堂記念会の幹事である上松寅三からの手紙を受け取った。その手紙には、大正三年（一九一四）は四月に昭憲皇太后（明治天皇の皇后）の崩御、六月にサラエボにおけるオーストリア皇太子夫妻の暗殺、七月に第一次世界大戦の勃発、八月に日本の参戦と、社会を揺るがす事件が立て続けに起こった。このため、会への寄付金が予想通りには集まらず、予定されていた地鎮祭を延期することにした、と記されていたのである。『秋霧記』には、何の地鎮祭であるのかは直接記されてはいないが、上松からの手紙が、財団法人懐徳堂記念会の当時の活動状況を木菟麻呂に知らせるものであったことなどから判断して、講堂建設のための地鎮祭を指していると考えられる。

開堂式

講堂は大正五年（一九一六）九月に完成し、十月十五日に開堂式が行われた。

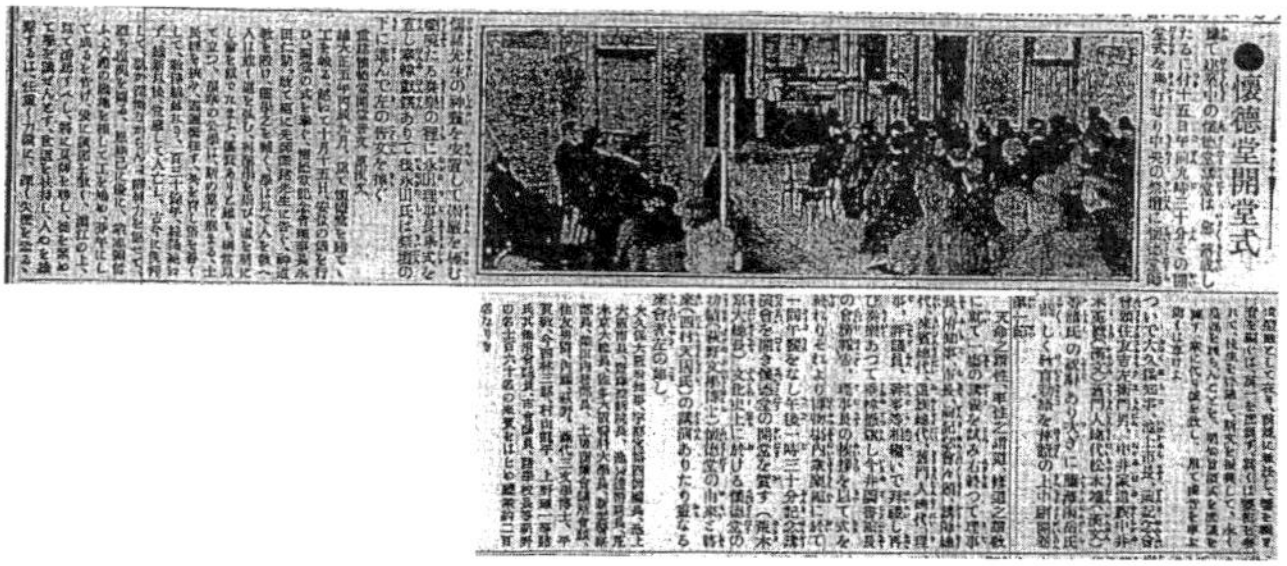

懐徳堂開堂式

開堂式　大阪朝日新聞大正５年10月16日付

午前九時三十分に始まった式典は、懐徳堂記念祭の時と同じように儒礼によるものとされ、講堂中央の祭壇には懐徳堂師儒諸先生の神主が置かれた。府知事、第四師団長、大阪市長、控訴院長、造幣局長、京大総長、大阪医科大学長、府会議員や市会議員、また商工会議所長をはじめとする経済界の関係者など、官・民を含めて合計三百名余りが出席し、式典は盛大に執り行われた。中井木菟麻呂も来阪して式典の中で祝辞を述べている。

午前の式典に続いて、昼食会の後には一般市民向けに記念講演会が開催された。講演を行ったのは荒木寅三郎京大総長（「懐徳堂の開堂を賀す」）、荻野文学博士（「文化史上に於ける懐徳堂の功績」）、西村天囚（「懐徳堂の由来と将来」）の三名である。天囚の講演の記録は、後に雑誌『懐徳』第二号（大正十四年二月）に収められている。

この講演の中で天囚が、聴衆に向けて「已《すで》に諸君の従事せらる、小学校あり」と述べていることからすると、聴衆の多くは大阪市内の小学校の教員であったようである。

かつて懐徳堂記念会はその会員を確保するため、大阪市内四区の区長以下の教育行政システムを利用した。市内の小学校の校長らが懐徳堂記念会の「委員」に任命され、部下の教員に入会を勧誘したのである。その時と同じように、財団法人懐徳堂記念会も教育行政システムを通して講演会の聴衆に小学校教員を動員したのであろう。おそらく教員らに対しては、開堂式後の記念講演会だけではなく、以後この重建懐徳堂で行われる講演や授業にも、積極的に参加するようにとの勧誘が行われたことであろう。

講師の招聘

財団法人懐徳堂記念会の活動拠点として建設された重建懐徳堂では、早速翌十一月の四日から、京都帝国大学文学部教授の狩野直喜が「孟子概説」、三浦周行が「国史新話」と題して、第一回の定期学術講演会を行った。二人の講演は、いずれも翌大正六年まで十三回連続して行われている。

狩野や三浦に続いて、重建懐徳堂では京都帝国大学の教授を外部講師として次々と招き、数多くの講演・講義を開講した。優れた講師を外部から積極的に招き、様々な学問分野にわたる魅力のある授業を多数展開する点は、重建懐徳堂の授業の特色である。

しかし、外部講師による授業は、常に一定の日に開講することが難しい。重建懐徳堂は、外部講師による授業に加えて、一定の日に継続的に授業を開くことを目指した。これは、懐徳堂において三宅石庵以下の歴代学主が、日講《にっこう》を継続的に開いていたことを意識したものであろう。そのためには、専任の教授が不可欠であった。

財団法人懐徳堂記念会は、重建懐徳堂の完成までに専任の教授が着任できるように人事を進めたが、結局開堂式には間に合わなかった。専任の教授として白羽の矢が立ったのは、当時広島高等師範学校の教授であった松山直蔵である。松山は、大正五年十二月に懐徳堂教授に着任した。

西村天囚が開堂式後の講演「懐徳堂の由来と将来」で語ったところによれば、重建懐徳堂の専任の教授には、経書、つまり儒教の経典について講義ができるだけではなく、「品性の善い人」でなければならなかった。これは、財団法人懐徳堂記念会が、大阪の「道徳学術」を発展させ、「徳育」を振興することを目的としていたためである。重建懐徳堂は、懐徳堂がそうであったとされるように、儒教による道徳教育に務めることを目指した。

「品性の善い人」という条件を満たす人物として選ばれたのが、松山直蔵だった。もっとも、就任を依頼された松山は、「竹山先生の居られた学校に据はるのは、我々風情でいかぬ」と、一旦は固辞した。しかし、その後交渉が重ねられた結果、松山は就任を承諾した。

ところが、松山が広島高等師範学校の現職の教授であったため、すぐには辞職することができなかった。これが着任の遅れた原因となった。広島高等師範学校は、東京高等師範学校と並び、全国に二つしかなかった官立の高等師範学校である。その現役の教授であった松山を、民間の財団法人が設置する学校に教授として招聘するということは、当時としては異例のことであった。

重建懐徳堂の開堂式には、まだ松山の人事が確定していなかったため、天囚は講演の中で、「其《そ》の姓名等をお話申上げる事」ができないと述べている。人事だけに、天囚も慎重であったことが分かる。

松山直蔵は重建懐徳堂教授に着任すると、翌大正六年の一月から、後述する定日講義を開始する。重建懐徳堂において、専任の教員による継続的な授業が、こうしてようやく始まった。

重建懐徳堂の教師陣

松山直蔵が教授として担当したのは、定日講義と呼ばれた定期的な授業である。重建懐徳堂では複数の定日講義が行われたが、そのすべてを松山一人が担当した訳ではない。松山とともに定日講義を担当する教員として、別に講師が置かれた。講師は当初は専任ではなく、外部に依嘱された。おそらく財政上の理由から、専任の教員を増やすことが困難だったためであろう。やがて開講される授業が増えるのに合わせて講師も増え、後には専任の講師や助教授も置かれた。

当初講師には、大正六年一月に重建懐徳堂の理事でもある西村天囚が就任し、また同年五月に京都帝国大学助教授の吉沢義則が加わった。大正八年二月に吉沢が講師を辞職すると、同月第三高等学校教授の林森太郎が、翌三月には大阪府立図書館司書の武内義雄が、それぞれ講師となった。さらに大正十二年四月には大阪高等学校教授の財津愛象が講師となっている。

コラム☆重建懐徳堂の模型

重建懐徳堂の講堂は、第二次世界大戦の末期、昭和二十年（一九四五）三月の大阪大空襲で焼失した。ところが、重建懐徳堂の設計・施工に当たった竹中工務店の製作した設計図が、財団法人懐徳堂記念会に保存されていた。これも新資料の一つである。

その五枚の青焼きの設計図を、大阪大学大学院の湯浅邦弘教授が竹中工務店に持ち込んだところ、重建懐徳堂の設計図は、創設されたばかりの同社の設計部が作製した、貴重な図面であることが確認された。

その後竹中工務店は、この設計図に基づいて五十分の一の復元模型一点、百分の一の復元模型二点、合計三点の精密な模型を製作し、平成十八年（二〇〇六）に大阪大学に寄贈した。五十分の一の模型は現在大阪府豊中市の大阪大学文学研究科の玄関に、百分の一の模型は、大阪大学総合学術博物館待兼山修学館と大阪大学中之島センターに設置されている。

重建懐徳堂　五十分の一の復元模型

7　重建懐徳堂の講義・講演

定日講義

重建懐徳堂において一般市民を対象として開設された授業には、どのようなものがあったのであろうか。大正十五年版『懐徳堂要覧』に基づいて見てみよう。

重建懐徳堂の授業には、基本的に講義と講演の二種類があった。講義には、定日講義・日曜朝講・文科講義の三種類があり、その中心となったのは定日講義である。

重建懐徳堂では三学期制がしかれており、定日講義は各学期に曜日を定めて行われた。第一期は一月十一日から三月三十一日まで、第二期は四月十一日から六月三十日まで、第三期は九月一日から十二月二十日までである。各学期の間には、春季休業・夏季休業・冬季休業が設けられた。

第一回の定日講義は、松山直蔵が教授に着任した翌月、大正六年一月二十七日の『大学』首章の講義であった。この頃定日講義は当初週に二回、月曜日と木曜日に行われた。

定日講義の目的は、「聖経賢伝及《およ》び本邦古典を講じ徳性を涵養し我国民性及《およ》び国民道徳の淵源を究むるに資する」こととされた。講義で取り上げられる文献は、『論語』・『孟子』・『詩経』・『左氏伝』・『韓非子』・『楚辞』・『近思録』・『大学衍義』などの漢文のものと、『万葉集』・『古事記』・『古今集』・

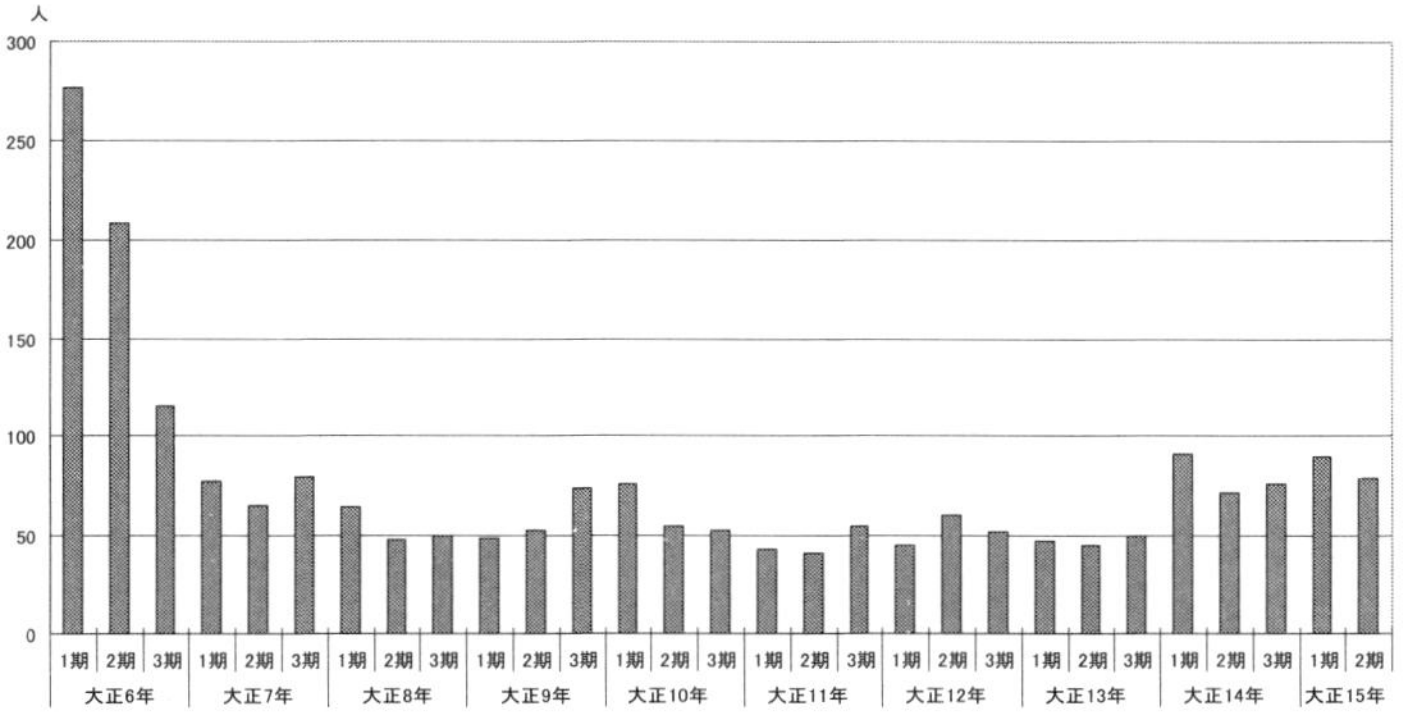

定日講義聴講生数

『新古今集』などの古文のものとが中心である。徳育には漢文・古文の古典を教育することが重要と考えられていたのである。

開講時間は午後七時から午後九時までで、いわゆる夜学である。もちろんこれは、仕事を持つ一般市民が受講できるようにとの配慮であった。

定日講義の受講生は毎学期の始めに、堂費として月二十銭（現在のお金でおよそ百数十円程度）を納めた。後述する文科講義の受講料が毎月二円（現在のお金でおよそ千円程度）であったのと比較して、かなり低額である。受講を希望する市民は、所定の聴講志望書を提出すればよく、特に制限といったものは設けられていなかった。二十歳未満の者でも、聴講志望書に父兄もしくは長上の者が連署すれば聴講が許されていた。

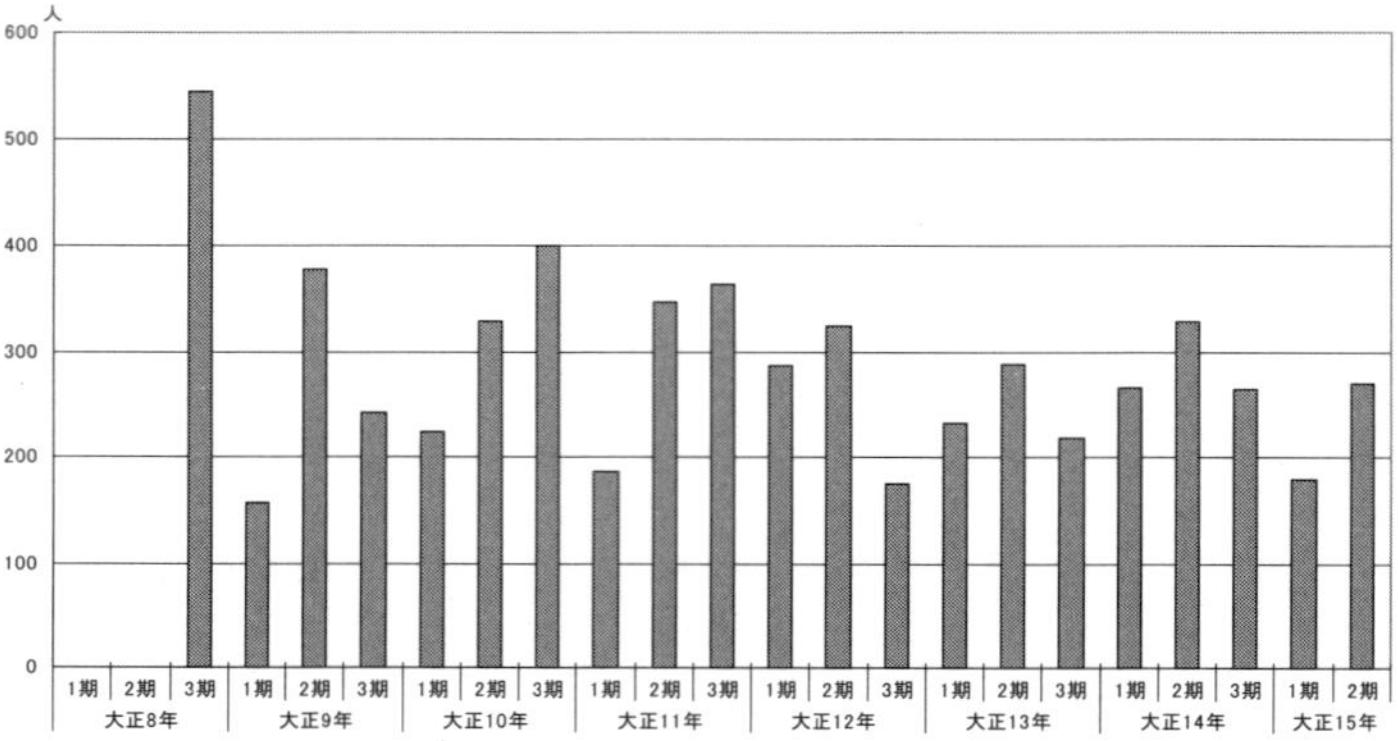

日曜朝講聴講者数

日曜朝講と文科講義

日曜朝講は、大正八年九月、当初は定日講義の一部として始まった。その名の示す通り、日曜日の午前九時から十時までの講義であった。

日曜朝講では「徳性を涵養し仁義忠孝の道徳を維持し東洋道徳の菁華《せいか》（すぐれたところ）を知得するに資する」ことが目指され、『孝経』と四書（『論語』・『孟子』・『大学』・『中庸』）とが順次取り上げられた。いわば漢学の入門であり、特に道徳教育的な意味合いが強い。受講生は専ら旧制中学の生徒で、受講料は無料であった。

文科講義は、大正十二年四月から始まり、「東西の名著を講じ文科に属する学術の研究に資する」ことを目的とした。講義は午後六時から午後九時まで、後に開始時間が午後七時に変更された。

文科講義は哲学と文学の講義があり、「東西両洋を兼修せしむる」ところに特色があった。大正十五年には以下の講義が開講された。

第一・第三・第五金曜日　哲学

・「カント」Fundamental principles of the metaphysics of ethics（『人倫の形而上学の基礎付け』〔原書名：Grundlegung zur Metaphysik der Sitten〕をThomas Kingsmill Abbottが英訳したもの）（藤井講師）

・朱子語文精要（松山教授）

第二・第四金曜日　文学

・「ゲーテ」ファウスト（藤代講師）・白楽天詩（鈴木講師）

哲学はカントと朱子、文学はゲーテと白楽天・杜甫と、確かに洋の東西を問わず、幅広い内容である。この時文科講義を担当した藤井健治郎・藤代禎輔・鈴木虎雄は、いずれも京都帝国大学文学部の教授である。

文科講義の聴講者は当初、中等学校卒業程度以上の学力あるものに限定されていた。このため、重建懐徳堂の他の授業を受けていた受講生は、文科講義を「やゝ高尚」なものと見て、いささか敬遠する向きもあったようである。授業料が月二円（現在のおよそ千円程度）であったことも影響した

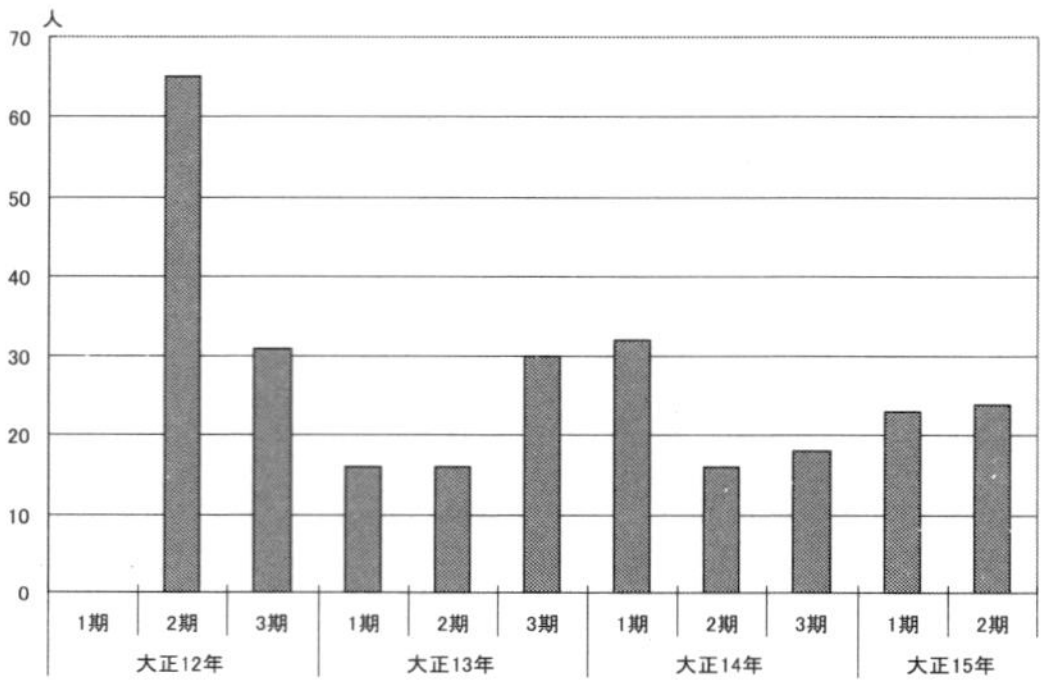

文科講義聴講生数

のであろう。結局文科講義は、昭和九年の第一期をもってその名称が廃止され、定日講義に一本化された。

しかし、こうした高度な内容の文科講義が重建懐徳堂で開講されていたことは、重建懐徳堂が大阪における文科大学としての機能を備えていたことを象徴しているといってよい。

講義の聴講者

重建懐徳堂で行われた定日講義・日曜朝講・文科講義を、市民らはどのように受講していたのだろうか。大正十五年版『懐徳堂要覧』に収録されている聴講者数のデータに基づいてその様子を窺ってみよう。

大正六年一月から大正十五年六月までの定日講義の出席聴講者の延べ人数、つまり各回の講義に出席した人数の合計は、二万七千百七十七人である。日曜朝講は大正八年九月から大正十五年七月までで六千五人、文科講義は大正十二年四月から大正十五年六月までで一千六百十六人にのぼった。実に多数の聴講者が集《つど》っていたのである。

定日講義の聴講者数を見ると、最初の学期である大正六年の第一期（一月〜三月）は、二百七十七人にも及んでいる。これは驚異的な数字であり、重建懐徳堂の講義が、市民から熱烈な歓迎を受けたことをよく示している。

もっとも、同年第二期（四月〜六月）は二百八人、第三期（九月〜十二月）は百十五人と漸減する。翌大正七年からは百人を下回り、その後は五十人程度で横ばいとなっていく。大正の末になると聴講者数が若干増加し、大正十四〜十五年は各学期とも七十人から九十人が受講したが、開設当初の人数には遠く及ばない。

聴講者数の減少は、開設直後の一種の熱気が冷めたためであろう。しかし、その後も聴講者数が五十人を大きく下回ることがなかったということは、重建懐徳堂の講義に対する市民の評価が大正時代に或る程度確立し、安定したことを示すといえよう。おそらく受講生の或る一定の部分は、常連とでもいうべき熱心な受講者が占めていたと見られる。

そもそも重建懐徳堂は、公的な学校教育機関ではなく、学歴とか資格といったものとは無縁である。それでも連続して受講するというのは、学びたいという意欲が相当強くなければ到底できないことである。そうした熱心な市民が重建懐徳堂には集《つど》った。おそらく彼らこそが、後に述べる同友会の中心メンバーになったと考えられる。

なお、聴講者の中には女性も含まれている。大正六年一月から大正十五年六月にかけて、重建懐徳堂の定日講義には毎学期とも婦人の聴講者がおり、全聴講者数の約八パーセントを占めている。男性よりはかなり少ないが、重建懐徳堂は男女を問わず広く市民に知的な情報を発信したのである。

定期学術講演

定日講義などの講義とともに、重建懐徳堂では数多くの講演が行われた。この講演には、定期学術講演と通俗講演の二種類があった。

定期学術講演は、「高等なる学術的智識を普及し文化の向上学術の研究に資する」ことを目的とし、講師は同一の演題のもと、五回から十五回連続して講演を行った。一回の講演は二時間程度で、懐徳堂の講義・講演が行われない休業期間を除き、毎週土曜日に行われた。当初は単に「定期講演」と呼ばれたが、後に土曜講演と改称された。

前述の通り、第一回の定期学術講演は、重建懐徳堂の竣工後間もない十一月四日、京都帝国大学文学部教授・狩野直喜による「孟子概説」の講演と、同じく京都帝国大学文学部教授・三浦周行の「国史新話」の講演とである。以後の定期学術講演も、講師はすべて京都帝国大学文学部の教員で、そのほとんどが教授であった。

講演の内容としては、中国や日本に関するものが比較的多いが、「『カント』の倫理学」（藤井健治郎）、「現代に映ずる西洋古代文明の片影」（坂口昂）、といった西洋に関するものもあり、かなり幅

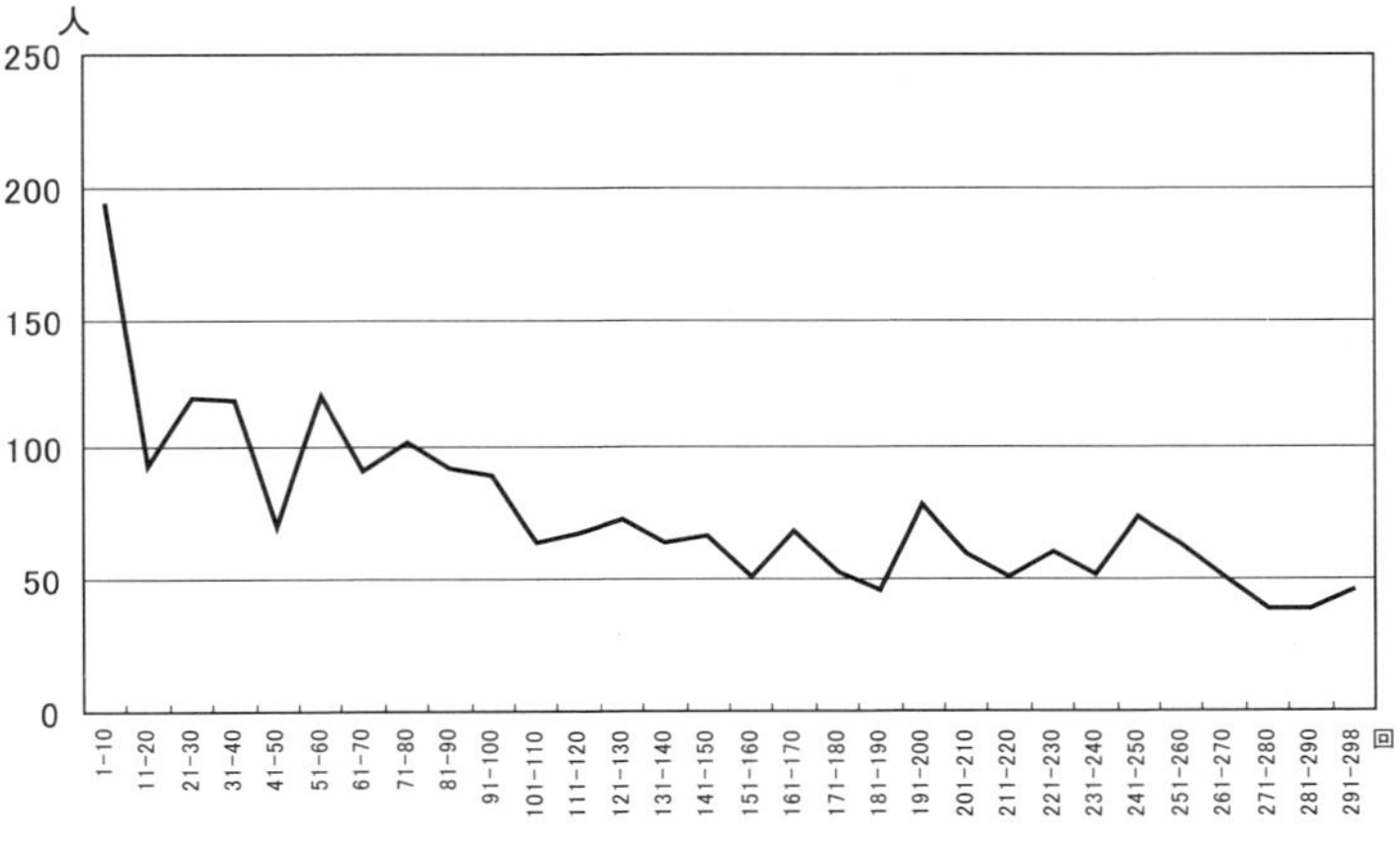

定期学術講演会聴講者数

が広い。

京都帝国大学文学部教授たちによる、多彩で豊かな内容の連続講演会である定期学術講演会は、大正十五年の夏までの時点で、継続中のものも含めて四十五講演、回数にして合計二百九十八回が行われた。

こうした定期学術講演を聴講するには、聴講者名簿に住所・職業・氏名を自署するか、あるいは住所・職業を付記した名刺を差し出すだけでよかった。聴講は無料である。その聴講者数について、十回の講演ごとに区切って各回の平均を見ると、上の表のように推移している。

開始早々の十回は、平均すると一回につき百九十三人もの多くの聴講者がいた。おそらく大正五年十一月四日に狩野直喜が行った第一回定期学術講演会の聴講者は、二百人をかなり上回ったに違いない。

当然のことながら、講演者が誰か、また講演のテーマが何かによって、聴講者数にはばらつきがあったと見られるが、全体の傾向として、回を重ねるにつれて聴講者数は次第に減少していく。約十年後の大正十五年には、平均すると一回につき四十六人にまで減っている。

こうした聴講者数の漸減傾向は、先に見た定日講義と同じであり、重建懐徳堂にとって大きな問題であった。どれほど内容が良質であっても、また無料や低額の受講料で聞くことができたとしても、一般市民の関心は、緩やかにではあるが低下していったのである。重建懐徳堂の講演も、やはりマンネリ化を避けることはできなかった。

通俗講演

通俗講演は、「一般市民の常識を養い品性を向上せしむる」ことを目的に、大正八年六月から始まった。通俗講演の実現は、重建懐徳堂が大阪府と大阪市とに申請していた補助金が交付されることになったのがきっかけである。

この通俗講演は、定期学術講演会と異なり、ほとんどが一回だけの単発の講演である。場合によっては二回、まれに三回の連続ものとなることがあった。会場は重建懐徳堂内だけでなく、尋常小学校などを会場とする出張講演もあった。しかし、後にほとんどすべて堂内で行われるようになる。

通俗講演は、毎月一回か二回、大体毎月第三火曜日に行われた。ただし、冬季・春季・夏季の各

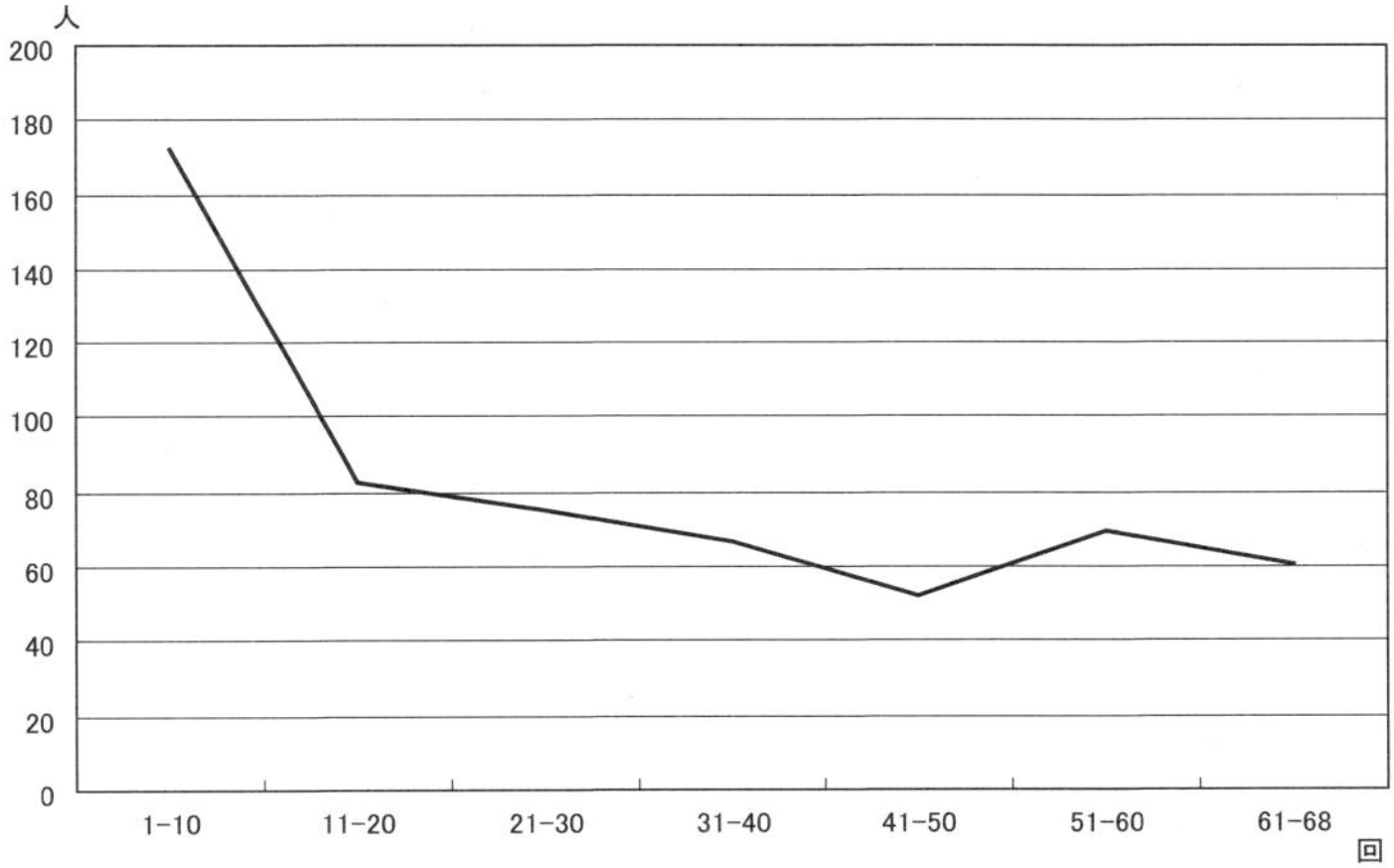

通俗講演一回あたり平均聴講者数

休業期間中と、九月上旬の十日間とには開催されなかった。

通俗講演の聴講も無料である。聴講者名簿に住所・職業・氏名を自署するか、あるいは住所・職業を付記した名刺を差し出すだけでよかったという。

その講師の顔ぶれは、当初は京都帝国大学、大阪医科大学、大阪高等商業学校、大阪高等工業学校の教授たちや、大阪控訴院検事、大阪造幣局技師、大阪府主事、大阪府技師、大阪府商工課長といったいわゆる役人のほか、日本棉花株式会社社長、住友理事、大阪朝日新聞編輯局長、医師などの民間人も含まれている。財団法人懐徳堂記念会関係者も、理事の西村天囚、同じく理事で府立図書館長の今井貫一、評議員で住友総理事の鈴木馬左也が講師となっており、実に多彩であった。

演題から見ると、講演の内容も非常に幅広く、ユニークである。「尊敬すべき実業家夫妻」（京都帝国大学教授・坂口昂）、「子供の躾《しつけ》方に就《つい》て」（大阪控訴院検事・一松定吉）、「デモクラシーといふ事」（京都帝国大学教授・藤井健治郎）、「遺伝と眼病」（医博士・有沢潤）「都市計画に就て」（直木倫太郎）、「貿易の危機」（増田正雄）、「仁義」（鈴木馬左也）、「印度及南洋視察談」（大阪府商工課長・百濟文輔）など、他の講義や講演には見られないようなものが多数並んでいる。多彩な講師たちによる多様な視点からの講演を行うことにより、広く「一般市民の常識」を養おうというのが、この通俗講義のねらいであったのである。

しかし、一般市民が興味を抱くような講演を続けて企画するということは容易なことではない。次々と新たによい講師を発掘することは、非常に困難だったに違いない。おそらくそのために、大正十一年頃から通俗講演の講師は、京都帝国大学の教授が担当するようになる。学術講演会と異なる点は、文学部の教授ではなく、工学部・理学部・法学部の教授であったことである。

京都帝国大学の教授陣も、通俗講義に相応しい授業となるように工夫を凝らした。そのことは「動物の智恵」（川村多實二）・「有用なる金属に就て」（近重眞澄）・「親子関係の話」（宮本英雄）・「和室の衛生学的研究」（戸田正三）といった講演の題目からも窺える。

しかし、通俗講演の聴講者数も、定日講義や学術講演会と同じように、次第に減少していった。初めの十回は、平均して一回あたり百七十二人もの聴講者がいたが、その後大体平均して一回六十人程度、およそ三分の一にまで落ち込んでいく。

素読科

これまで述べてきた各種の講義・講演とは別に、重建懐徳堂ではもう一つ、特色のある授業が行われていた。それは素読《そどく》である。素読とは、漢文を訓読したものを繰り返して読み、暗唱できるようにするもので、教師は語句の意味などについて細かく教えることはせず、全体としての意味を示すに止める。

かつて素読は、漢文を学習する初期の段階における必須の学習法であった。近代に入ると漢文の学習自体が次第に衰退し、素読も廃れていったが、重建懐徳堂では「徳性の涵養並に漢学の学習に資する」ことを目的として、素読科を設けた。

大正六年五月一日から、元大分師範学校の教師であった波多野七蔵を「教師」（「句読師」とも呼んだ）として素読の授業が始まった。波多野の退職後は、大正九年（一九二〇）から吉田鋭雄が担当した。吉田は、後に重建懐徳堂最後の教授となる人物である。

素読科の生徒（素読生）は満十二歳以上、十八歳以下とされ、特に希望があった場合は年齢を問わず入門が許可された。読まれたものは『孝経』と四書（『論語』・『孟子』・『大学』・『中庸』）で、日曜朝講と同じである。月謝は開始当初は月一円、吉田が担当するようになってからは無料とされた。

生徒は毎週月・木・土曜日の三回、午後一時から六時までの間に重建懐徳堂に来て、来た者から順に素読を行った。素読は多数の生徒が揃ったところで一斉に受けるものではなく、個人レッスンの形で行われたのである。

重建懐徳堂で行われた他の講義・講演には修業期間についての定めがないが、素読科だけは課程が一年と定められ、その修了者には修業証書が授与された。これは、素読科が一般市民ではなく年少者を対象としたためであろう。

素読生の人数について、大正十五年版の『懐徳堂要覧』には、素読科の修了者が大正六年以来大正十年までに二十三名いたとしか記されておらず、詳しいことは不明である。吉田鋭雄「二十周年回顧の一端」（一九三六年発行『懐徳』第十四号所収）によれば、「今の世に孝経四書の素読を習うものがあるか」と奇異の眼で尋ねられることがあるが、二十年間素読生が絶えたことはなかったという。最も少ない月でも五人、多い時は二十人を超える素読生がおり、吉田は「一人で担当するのに困った時もある」そうだ。衰えたとはいえ、素読には根強い人気があったことが分かる。

もっとも、吉田は一年の素読科を終えた生徒に、重建懐徳堂の定日講義や学術講演の聴講者となることを勧めたが、「大抵は学校の予習を理由として、中途で廃するものが多」かったという。学校に通う学生にとって、重建懐徳堂との「ダブル・スクーリング」はなかなか難しかったようだ。

大阪の市民大学のさきがけ

以上見てきたように、重建懐徳堂では、専任の松山教授や講師、および京都帝国大学などから出講した教授らによって、漢学や日本古典を中心としながら、西洋哲学や西洋文学などをも含む実に幅広い内容の講義・講演が多数行われた。講義や講演を行ったのは、ほとんど全員が当時最も高度な教育を受けた者ばかりであり、授業内容のレベルは相当高度であったと推測される。

重建懐徳堂の授業や講演は、公的な教育機関とは違って学歴や資格とは関係なく、あくまでも一般市民向けのものとして行われた。開講も平日の夜間や土曜日が中心であり、また定日講義・文科講義・素読以外の講演や日曜朝講は無料で受講することができた。定日講義も月二十銭で受けることができ、素読は後に無料となった。当初月二円の受講料が必要だった文科講義も、後に定日講義に組み込まれている。

つまり、学ぶ意欲を持った市民であれば、ほとんどの重建懐徳堂の授業・講演は無料、あるいは低額の受講料で受講することができたのである。このため、多数の市民が重建懐徳堂の講義・講演を聴講した。重建懐徳堂は、今日いうところの市民大学としての機能を見事に果たしていたのである。

むしろ、今日の市民大学よりも充実していたというべきであろう。近年日本各地の大学では、地域に対する貢献として、市民向けの講座を各種開設しているところが少なくない。また行政も生涯学習の取り組みとして様々な講座を設けることに積極的である。しかし、そうした今日の市民大学と比較しても、専用の講堂を持ち、かつそこには専任の教授までもがいた重建懐徳堂における講義・

講演は大変充実していたのである。

大阪の文科大学

重建懐徳堂は、単に市民大学の魁《さきがけ》として注目されるだけではない。重建懐徳堂が開堂した大正六年から戦前まで、大阪には文学や哲学を専門的に教える文科大学自体が他に存在しなかった。重建懐徳堂は、戦前の大阪における文科大学としての役割をも果たしたのである。

重建懐徳堂が設立された時、大阪には公的な高等教育機関として、明治十三年（一八八〇）設立の大阪府立大阪医学校を前身とする大阪府立大阪医科大学（後の大阪医科大学）や、明治二十九年（一八九六）設立の大阪工業学校（後の大阪工業大学）、あるいは大阪市立の高等商業学校が存在した。いずれもいわゆる理工系の単科大学・専門学校である。私立大学の関西大学にもまだ文学部はなかった。

大正十年（一九二一）には大阪外国語学校（後の大阪外国語大学、現在は大阪大学外国語学部）が設立され、さらに昭和六年（一九三一）には、大阪医科大学を母体として、医学部と理学部とからなる大阪帝国大学が設立される。昭和八年（一九三三）に大阪工業大学が大阪帝国大学工学部となるが、大阪大学に文科系の学部が設立されるのは戦後のことである。戦前の大阪の教育機関は、実学志向が非常に強かったのである。

そうした中で、文科の講義・講演を中心とする重建懐徳堂は異色の学校だった。

重建懐徳堂ができた頃の大阪の状況について西村天囚は、大阪は「文科即《すなは》ち無形の学問に就《つい》て欠乏して居ります」（開堂式後の講演「懐徳堂の由来と将来」）と述べている。ここから、重建懐徳堂が大阪に欠けていた「文科」の学問の場を補う学校であろうとしたことが窺える。重建懐徳堂は、当時大阪において他に類を見ない、貴重な文科大学として期待され、そしてその機能を十分に果たしたのである。

漢学と徳育

重建懐徳堂の専任の教授としては、初代の松山直蔵に続いて後に財津愛象・吉田鋭雄が就任した。三人の専門は皆漢学である。重建懐徳堂では多種多様な講義や講演が展開されたが、専任の教授がすべて漢学を専門としたということは、重建懐徳堂の学問の基軸はあくまでも漢学に置かれたことを示していると見てよい。重建懐徳堂は、漢学によって「徳育」を行い、「世道人心」を振興することを目指していたのである。もちろんそれは、かつて近世大坂において懐徳堂が行っていたことであり、重建懐徳堂はそれを近代大阪において復興しようとしたのである。

そもそも明治の末において懐徳堂顕彰の運動が盛り上がり、懐徳堂記念会の設立や懐徳堂記念祭の挙行が実現したことや、その後大正に財団法人懐徳堂記念会が設立されて、さらに重建懐徳堂が建設されたということは、この漢学による「徳育」の必要性が大阪の人々の賛同を得たためであったと考えられる。

懐徳堂顕彰の盛り上がった原因については、なお慎重に考察を加える必要があるが、その一つとしては、大阪は実業中心の街であり、その文化には見るに値するものがないといった、大阪に対する通俗的な見方を覆すものとして、懐徳堂の存在が注目されたということがあったと考えられる。「実は大阪もかつて文化面で大いに盛えており、江戸時代には懐徳堂という誇るべき学校が存在したのだ」というある種お国自慢的な主張は、近代都市として発展を遂げた大阪の人々の自尊心をくすぐり、その自信を大いに回復させた。そのために、懐徳堂顕彰が盛り上がったと推測されるのである。

また、懐徳堂記念会や財団法人懐徳堂記念会には、明治維新以後の日本が近代国家として著しい成長を遂げて、その社会が大きく変化していった結果、「世道人心」が荒廃したとの認識があった。そして、その「世道人心」の荒廃の進行を食い止めるには、かつて「大阪人の品性と良習慣」の形成に大いに貢献した懐徳堂の教化を顕彰し、さらに今日漢学による「徳育」を復活させることが必要であるとの考えがあった。これが大阪の人々、特に懐徳堂記念会や財団法人懐徳堂記念会の発起人や設立者になったような政界・財界・言論界・教育界の有力者らに歓迎されたことが、懐徳堂顕彰の盛り上がりに結び付いたと推測される。

コラム☆重建懐徳堂初代教授・松山直蔵

重建懐徳堂の初代教授となった松山直蔵は、真面目で、厳格な教育者であった。松山が亡くなった後、広島高等師範学校教授時代の教え子や同僚は、口を揃えて「松山には特に逸話らしい逸話がない」と述べ、冬だけはなく春も秋もフロックコートを着用し、時間通りに授業を進めたと、思い出を語っている。

松山はもともと体が丈夫ではなく、合計三度も手術を受けているという。大正十五年(一九二六)十月に増設された重建懐徳堂の書庫の整理に没頭し、それが死を早めたともいわれた。

松山直蔵

松山が亡くなる直前に入院した際は、重建懐徳堂の教え子が松山をよく慕い、その世話をした。

松山の専門は朱子学であった。亡くなるのとほぼ同時に、京都帝国大学に提出した「北宋の五子研究」と題する論文によって博士の学位を取得した。

西村天囚・永田仁助らとともに、重建懐徳堂の基礎を固めた松山が亡くなったのは、昭和二年(一九二七)四月二十三日のことである。

8　大正末から昭和初期の重建懐徳堂

懐徳堂堂友会の結成──会長・松山直蔵の挨拶

重建懐徳堂が大阪の市民大学・文科大学として継続的に活動を展開して定着していくと、当然のことながら重建懐徳堂で学んだ市民の数は増えていった。そこで、大正十二年（一九二三）十一月四日、重建懐徳堂で学んだ同窓会組織である懐徳堂堂友会が結成された。この堂友会の結成は、同年三月二十九日の茶話会の席上で、松山教授が「重建懐徳堂において講義や講演を受けた受業生の総数は七・八百名にも及ぶに至ったから、重建懐徳堂の同志の人々で切磋《せっさ》親睦《しんぼく》を図《はか》る会を組織してはどうか」と発言したことがきっかけという。

その後、有志が同年六月に会則を定めて趣意書を配布したところ、賛同者が七十名余りに及んだため、十月の恒祭（懐徳堂の師儒や重建懐徳堂の物故者を祭る年に一回の式典）の日に発会式を挙げる予定で準備が進められた。ところが、同年九月一日に関東大震災が発生し、この年は恒祭が十一月四日に延期された。それに伴い、堂友会の発会式も十一月に延期された。

重建懐徳堂において行われた堂友会の発足式（堂友会総会）では、会長に松山直蔵が選ばれ、また会長の指名により、主幹の吉田鋭雄と五名の幹事が選任された。

松山はこの時の挨拶の中で、重建懐徳堂の同窓組織が開堂後七年になってようやく結成されることを「私は却《かえ》つて其《そ》の遅いことを喜ぶ」と述べ、さらに堂友会が会員八十名で結成されることを「私は却つて其の少いのを喜ぶ」と述べた。あたかも重建懐徳堂の目指す「世道人心」の振興が思うように進んでいないことを認めるような発言だが、温室で促成栽培した花はすぐに散ってしまい、また単なる烏合《うごう》の衆は役に立たない。堂友会はそれらとは異なり、必ず役に立ち、また長く咲き続ける団体となる、と松山は主張したかったのである。

松山はまた、財団法人懐徳堂記念会の事業の目的は、第一に「聖経賢伝」によって徳性を涵養《かんよう》すること、つまり漢学による「徳育」であり、第二に、日本の古典によって「国民道徳の淵源するところを究めること」、さらに第三に、洋の東西を問わず広く学術的知識を普及させることとであり、要するにそれは「人間の智徳修養」であると明言した。

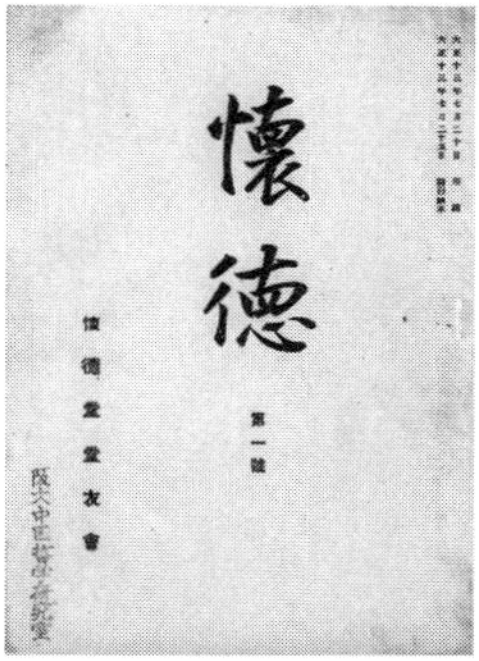

『懐徳』第１号　表紙

重建懐徳堂に集《つど》って授業を受けた市民の多くは仕事を持っており、通常は休息に当てる時間を割いて「智徳の修養」に励んでいる。その熱心さは「尋常一様」ではなく、そのように熱心に修養に励む人だけが集まって、ここに同友会が結成されたことは、非常に意義深い。会員数が百人に及ばぬことや、結成に七年もの歳月が掛かったことは、いずれも恨めしいことではなく、むしろ喜ばしい。このように松山は述べて、堂友会会員の努力を称えつつ堂友会の結成を喜んだ。

挨拶の結びで松山は、堂友会の目的は会員相互の親睦と切磋琢磨とであり、当然それは会員にとっての楽しみであって結構なことだが、さらに進んで「人を利し世を益する事業が今後徐々に発達する」ことを信じて疑わないと述べた。松山は、重建懐徳堂と同じように、堂友会にも広く社会に貢献する活動を強く期待していたのである。当時の重建懐徳堂の状況や、重建懐徳堂が目指していたものが何なのか、また堂友会の創設の目的が何なのかがよく窺える。

堂友会は、年に一度、会誌である『懐徳』を刊行した。『懐徳』は、その後発行の母体が代わっているが、今日に至るまで刊行が続いている。

懐徳堂堂友会の結成―西村天囚の講演

西村天囚は、大正九年（一九二〇）に公爵島津家臨時編輯所編纂長となり、大阪を離れて上京した。翌大正十年（一九二一）八月には、宮内省御用係に任ぜられている。大正十二年の関東大震災の時も東京にいたが、幸い無事であった。その二ヵ月後の堂友会の発足にも復旧した鉄道を利用して来阪し、式典の後で「堂友会の成立を賀して」と題する講演を行っている。

この講演の中で天囚は、関東大震災や、大正十二年五月に臨時国語調査会が発表した「常用漢字」

（現在の常用漢字とは異なる、一九六二字からなるもの）に触れつつ、重建懐徳堂や堂友会に寄せる熱い期待を次のように語った。

まず天囚は、関東大震災に至るまでの日本の状況について、「日本人の腹の中が空虚になつて居《お》つた。表面は文明になつて居るやうであるけれども実は空虚なのである」と厳しく批判する。明治維新以後の日本は文明化したとされているけれども、それは外面的なものに過ぎないのであり、日本人の内面は空虚になり、社会道徳の乱れや個人主義・快楽主義が拡大している。関東大震災によってそうした状況が暴露されたが、空虚な状態がそのまま続いた場合の「精神的災害」は、関東大震災による「物質的災害」よりもむしろ大きかったに違いない。このように天囚は主張し、日本の危機を救う唯一の道こそ、重建懐徳堂の目指している漢学を中心とした徳育であり、漢学は「現代の落伍者」などではない、と強く断定する。

さらに天囚は、当時文部省が漢字制限に取り組み、大正十二年五月には臨時国語調査会が一九六二字からなる「常用漢字」を発表したことを取り上げ、これを「道徳上の字」を制限する「無茶な制限」だと切り捨てる。道徳に関連する漢字を制限するようでは、日本人の「精神の弛《ほころ》びを引き締めて行くこと」などできない。教育の「本家本元」である文部省がそんなことをするぐらいだから社会はますます乱れてしまうというのである。

それでは、日本人の精神を鍛え、社会の乱れや、その社会の乱れをもたらしている教育の乱れを正すためにはどうすればよいのか。この問いに対する答えとして、天囚は教育勅語の実行を要請する。

教育勅語は、明治二十三年（一八九〇）に発布された明治天皇の勅語であり、戦前の日本において教育の基本理念とされた。天囚は、教育勅語を実行する上で儒教の教えを学ぶことは不可欠であり、教育勅語が説くところの人としてのあるべき「道」は、儒教の教えと一致すると主張する。そして、儒教の道を研究することは、教育勅語の注釈をするということだとした。

もっとも、教育勅語の実行といっても、「孔子は斯《か》く〳〵であつたからといつて杓子定規《しやくしじようぎ》にやつてはイケない。そんなに窮屈《きゆうくつ》になつてはいかぬ。実行と云ふものは窮屈になつては一生涯続かないものであるから直率《ちよくそつ》愉快《ゆかい》にやらなければならぬ」と、窮屈なものであっては続かないからよくないと天囚は述べた。

「杓子定規にやつてはイケない。そんなに窮屈になつてはいかぬ」と、天囚が堅苦しいのはいけないとしている点は、大変興味深い。財団法人懐徳堂記念会の目指す漢学による徳育の振興は、とかく堅苦しいと当時も敬遠されがちだったのであろう。それを天囚は気にかけていたのである。もちろんこの言葉は、堂友会の会員らに向けて、肩の力を抜き、続けて重建懐徳堂で学び続けて欲しいという趣旨であろうが、講義や講演の担当者に向けて、あまりに堅苦しい授業・講演ではいけない、受講生の意欲をかき立てるような工夫が必要であると、講師らに釘を刺す意図も含まれていた言葉だったとも考えられる。

先に見たように、重建懐徳堂の講義や講演の聴講者は、設立当初と比べると減少していた。そのことを、天囚は憂えていたのかも知れない。

天囚の死と重建懐徳堂での追悼祭

西村天囚は、大正十三年（一九二四）一月十日に御講書控を命ぜられたが、同年五月に流行性感冒にかかった。その後急性肺炎になって一時危篤に陥ったものの、一旦はほぼ平癒した。ところが、七月に脳症を併発、さらに肺炎も併発して病状は急速に悪化し、同月二十九日逝去した。享年六十歳であった。

天囚は、いずれ機会が来たならば大阪に帰り、重建懐徳堂のために尽くすつもりであったというが、その希望を果たすことはできなかった。

天囚の葬儀は、八月一日に東京の青山斎場において神式で執り行われ、告別式も行われた。その遺骨は、大阪阿倍野の西村家墓地に埋葬されることとなり、財団法人懐徳堂記念会は、懐徳堂記念会の時代から懐徳堂顕彰運動の中心として長く活躍した天囚の死を悼んで、重建懐徳堂において追悼祭と告別式とを行うこととした。

八月十日午後八時十五分、天囚の遺骨が大阪駅に到着すると、自動車で重建懐徳堂へ移され、同

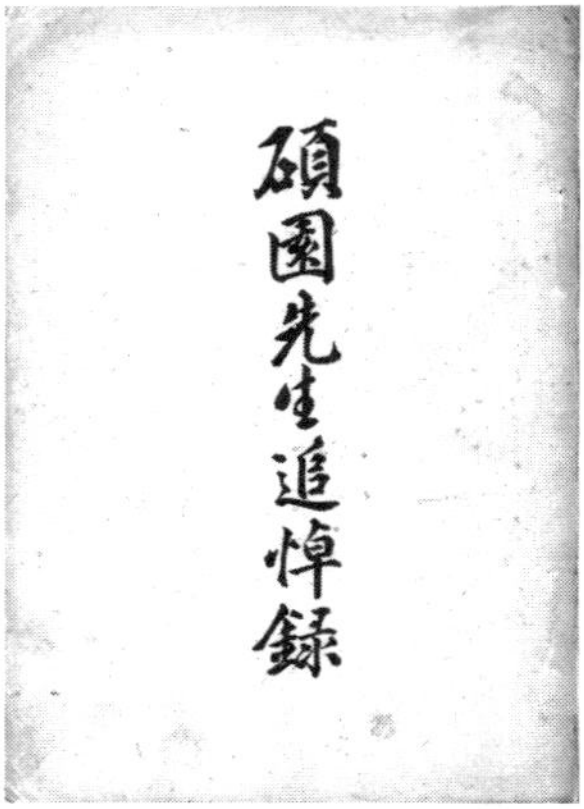

『懐徳』第２号　表紙

夜は通夜が営まれた。

翌十一日午前七時三十分より、同じく重建懐徳堂において神式による追悼祭が行われた。引き続き午前八時半より十時まで告別式が行われ、その後遺骨は阿倍野の西村家墓地に埋葬された。追悼祭・告別式には、重建懐徳堂の関係者、天囚と同郷（種子島）の人々、交際のあった人々など、合計約五百人が参列したという。

天囚の死は、前年に結成されたばかりの懐徳堂堂友会に大きな衝撃を与えた。堂友会は、会誌『懐徳』の第二号を天囚の追悼録として編輯・刊行することを企画したが、その資金がなかった。しかし、財団法人懐徳堂記念会理事長の永田仁助の寄付を得たことで刊行の見通しが立ち、九月より編輯に着手した。その後財団法人懐徳堂記念会の評議員や理事、また堂友有志からも寄付があり、大正十四年（一九二五）二月に「碩園先生追悼録」として、『懐徳』第二号が無事刊行された。

碩園記念文庫と木菟麻呂からの寄贈

天囚の死後、その蔵書は大正十四年に財団法人懐徳堂記念会に寄贈され、「碩園記念文庫」と名付けられた。現在、その蔵書は大阪大学附属図書館の懐徳堂文庫に収蔵されている。

天囚の蔵書の中で有名なのは、「楚辞百種」と総称される、天囚が収集した『楚辞』のコレクションである。天囚は晩年『楚辞』を好み、その書斎を「読騒廬」と名付けるほどであった（「騒」は、『楚辞』に収録されている屈原《くつげん》の長編叙事詩のことを指す。）。

天囚の蔵書以外にも、財団法人懐徳堂記念会には様々な資料が集まり、重建懐徳堂の資料は充実していった。そこで大正十五年（一九二六）十月には、鉄筋コンクリートの重建懐徳堂の書庫が増設された。

さらにその後、中井木菟麻呂が所蔵していた懐徳堂関係の遺書・遺品も財団法人懐徳堂記念会に寄贈された。中井家の所有する懐徳堂関係の遺書・遺品は、明治四十四年十月に懐徳堂記念会が開催した展覧会に出品された後、大阪府立図書館へ寄託されて、府立図書館内の懐徳堂記念室で保存・展示されていた。この遺書・遺品が、二回に分けて木菟麻呂から財団法人懐徳堂記念会に寄贈されたのである。

一回目は昭和七年（一九三二）のことで、この時は、懐徳堂の屏風・扁額など、懐徳堂の建物の付属物である遺物四十七点が寄贈された。

二回目は昭和十四年（一九三九）で、この時は懐徳堂と水哉館の遺書・遺物三百十五点が寄贈された。これによって大阪府立図書館への寄託は解除され、懐徳堂記念室は廃止された。

「読騒廬」の扁額のある書斎における天囚

　大正から昭和の初期にかけて、重建懐徳堂では各種の講義・講演が行われただけでなく、こうした資料の収集も行われていたのである。

　また、重建懐徳堂は、大正十二年（一九二三）、孔子没後二千四百年記念事業の一環として『論語義疏』を刊行した。『論語義疏』は、中国の六朝時代に梁《りょう》の皇侃《おうがん》の著した『論語』の注釈書である。中国では早くに失われたが、日本に伝来して今日まで伝わった佚存書《いつぞんしょ》として有名である。

　この刊行に当たり校訂に当たったのは、中国古代思想史の研究者として著名な武内義雄である。武内義雄は、京都帝国大学を卒業後、大阪府立図書館

懐徳堂版『論語義疏』

司書となり、その後大正八年に重建懐徳堂の講師となった。重建懐徳堂の講師となった直後に中国に留学し、さらにその後大正十二年に東北帝国大学教授となった。『論語義疏』の刊行や武内の活躍は、重建懐徳堂が大阪における市民大学として機能していただけでなく、文科大学として重要な役割を果たしていたことを象徴するものといえる。

　こうした大阪の市民大学・文科大学としての重建懐徳堂の活動は、当時社会的にも高く評価された。そのことは、重建懐徳堂に若槻礼次郎首相、斉藤實首相、田中隆三文部大臣、あるいは満州国の鄭孝胥首相など多くの要人たちが訪問していることからも分かる。市民向けの講義や講演を開催すると同時に、専任の教員を置き、また貴重な資料を多数所蔵して研究に取り組んだ重建懐徳堂は、当時の大阪の代表的な教育・研究機関の一つだったのである。

戦時下の重建懐徳堂

昭和に入ってからも重建懐徳堂では多くの市民が学んだ。やがて戦争が人々の暮らしに様々な影響を及ぼすようになっても、定日講義や通俗講演などは変わらず続けられた。

太平洋戦争の開戦直後の昭和十七年（一九四二）の定日講義を見ても、『論語』、『孟子』、『韓非子』、『十八史略』、唐詩、そして『万葉集』、支那語と、月曜日から金曜日までの週五日の講義が展開され、また土曜講演（もと定期学術講演）も引き続き行われている。定日講義の内容として、漢文と古文とに加えて週二回「支那語」があることは、当時の状況を色濃く反映しているように思われるが、重建懐徳堂の講義・講演そのものは、おおむね大正期と変わらない形で行われていたと見られる。もっとも、それらの受講生がどのような人々で、その人数がどれほどだったのかは分からない。

むろん重建懐徳堂も戦争と無縁ではいられなかった。そのことは、昭和十八年（一九四三）十月に刊行された『懐徳』第二十一号巻末の「編輯を終へて」からもよく分かる。

この「編輯を終へて」は、幹事の山本楢信が執筆したものであるが、山本はこの戦争に「日本は必ず勝つ」のであり、そのためには「一億銃後の臣民」が「石に嚙《かじ》りついても頑張らねばならない」と、国民が耐乏生活に耐えて、工場や農村における生産活動にさらに励むべきことを主張し、「銃後」の社会において「世道人心に貢献して居る本堂将来の使命」は重大であるとする。一般市民を対象に漢学を中心とする徳育を行い、それよって「世道人心」を振興するという重建懐徳堂の目的は、「此《こ》の戦争に勝つため」に物資欠乏の生活に耐えることを求める国家的プロパガンダと、いとも簡単に結びつけられていたのである。

懐徳堂堂友会の会誌『懐徳』は、昭和十八年十月にこの第二十一号が刊行された後、発行が途切れた。戦局の悪化に伴って物資不足が一層深刻さを増したためである。国民はいよいよ厳しい「耐乏の生活」を強いられた。
そして戦争の末期に、重建懐徳堂はさらなる重大な危機に直面する。

重建懐徳堂の焼失

昭和十七年（一九四二）六月のミッドウェー海戦を転機として、連合国側の反攻が始まり、昭和十八年（一九四三）二月のガダルカナル島からの撤退以降、日本軍は各地で敗退を重ねた。連合軍は昭和十九年（一九四四）七月にサイパン島を占領し、日本本土に対して大規模空襲を行う拠点を設け、以後日本の主な都市は、連日アメリカの爆撃機による激しい空襲にさらされた。

重建懐徳堂の書庫

大阪では昭和二十年（一九四五）一月から空襲が始まり、三月十四日にはB29二百数十機による大阪大空襲があった。この時に、重建懐徳堂の講堂と事務室とが焼失してしまうのである。

幸いにもコンクリート造りの書庫だけは焼失を免れ、碩園記念文庫や木菟麻呂が寄贈した懐徳堂関係の遺書・遺品などは無事であった。

空襲で講堂が焼失した後も、財団法人懐徳堂記念会は授業をあきらめなかった。七月十日、書庫内の研究室で開講式が行われ、講義が再開されているのである。もっとも、同月十四日から再開された定日講義は週二回となった。受講生の数は分からないが、研究室に入る程度の僅かな人数だったと思われる。

コラム☆天囚の学校教育批判

懐徳堂堂友会の発足式後の天囚の講演で天囚は、二ヵ月前の関東大震災に触れ、当時の教育に対する激しい批判を行った。

鎌倉の別荘で被災した公爵・島津家の夫人や家族は、激しい揺れの中で食卓の下に入り込んで、皆圧死を免れた。ところが、子供が一人はねとばされ、縁の下に入り込んでしまった。すると女中が縁の下に這《は》い入り、その子の体に覆い被さって守ったという。

天囚は、この話を紹介し、こうした美談が教育を受けていない「下級の人」に多く、教育を受けた知識階級には少ないと指摘し、「所謂《いわゆる》教育なるものが間違つた教育ではなからうか、現代の人は権利を要求するといふことは余程《よほど》発達してゐるが、義務は怠《おこた》り勝《がち》である。責任観念の欠乏は通弊《つうへい》である」と、教育のあり方が間違っていると厳しく批判した。

そして天囚は、「儒教で腹《はら》の出来《でき》てゐる人はさうではない。将来は何《ど》うしても儒教を尊重する教育が行はれねば真の文明とは云はれぬ」と、重建懐徳堂の目指す儒教・漢学による徳育の振興が必要であることを説いた。

武内義雄によれば、天囚は堂友会の発会式を、落涙して悦んだという（『懐徳』第二二号）。天囚にとって重建懐徳堂は、儒教による徳育を実践する理想的な学校であり、同友会の結成はその一つの成果に外ならなかった。

9 戦後の財団法人懐徳堂記念会

大阪大学との連携

昭和二十年（一九四五）八月十五日、日本はポツダム宣言を受諾して無条件降伏することを発表した。九月二日、東京湾内のアメリカ戦艦ミズーリ号艦上で、降伏文書の調印が行われた。ここに太平洋戦争・第二次世界大戦は終結した。

戦争が終わって空襲の危機は去ったが、講堂を失った財団法人懐徳堂記念会は、戦後の混乱の中で重ねて危機に直面する。戦後のインフレーションにより、財団の基金が急速に価値を失ってしまったのである。

財団法人の運営は、基金の運用利益によって行われていた。その基金が価値を失うことは、直ちに経営が成り立たなくなることを意味した。昭和二十一年（一九四六）四月、重建懐徳堂の焼け跡に仮事務所が再建され、五月からの週一回の定日講義が行われたが、以後の活動についての見通しは立たなかった。

ちょうどその時大阪大学では、戦前からある医学部・工学部・理学部に加えて、初の文系学部である法文学部が設立されることとなった。そこで財団法人懐徳堂記念会が大阪大学に支援を要請したところ、大阪大学はその要請を受け入れた。昭和二十四年（一九四九）十二月二十六日、財団法人懐徳堂記念会から戦災を免れた貴重資料三万六千冊が大阪大学に寄贈され、以後大阪大学は財団法人懐徳堂記念会の活動に協力することとなった。

昭和二十五年（一九五〇）十月七日、懐徳堂記念祭典が執行され、その終了後、大阪大学の木村英一教授による記念講演「儒学の伝統」が行われた。

同年十一月一日、財団法人懐徳堂記念会は、会としての事業を九名の運営委員に嘱託した。運営委員となった九名は、大阪大学教授・木村英一、同・桑田六郎、同・小島吉雄、同・藤直幹、大阪市立大学教授・神田喜一郎、同・内藤乾吉、京都大学教授・吉川幸次郎、同人文科学研究所長・貝塚茂樹、関西大学教授・石濱純太郎である。大阪大学を中心として、関西の主な大学から広く協力を得る形であった。

そして同年十一月六日午後、大阪大学医学部大講堂において、大阪大学主催の懐徳堂記念講演会が開催され、同時に、懐徳堂先賢の遺品の展示も行われた。講演会の講師は、大阪大学の木村英一と藤直幹、そして財団法人懐徳堂記念会顧問の武内義雄であった。聴衆は約百人、遺品の展示の来館者は延べ数百人であったという。

翌昭和二十六年(一九五一)五月二十一日から二十六日までは、大阪大学医学部を会場として、第一回の懐徳堂記念講座が開催された。財団法人懐徳堂記念会が主催し、大阪大学文学部・大阪市立大学法文学部・朝日新聞社が後援する形であった。講師は、運営委員でもある木村・貝塚・神田・吉川のほか、財団法人懐徳堂記念会顧問の武内、そして武田薬品工業研究所の渡邊幸三である。聴講者は六十名であった。

以後懐徳堂記念講座は、毎年春と秋にそれぞれ一週間ずつ、大阪大学や京都大学、その他近畿圏にある大学の教授らを講師として行われ、今日まで継続している。

また同年十月には、懐徳堂堂友会が会誌『懐徳』を復刊した。

こうして財団法人懐徳堂記念会は、大阪大学と協力して事業を展開するという、戦後の新しい形態での活動を開始した。両者の関係は、基本的には今日まで継続している。

現在、大阪大学附属図書館に所蔵されている懐徳堂文庫は、財団法人懐徳堂記念会より寄贈された資料を中心としており、碩園記念文庫や、木菟麻呂が財団法人懐徳堂記念会に寄贈した資料がすべて含まれている。そして、新田文庫（中井木菟麻呂の妹・終子の養女である新田和子の所蔵による中井家関係の資料が寄贈されたもの）や、北山文庫（重建懐徳堂最後の教授である吉田鋭雄の蔵書が寄贈されたもの。北山は吉田の号）などの、戦後新たに収蔵された資料も、そこに多数加わっている。

戦災で講堂を失い、活動の継続が危ぶまれた財団法人懐徳堂記念会が、多くの関係者や大阪大学などの協力を得ながら、広く一般の市民に学びの場を提供する活動を、今日に至るまで脈々と継続していることは驚異的であり、大阪の誇るべき貴重な財産といってよい。

懐徳堂友の会

もっとも、昭和五十年代後半になると、財団法人懐徳堂記念会は再び危機に直面した。当時の財団法人の財政状態は貧弱で、基金の運用によって得られた資金に基づいて事業を運営することが、かなり難しくなったのである。

一方、重建懐徳堂時代に設立された懐徳堂堂友会は、その後も存続して会誌も復刊させていた。戦後の懐徳堂記念講座の受講生も続々と堂友会に入会した結果、堂友会が財団法人懐徳堂記念会を支えるという関係になってしまったのである。

そこで財団法人懐徳堂記念会を立て直すために、定款《ていかん》に当たる寄付行為の改正が検討された。ところが、寄付行為の改正は困難であることが判明したため、大阪の企業や個人からの協力を得て、昭和五十八年（一九八三）五月一日に懐徳堂友の会が新たに設立された。

懐徳堂友の会は、財団法人懐徳堂記念会の事業を後援・育成し、大阪文化の発展に資することを目的とされ、その事業は、大阪大学文学部が担うこととなった。この時、懐徳堂堂友会は解体し、友の会に合流した。

この時、友の会の事業として新たに始まったのが、古典講座である。

戦後財団法人懐徳堂記念会と大阪大学とが提携して行ってきた懐徳堂記念講座は、春と秋のそれぞれ一週間の連続講演である。これはいわば重建懐徳堂時代の講演に当たる。堂友会関係者は、かつての定日講義に相当する古典の読書会を復活させてほしいと強く願っていた。そこで、『論語』などの中国の古典や日本の古典を、年間を通してじっくり読むものとして古典講座が創設されることになったのである。

また、この時から懐徳忌が始まった。重建懐徳堂では、懐徳堂が官許を得た十月五日の前後に、懐徳堂および重建懐徳堂の諸先生らを祭る記念祭（恒祭）を毎年行っていた。記念祭は戦後も続けられ、大阪大学との連携が始まった後も秋の記念講座の前に行われていたが、その後廃止されていた。これが堂友会関係者に不評であったため、記念祭を懐徳忌として復活させることとなったのである。懐徳忌は、毎年春に、中井家の墓所のある誓願寺において仏式で営まれ、今日まで継続されている。

この他、見学会も始まった。これは、かつて堂友会会員が楽しみにしていた親睦旅行の復活ともいえるものである。

財団法人懐徳堂記念会と懐徳堂友の会

懐徳堂友の会が設立されてから後は、大阪大学文学部の協力を得つつ、財団法人懐徳堂記念会と懐徳堂友の会とが共同して事業にあたる形となったが、やがて財団法人懐徳堂記念会よりも懐徳堂友の会の活動の方が盛んになるという問題が生じた。

この問題を解決するため、財団法人懐徳堂記念会と懐徳堂友の会という二つの組織を一つにまとめる大改革が行われた。改革の背景には、財団法人の寄付行為の改訂がかつてほど困難ではなくなったこともあった。平成八年（一九九六）四月一日、二つの組織を一本化した、新たな財団法人懐徳堂記念会が発足し、今日に至っている。

財団法人懐徳堂記念会が設立されたのは大正二年（一九一三）、その前身に当たる懐徳堂記念会が設立されたのは明治四十三年（一九一〇）であるから、懐徳堂記念会という名前の組織は今日までおよそ百年間、様々な変化を遂げつつも、その活動を継続してきた。財団法人懐徳堂記念会は、大阪の市民大学としての活動を、今後も継続していくことであろう。

三　中井木菟麻呂と懐徳堂記念会

中井木菟麻呂

明治四十三年（一九一〇）に発足した懐徳堂記念会や、それを継承した財団法人懐徳堂記念会の活動には、中井家の子孫である中井木菟麻呂《つぐまろ》が深く関わっている。明治四十四年（一九一一）の懐徳堂記念祭も、そもそも木菟麻呂と西村天囚との接触があったからこそ実現したものだった。また財団法人懐徳堂記念会も、木菟麻呂から中井家所蔵の遺書・遺品の寄贈を受けるなどしている。

ところが、懐徳堂記念会や財団法人懐徳堂記念会は、基本的に木菟麻呂を常に組織の外に位置付け、距離を保つ姿勢をとった。このことは、明治末からの懐徳堂顕彰運動について考える上での大きな謎の一つである。

近年、新たな資料の発見・調査が進み、両者の関係についての解明が進んでいる。そこで第三部では、中井木菟麻呂に焦点を当て、明治末から大正にかけて懐徳堂顕彰運動が盛んになる時期に、懐徳堂記念会や財団法人懐徳堂記念会と木菟麻呂とがどのように関わっていたのかについて、木菟麻呂の日記『秋霧記』の記述を活用しながら見てみることとする。

1　中井木菟麻呂

木菟麻呂の生い立ち

中井木菟麻呂は、安政二年（一八五五）の六月十二日、懐徳堂最後の預人《あずかりにん》である中井桐園《とうえん》の子として懐徳堂内で生まれた。父・桐園は履軒《りけん》の第二子・柚園《ゆえん》の子であるが、竹山の跡を継いだ第七子・碩果《せきか》に男子がなく、桐園は天保三年（一八三二）に碩果の養子となった。従って、木菟麻呂は履軒の曾孫であり、また竹山の曾孫にも当たる。

また木菟麻呂の母は、懐徳堂最後の学主である並河寒泉《かんせん》の娘・霜である。寒泉は、竹山の外孫（竹山の娘・とじの子）であるから、木菟麻呂は母方から見ると竹山の玄孫ということになる。

木菟麻呂は文久三年（一八六三）頃から懐徳堂内で講義を受け、漢学を修めた。木菟麻呂の父・桐園は、温厚な人柄であったともいわれているが、跡継ぎの木菟麻呂に対しては幼い頃から厳しい教育を施した。木菟麻呂は父を畏れて、懐徳堂内に住んでいた母方の祖父・寒泉になついたという。

懐徳堂における木菟麻呂の平穏な生活は長くは続かなかった。幕末から懐徳堂の経営は次第に苦しくなり、明治維新後は、官許以来幕府に認められていた諸役免除の特権も失われた。また明治元年（一八六八）七月、懐徳堂の助教であった並河蜑街《たんがい》（寒泉の子。木菟麻呂の叔父）が亡くなり、次いで木菟麻呂の母・霜も亡くなった。桐園は翌年の十一月に後妻・春を迎えている。

明治二年（一八六九）十二月、懐徳堂は閉校した。寒泉と桐園は本庄村に移り住んで、家塾を開いた。後に寒泉は末娘・閏菊と共に、四女・豊の嫁ぎ先である淡輪氏の世話になって江戸堀へと移り住み、その後、桜宮で塾を開き、さらに江戸堀に戻った。この頃木菟麻呂は、寒泉を慕って江戸堀や桜宮に行っていたという。

桐園は、明治六年（一八七三）まで本庄村で家塾を続けた後、大阪府の江南小学校の教員となり、後に江戸堀南通に好徳学院という塾を開いた。

ロシア正教への入信

多感な時期に懐徳堂の閉鎖を経験した木菟麻呂は、明治という新しい時代の中で自らの生きる道を模索した。

木菟麻呂はまず小学校教師となる。明治新政府は学校教育の普及につとめ、あわせて教員養成システムの整備にも力を入れた。木菟麻呂は開校したばかりの教員養成のための学校、おそらく明治六年末に設立された大阪府立の講習所に入校し、その卒業後、小学校の教師となったのである。桐園や寒泉の勧めによるのかどうかは分からない。

小学校教師となった木菟麻呂に、その後の人生を決定付ける大きな出会いがおとずれた。ロシア正教との出会いである。

大阪には明治七年（一八七四）にロシア正教が伝えられている。明治八年（一八七五）にロシア正教会のエフィミイ修道司祭が川口の外国人居留地を本拠としてから、本格的な布教活動が開始された。木菟麻呂がロシア正教の教えを聞いたのは、かつて懐徳堂内に住んでいた医師・古林見宜の子孫である古林見蔵からだった。ロシア正教に強く惹かれた木菟麻呂は、即日勤務していた学校を辞めたともいわれているが、詳しいことは分からない。

明治十一年（一八七八）三月、木莵麻呂は古林見蔵ら三十四名とともに洗礼を受けた。木莵麻呂の聖名はパウェル、浄土宗からの改宗であった。古林見蔵の聖名はペトルである。古林は後に大阪教会の信徒代表として活躍した。

木莵麻呂の入信を知った寒泉は、木莵麻呂を義絶したという。寒泉は強烈な攘夷論者で、キリスト教徒となった孫の木莵麻呂を許せなかったのである。もっとも、寒泉は翌明治十二年（一八七九）一月に死去しており、寒泉が木莵麻呂の信仰の妨げとなることはなかった。

この頃木莵麻呂は、安土町に天楽書院という塾を開いていたが、明治十二年七月に大阪の副伝教者に任命されると、塾を閉鎖して布教活動に専念し、後に加古川に移住する。加古川での木莵麻呂に重ねて転機がおとずれた。ニコライとの出会いである。

木莵麻呂とニコライ

ニコライ・カサートキンは、日本におけるロシア正教の布教の中心人物である。幕末の文久元年（一八六一）七月に来日し、その後箱館領事館付の司祭として活動しつつ、日本語や文化の研究に熱心に取り組んだ。明治五年（一八七二）に函館から東京に移住すると、神田駿河台を本拠地と定めて、日本における本格的な布教活動を開始した。現在ニコライ堂として知られている東京復活大聖堂の

ニコライ・カサートキン
（前列右から５人目。３列目右から８人目が中井木菟麻呂。前列左から２人目が妹の中井終子。明治44年東京女子神学校の卒業式にて）
『ニコライ堂の女性たち』（教文館 2003）

建つ地こそ、ニコライの定めた本拠地である。ちなみにニコライ堂は、明治十七年（一八八四）に着工、明治二十四年（一八九一）に竣工した。

明治十二年（一八七九）、ニコライは大阪を訪問した際に木菟麻呂のことを知り、東京への移住を求めたという。しかし、この年に寒泉が亡くなったことが影響したためか、木菟麻呂はこの時は上京しなかった。

ニコライは木菟麻呂をあきらめなかった。後に加古川における木菟麻呂の伝道の様子を伝え聞くと、明治十五年（一八八二）六月に加古川を訪れ、木菟麻呂に再び上京を命じたのである。この時はニコライの命に従い、同年七月、木菟麻呂はすでに洗礼を受けさせていた継母の春・妹の蘭子と終子の三人の家族とともに上京した。

中村健之介・中村悦子著『ニコライ堂の女性たち』は、ニコライが木菟麻呂をわざわざ呼び寄せた理由について、ニコライが「どこかで漢学の家「懐徳堂」のことを知っていて、その子孫が正教会の信徒になったと聞いて、木菟麿の漢学力に信頼と期待をかけたのではないだろうか」と推測している。

上京した木菟麻呂は、ニコライと共に新約聖書やロシア正教会の祈祷書類の翻訳に取り組んだ。その共同翻訳作業は、ニコライが亡くなる明治四十五年（一九一二）まで続いた。ロシア正教会の布教における木菟麻呂の業績は高く評価されている。

木菟麻呂の祖先祭祀とロシア正教

木菟麻呂はロシア正教を篤く信仰する一方で、懐徳堂で活躍した中井家の祖先らのことを忘れなかった。そのことを示す興味深いエピソードが、木菟麻呂の日記『秋霧記』（明治四十三年十月十四日付）に記されている。

いつの頃のことか定かではないが、木菟麻呂はロシア正教徒になった後、それまで行っていた祖先に対する儒教式の儀礼を取りやめ、神主（かたしろ。仏教の位牌に当たる。木製で、その上に祖先の名を記した紙を貼る）も焼いてしまっていた。

しかし、その後木菟麻呂は、神主を復活させて、聖像と並べて救霊を祈りたいと思うようになった。問題は、その行為が、ロシア正教徒としてのあるべき信仰の生活から逸脱するものに当たるかどうかであった。不安をぬぐい去れなかった木菟麻呂は、明治四十三年（一九一〇）十月十四日にニコライに打ち明けて、ニコライの判断を仰いだ。

するとニコライは、およそ他の者によろしくない行為を引き起こさせる「誘《さそい》」となりかねない行為は注意しなければならない、木菟麻呂の考えたやり方は、「宗教上ノ崇拝ニアラザル」ものではあるけれども、「恐ラクハ人ノ誘《さそひ》ト為《な》」ってしまうもので、「人ヲ礙《つまづ》カスルオソレ」があるから、「為《な》サヾルヲ可《か》」とする、と判断した。

続けてニコライは、木菟麻呂がそれでも祖先の名を記したものを「尊重」したいと願うのであれば、綺麗に飾った帳面のようなものにそれをおさめて、家の祭壇の上に置き、「時ニ随《したが》ヒテ主ニ救霊ノ祈ヲ捧《ささ》」げるのがよかろう。祈祷が終わった後に、その帳面に礼拝しても問題ない。ちょうどそれは、「墓所ニ至リテ祈祷ヲサヽゲタル後、死者ニ礼スル」のと同じである。しかし、「異教ノ風ニ由リテ位牌ヲ立ツル」ことはよくない。ニコライは、このように木菟麻呂に答えた。

神主をめぐるこの木菟麻呂とニコライとのやりとりからは、中井家における伝統的な生活と、ロシア正教徒としての信仰を中心に据えた生活とを、どのように融合させるかで苦心する木菟麻呂の姿を見て取ることができよう。そしてまた、ロシア正教を日本に定着させたいと願うニコライが、日本人に無理なく実践できる信仰生活のあり方を、丁寧に模索していたことがよく理解できる。

2　懐徳堂顕彰運動と木菟麻呂

懐徳堂記念奠陰文庫

敬虔なロシア正教徒として信仰の道に生き、ニコライからも厚く信頼された木菟麻呂は、同時に中井家の先祖を尊崇していた。先祖の業績が社会的に広く認知されて、その名声が高まることを強く願っていたのである。後に木菟麻呂が懐徳堂記念祭の挙行や懐徳堂記念室の設置を構想し、また懐徳堂記念会による懐徳堂顕彰運動に積極的に協力したのは、そのためであった。

『秋霧記』

　子孫がその祖先の名声を高めることは、儒教においては「孝」の実践として高く評価される。木菟麻呂が祖先の名声の高まることを願ったことには、儒教の「孝」の影響があったと考えられる。

　木菟麻呂が、中井家の先祖に対する社会的評価の高まることを望んでいたことは、木菟麻呂の日記『秋霧記』における、明治四十一年（一九〇八）二月二十五日付の記述からもうかがえる。

本日甃庵先生百五十年紀念等ノ事ヨリ、奠陰文庫ヲ大坂ニ興シテ、先哲ノ遺書類ヲ寄付シ、之ニヨリテ先迹ヲ存セント欲スルコトニ聯想セリ。然レドモ是レ一時胸臆ニ湧出セシ希望ナレバ、果シテ成熟スベシヤ否ヲ知ラズ。

木菟麻呂は、中井家の祖先の忌日（命日）に、追想のための行事を家族とともに行うことを欠かさなかった。この明治四十一年は、中井甃庵の没後百五十年の年に当たっていたことから、木菟麻呂は、懐徳堂の遺書・遺品の類を保管するしかるべき施設を大阪に設立し、そこに彼が蒐集・保存に務めていた遺書・遺品も寄付して、中井家の祖先の業績を後世に伝えようという計画を思いついたのである。

その施設のことを、ここで木菟麻呂は「奠陰文庫」と呼んでいるが、「懐徳堂遺書保存館」などとも呼んでいる。木菟麻呂は、懐徳堂で活躍した先祖たちの業績が社会から認められること、しかもかつて懐徳堂が存在した大阪の地で認められることを、切に願っていたのである。

この木菟麻呂の計画はかなり規模の大きなもので、当初からその実現は困難と予測された。木菟麻呂が「奠陰文庫」の構想を知人に話したところ、知人は「規模ヲ小クシテ為《な》シ易《やす》キ方針ヲ取ルニ如《し》カズ」と、規模を縮小する必要があると助言し、また「住友図書館境内ニ別ニ一小館ヲ建立」して、そこに遺書を収蔵してはどうか、そうすれば遺書の保存や市民の閲覧にも便利であろう、とアドバイスした。

この提案について、木菟麻呂は『秋霧記』に以下のように記している。

余未《いま》ダ賛意ヲ表スルニ及バズト雖《いへども》、或《あるい》ハ思《おもふ》、図書館ト共ニ標榜シテ旧大阪府学懐徳堂記念奠陰書堂ト題スルヲ得バ可ナランカトモ思ヘリ。（明治四十一年三月二十二日付『秋霧記』）

木菟麻呂は「一小館」の提案には不満であったが、府立図書館に「旧大阪府学懐徳堂記念奠陰書堂」の看板を掲げるならば、それでもよいと思ったというのである。

大阪府立図書館は、住友家の十五代目の当主である住友吉左衛門友純の寄付によって建築されたもので、明治三十七年（一九〇四）に開館、その後数次にわたる増築を経て、大阪府立中之島図書館として現存する。その図書館に「旧大阪府学懐徳堂記念奠陰書堂」の看板も一緒に掲げようという発想はユニークで、いささか現実離れしているが、木菟麻呂は真剣だった。

木菟麻呂の計画は、さらに巨大な博物館の建設構想へと膨張していく。

懐徳堂遺書保存ノ事ニ関シテ、今日別ニ一新案ヲ得タリ。蓋《けだし》従来一懐徳堂ノ為《ため》ニノミ図画シタルハ、大阪ニ於《お》ケル前代ノ文華ヲ表章スル点ニ於《おい》テ規模尚小ナルヲ免《まぬか》レズ。今ヤ前志ヲ恢弘シテ、凡ソ大阪ニ歴史ヲ有スル前代ノ遺物ハ、文学・美術・医道・兵事・天文・歴数等ヲ問ハズ、一切ヲ網羅シタル一博物館ヲ興シ、大阪ニ来游スル人士ヲシテ大阪ノ精華ヲ観覧セシムルノ計ヲ為スニ如カズ。而シテ懐徳堂ノ遺書遺物モ其一部局ヲナシテ、文華ヲ顕揚スルナリ。其名称モ亦極メテ高雅ナル文字ヲ選ブベシ。大阪観史閣、或ハ崇芳観等ノ如キ可ナラン。思フニ幾次カ変遷セシ思想中、是レ最進歩セシモノナルベシ。（明治四十一年三月二十四日付『秋霧記』）

木菟麻呂の計画は、広く大阪の生んだ「偉人傑士ノ事蹟ヲ表彰」するために、「凡ソ大阪ニ歴史ヲ有スル前代ノ遺物ハ、文学・美術・医道・兵事・天文・歴数等ヲ問ハズ、一切ヲ網羅」した博物館を建設し、「懐徳堂ノ遺書遺物モ其一部局」とするという壮大な構想へと発展していったのである。そしてこの博物館に相応しい名称として、木菟麻呂は「大阪観史閣」、あるいは「崇芳観」や「崇芳閣」を考えた。思い込みの激しい木菟麻呂は、この大博物館が実現した後の様子を夢に見るほどであった。

もちろん、この壮大な構想を直ちに実現させる力が自らには無いということは、木菟麻呂も自覚していた。信仰に生きた木菟麻呂は慎ましい生活をしており、金銭的な面での成功とはまったく無縁であった。

もっとも、後日この木菟麻呂の計画は姿を変えて実現した。第二部で述べた、明治四十四年（一九一二）の十月に府立図書館内に設けられた懐徳堂記念室がそれである。「一小館」ですらなく、その規模は小さいが、木菟麻呂の夢は確かにかなったのである。

本尾敬三郎と木菟麻呂

実は懐徳堂記念室だけではなく、明治四十四年に挙行された懐徳堂記念祭も、そもそもは木菟麻呂の発案した計画が発端だった。もちろん懐徳堂記念室も懐徳堂記念祭も、その実現の中心となったのは、木菟麻呂ではなく、西村天囚や今井貫一に代表される大阪人文会の関係者であった。そして人文会も独力で実現することができたわけではない。懐徳堂記念会の発起人、その他多くの人々の多大な協力があって、はじめて実現することができたのである。それでも、発端そのものが木菟麻呂の思いつきであったことは間違いない。

明治四十一年五月十日付の『秋霧記』には、木菟麻呂が本尾敬三郎に面接して協力を要請していたことが記されている。本尾敬三郎は、かつて懐徳堂の門人であった人物で、並河寒泉や中井桐園に学んだ。明治初期にドイツに留学し、帰国後は外務省書記官や司法省参事官、大審院判事などを歴任した。

その本尾に対して木菟麻呂は、「甃庵・竹山・蕉園三先生年回ノ事」と、大阪が生んだ偉人に縁のある文化財を展示する「市宝陳列館」の建設計画とを語り、賛同を求めた。木菟麻呂は、「甃庵・竹山・蕉園三先生年回」の行事を、家族でささやかに行うのではなく、多くの人々が参加する大規模なものとして実施することを望んだのである。

すると本尾は、木菟麻呂の二つの計画に直ちに賛意を示して、「必《かならず》力ヲ效《いた》スベシ」と協力を約束した。その上で、特に年回の事については、実現には協力者と資金とが必要であるとし、「第一ニ要スルモノハ、人ヲ得ルニアリ。第二ハ金銭ナリ。宜シク有力者ノ賛同ヲ得ルヲ以テ先ト為スベシ」と語った。有力者の賛同・協力、そして資金を得ることが必要だというのである。これに対して木菟麻呂は、重野安繹《しげのやすつぐ》に相談すると返答している。

重野安繹は、東京帝国大学の教授で、日本で初の文学博士となった人物として著名である。明治三十年（一八九七）、重野が懐徳堂の遺書を閲覧するために木菟麻呂を訪問しており、以前に二人は接触したことがあった。

こうして木菟麻呂は、重野に面談を申し入れることとなった。この面談こそ、事態が大きく動き出すきっかけとなるのである。

重野安繹との面談と天囚との接触

木菟麻呂と重野との面談は、六月二十三日に実現した。その様子について『秋霧記』には次のように記されている。少し長くなるが、重要な記述なのでそのまま引用する。

午後、前約アルニヨリ、雨ヲ冒シテ重野安繹翁ヲ市ヶ谷仲ノ町ニ訪フ。問候正ニ畢リテ後、予ハ三祖年回ヲ大阪ニ於テ公開センコトヲ希望スル旨ヲ陳ベ、翁ノ助力ヲ得テ此ノ希望ヲ達セント欲スル由ヲ語リシニ、翁ハ之ヲ賛成シテ、為ニ力ヲ效《いた》サンコトヲ諾シ、首トシテ大阪朝日新聞社長西村天囚氏ヲシテ斡旋セシメント欲スル意ヲ告ゲラル。西村氏ハ嘗テ重野氏ノ家ニアリ、重野翁ノ嘱スル所必行ハザルナシト云フ。余、翁ノ紹介ヲ得テ下阪ノ砌《みぎり》之ヲ訪ハント欲セシニ、翁ハ此ノ事ヲ嘱スル為ニ近日之ヲ招クベシト約セラル。此ノ外、大阪府知事ニモ尽力セシムベク、又東京ニアリテハ、股野琢・河田羆二氏ノ如キ、必力ヲ致スベシ。蓋《けだし》、股野ハ旧龍野藩ニシテ、中井氏ハ郷土ヲ同ジクシ、河田ハ佐藤一斎ノ姻属ナルヲ以テナリト。乃是ノ二人ニモ謀

重野安繹
出典：「近代日本人の肖像」国立国会図書館所蔵

ル所アルベシト約セラル。即辞シ去レリ。時ニ雨脚益《ますます》劇《はげし》、市ヶ谷見付ニ至ルニ及ビテ、少シク静マレリ。予ノ希望未ダ曽テ終妹ニ語ゲザリシガ、コノ夜始メテ之ヲ告ゲタリ。（明治四十一年六月二十三日付『秋霧記』）

木莵麻呂は重野に対して、甃庵・竹山・蕉園の年回を「大阪ニ於《おい》テ公開」したいと希望していることを述べ、その計画を実現するための助力を要請した。これに先立つ本尾との面談の際、木莵麻呂は同時に博物館建設の計画についても語っているが、重野に対しては博物館の件は話さなかったようである。

重野はこれに対して、年回公開の計画に賛意を示し、助力を約束した。そしてその手始めとして、大阪朝日新聞に勤める天囚を木莵麻呂に紹介した。

鹿児島出身の重野は、西村天囚の父の友人であった。天囚は明治十三年（一八八〇）に種子島から上京すると、重野に師事した。また天囚は、大学を中退した後にも重野の家に寄寓していた。こうした関係から、重野が天囚に依頼したことは「必《かならず》行ハザルナシ」、つまり必ず実行する、と重野は語ったのである。

これに対して木莵麻呂は、それではこの件について協力を要請するため、重野の紹介を得た上で自分が大阪に行き、天囚に直接会うと言った。すると重野は、近日中に天囚を大阪から東京に呼び寄せて、自分がこの話を天囚にしよう、と約束したのである。

さらに重野は、大阪府知事や、また東京にいる股野琢と河田羆にも協力を求めるつもりであることを語った。股野は中井家と縁のある龍野藩出身であり、河田は佐藤一斎の姻族であるので、彼らからも協力が期待できるというのである。

木菟麻呂が天囚を「大阪朝日新聞社長」と記しているのは、この時重野が誤ってそう木菟麻呂に話したか、あるいは木菟麻呂がまだ直接天囚のことを詳しく知らなかったために、単に誤解したためであろう。それはともかく、この日重野が、大阪で甃庵・竹山・蕉園の年回を広く公開して挙行するという木菟麻呂の計画に賛成して協力を約束し、そして西村天囚を紹介したことは、後の懐徳堂記念祭挙行実現の大きなきっかけとなった。

木菟麻呂も、重野からこれほどまで好意的な反応を得ることができるとは思っていなかったに違いない。計画の実現に大いに手応えを感じた木菟麻呂は、帰宅した後、これまでその計画を話していなかった妹の終子に打ち明けている。

この後、重野が実際に天囚を東京に呼び寄せたかどうかは不明だが、木菟麻呂は八月七日に京都・大阪に旅行し、八月十三日の午後、大阪市編纂局の幸田成友の紹介を得て、大阪朝日新聞社に赴いて天囚と面談した。その時の様子を木菟麻呂は、懐徳堂堂友会刊行の『懐徳』第二号（天囚追悼号）に収められている「追懐遺事三篇」の中で、次のように述べている。

其時予は、『子孫の口よりいふべき事ならねど、旧門下も絶え、大阪に有志の人々もなければ』とて、三祖追悼の事を語り、重野博士の意志をも告げて、(同博士の伝言としてにはあらず)賛助を求めたるに、天囚君は言下に賛成して、『懐徳書院は大阪に於ける文教の中枢なる上、ことに年回にも当つて居られるとの事を聞いては、大阪市としては是非追悼の事がなくてはならぬ』といひ、又幸田君に向つて、『幸田君、やらうではないか』などいはれて、必尽力すべしとうけがはれたのであつた。

天囚は木菟麻呂の計画に賛成し、「是非追悼の事がなくてはならぬ」と、積極的に取り組む姿勢を見せた。以後天囚は、木菟麻呂の発案した計画の実現に向けて、精力的に取り組んでいく。

三先生の年回から懐徳堂記念祭へ

大阪で甃庵・竹山・蕉園の年回を公開して行うために、天囚の起こした具体的な行動として確認できるのは、明治四十一年末の府知事との面談である。この面談には、幸田成友も同席しており、その時のことを後に幸田が木菟麻呂宛の手紙に記し、その手紙を木菟麻呂は明治四十二年(一九〇九)二月十九日に受け取っている。

当時幸田は、大阪市編纂局に勤めて『大阪市史』の編纂に従事していた。幸田は、『大阪市史』

に懐徳堂に関する記述を盛り込もうと、木菟麻呂に資料の借用を申し入れ、木菟麻呂は『懐徳堂纂録』などの資料を送った。木菟麻呂がこの時受け取った幸田からの手紙は、その資料の借用証書に添えられていたものである。

幸田の手紙には、明治四十一年の末、幸田と天囚とが連れだって大阪府知事の高崎親章を訪問したことと、その際に甃庵・竹山・蕉園の年祭の計画について府知事に説明したこと、そしてその結果「府知事モ同意」だったことが記されていた。

この明治四十一年の天囚の府知事訪問は、天囚が重野からの指示や木菟麻呂からの依頼を受けて行ったものと見てよい。幸田も、大阪における懐徳堂の歴史的価値や『大阪市史』に記述する内容について、高崎府知事に補足的に説明したかも知れない。

しかし、この時知事は、中井家の三先生の祭典について「同意」はしたが、特に積極的な協力や支援の約束はしなかったようである。

詳しい事情は分からないが、中井家の祖先である甃庵・竹山・蕉園の年祭は、たとえ公開で挙行されるとしても、見方によっては中井家の私的な行事と受け取られかねない。府知事はそのために「同意」するに止めて、積極的な協力や支援を控えることとしたものと見られる。

天囚もそうした府知事の反応を当然のことと受け止め、木菟麻呂の発案した計画のままでは実現不可能であると判断したのであろう。そこで天囚は、木菟麻呂の計画に修正を加え、新たな計画を構想したと推測される。それが懐徳堂の顕彰である。木菟麻呂の計画では、祭る対象は甃庵・竹山・蕉園という中井家の三人の先祖であった。天囚はそれを、懐徳堂で教鞭を執ったすべての学者へと拡大し、そうすることによって祭典の性格を「大阪に於《お》ける文教の中枢」であった懐徳堂そのものの顕彰へと改めたのである。

懐徳堂を顕彰する祭典であるならば、「近代大阪の繁栄は、かつて懐徳堂が大阪の町民らに対する教育を長く施したおかげである」としてその公的な意義を主張することができ、府知事はもとより、広く大阪市民から協力・支援を得ることが期待できる。天囚はそう考えた。

この天囚の考えには、幸田成友が編纂に当たっていた『大阪市史』が影響を与えた可能性が考えられる。『大阪市史』の刊行は明治四十四年（一九一一）五月に始まるが、天囚と幸田とが府知事を訪問した頃には、すでに編纂作業が進行していた。その『大阪市史』には、近世大坂における市民教育の場として懐徳堂の功績が高く評価されているのである。おそらく幸田から懐徳堂の功績について聞いたことがヒントとなって、天囚は、木菟麻呂の計画した祭典を発展的に修正して、懐徳堂そのものを顕彰する祭典の挙行を構想したと見られる。

九鬼男爵と懐徳堂

明治四十三年（一九一〇）を迎えると、木菟麻呂の計画に賛同する有力者が別に出現した。九鬼隆一である。

九鬼は、三十歳の若さで文部少輔になった文部行政の大物で、帝国博物館（現在の国立博物館）の初代総長などを務めた。『粋の構造』の著者として知られる九鬼周造の父親である。この九鬼隆一が河内を訪問した際、懐徳堂の門人であった稲垣子華の子孫と見られる稲垣環二と面談した。稲垣はその面談について木菟麻呂に手紙で知らせており、その手紙の内容を木菟麻呂は『秋霧記』（明治四十三年一月三十日付）に詳しく記している。

その『秋霧記』の記述によれば、稲垣は、かねて木菟麻呂から「懐徳堂先哲記念年祭」を大阪において公開して行う計画を聞き及んでおり、それを九鬼に話し、また中井家と稲垣家との関係を説明した。すると九鬼は、「年祭」の挙行に賛成し、助力を約束したのである。九鬼はまた、村山龍平（大阪朝日新聞社長）や上野理一（大阪朝日新聞前社長）にも、中井氏や稲垣氏から相談があれば共同して尽力するように働きかけておく、と語った。

九鬼隆一

計画に賛同した九鬼が、その後実際に木菟麻呂の計画に協力する行動を取ったのかどうかは不明だが、第二部で述べた通り、村山と上野とは後に懐徳堂記念会の発起人に名を列ねている。彼らの発起人就任に際して、稲垣との約束に基づく九鬼の働きかけが何らかの影響を与えたのかも知れない。

木菟麻呂の構想する「懐徳堂先哲記念祭」

木菟麻呂が稲垣から九鬼との面談を知らせる手紙を受け取った明治四十三年一月三十日は、大阪人文会の第二回例会が開催された翌日である。すでに述べた通り、この例会で天囚は「懐徳堂研究其の一　五井蘭洲」と題する講演を行い、そして人文会は、懐徳堂の諸先生を祭る式典を挙行することを全会一致で議決した。

この講演や、あるいはその後の議決について、天囚が木菟麻呂にあらかじめ何か伝えていたかどうかは興味深い問題だが、『秋霧記』の記述を見る限り、そうした記述はない。天囚の講演について、木菟麻呂は事前には知らされていなかった可能性が高いと思われる。

また、右に述べた九鬼との面談について木菟麻呂に伝える稲垣からの手紙には、木菟麻呂が先年稲垣に「懐徳堂先哲記念年祭挙行ノ事」を話しておいたとある。加えて、稲垣に対する木菟麻呂の返書の中には、後述するように、懐徳堂の「先哲ノ年祭」の挙行を計画しているとある。このことは、木菟麻呂自身がこの明治四十三年一月頃、中井甃庵・竹山・蕉園の三人に限らず懐徳堂の諸学者を広く対象とする祭典、つまり懐徳堂を顕彰する祭典を考えていたことを示すものと見られる。

可能性としては、天囚から木菟麻呂に対して、この年の一月までに計画の修正について何らかの連絡があり、木菟麻呂も実現する可能性があるものとして、懐徳堂を顕彰する祭典への修正に同意していたとも考えられるが、詳しい事情はよく分からない。

さて、九鬼との面談について知らせる稲垣からの手紙に対する返書を、木菟麻呂は翌三十一日に書き送った。その手紙で木菟麻呂は、稲垣と共同して取り組みたいと希望する計画について打ち明けている。

六項目から鳴るその計画は、「孔子祭典会」のような「懐徳同志会」を組織し、懐徳堂に対する官許が下った六月七日を「懐徳堂創立記念日」とし、その日に「先哲ノ年祭」を挙行することを中心とするものである。

なお、「懐徳同志会」とは、江戸時代の懐徳堂を支えたのが、出資者である有力商人たちによる同志会であったことに倣ったものである。「孔子祭典会」とは、明治四十年（一九〇七）に東京で結成され、湯島聖堂の大成殿で孔子を祭る孔子祭を年一回行なった団体である。後に大正七年（一九一八）、財団法人斯文会に併合された。

この時の木菟麻呂の計画では、「先哲ノ年祭」は、懐徳堂がかつて存在していた地に建つ住友銀行で挙行することとされた。そしてその住友銀行内に「懐徳堂記念室」を設けること、さらに銀行の門外には「懐徳堂遺跡ノ標示」を掲げることも、六項目の中に盛り込まれている。

注目されるのは、もしも住友家の賛同が得られて「懐徳堂記念室」が設立された後には、中井家が所蔵する懐徳堂関係の遺書・遺物を寄付する、と木菟麻呂が述べている点である。先に明治四十一年頃、木菟麻呂が「奠陰文庫」の設立を計画していたことを述べたが、そこでも木菟麻呂は、「先哲ノ遺書類ヲ寄付」するとしていた。木菟麻呂は、懐徳堂関係の遺書・遺物を中井家が所有し続けることには執着していなかった。むしろそれらがしかるべき施設で広く一般に公開されて、祖先らの功績が評価されることを強く希望していたのである。

3　大阪人文会による懐徳堂の顕彰運動と木菟麻呂

西村天囚・大阪人文会と木菟麻呂との接触

明治四十三年の二月十一日、木菟麻呂のもとに、木菟麻呂・終子の兄妹と深い関わりを持つ京都の安彦五子《いね》から葉書が届いた。そこには、大阪朝日新聞に天囚が懐徳堂研究の連載を開始したことが記されていた。木菟麻呂はこの五子からの知らせを受けて、天囚の連載をきっかけにして懐徳堂を顕彰する気運が大阪で大いに盛り上がったならば、「先哲ノ年祭」の実現する日も近いと、期待を膨らませた。そこで木菟麻呂は、二月二十日に西村天囚に手紙を送り、先に稲垣に伝えた六項目の計画とほぼ同じものを伝えて、この件について協議したいと申し入れた。

すると、天囚からは、懐徳堂に関する計画がいろいろとあり、「一・二日内ニ上京」するので面談したいと、木菟麻呂に面談を求めてきた。こうして二日後の二月二十八日、木菟麻呂と天囚との二度目の面談が実現した。

この面談で天囚は、これまでの経緯について、次のように木菟麻呂に報告した。

二年前の明治四十一年、天囚は、木菟麻呂から「懐徳堂年祭」実現への協力を依頼され、そこで幸田成友と共に高崎府知事に会って協力を要請した。しかしこの時は、期待したような協力が得られず、「年祭」は実現しなかった。ところが、先般大阪人文会の例会で天囚が五井蘭洲の講演を行い、同会に「懐徳堂記念祭」の挙行を謀ったところ、「幸ニ会員ノ賛成ヲ得」ることができた。そこで「同会ヲ発起者トシテ、明四十四年ノ春ニ於テ挙行」したい考えである。天囚はこのように木菟麻呂に告げた。

これに対して木菟麻呂は、明治四十四年はちょうど五井蘭洲の百五十年忌に当たっており、「猶《なお》妙ナリ」と、不思議な巡り合わせだと答えた。

また天囚は、木菟麻呂が一週間ほど前に手紙で知らせた懐徳堂記念室の計画について、懐徳堂がかつて存在した地に建つ住友銀行内に設置することは、銀行に記念室を設けるスペースがなく、実現が困難であるから、住友氏が大阪市に巨額の寄付をして建設された府立図書館内の一室を借りて設置してはどうかと提案した。

続けて天囚は、懐徳堂記念祭を明治四十四年に挙行した後のこととして、江戸時代に懐徳堂を創設した五同志のような人々が出現したならば、更なる展開があることであろう、そうなった時は、「一ノ記念堂」を建設し、東京における斯文会のようにそこで講義を行ったらよいのではないかと考えている、と語った。

ここで天囚がひきあいに出した「斯文会」は、明治十三年（一八八〇）、岩倉具視を中心に東京で設立された斯文学会のことである。斯文学会は、儒教に関する講義を行い、また校舎も備えていた「学校」であった。後に校舎が火災にあって焼失し、また講義の聴講者も減少していき、その活動は振るわなくなっていったが、大正七年（一九一八）、儒教の振興を目指す複数の団体や、先述した孔子祭典会などと統合し、財団法人斯文会として再出発した。財団法人斯文会は、今日に至るまで公開講座を開催し、また孔子祭を挙行し、さらに学術誌『斯文』を発行している。

この明治四十三年（一九一〇）二月の時点で、天囚が記念祭後に可能ならば講堂を建設して、そこで継続的に講義を行いたいと考えていたことは、『秋霧記』の記述によって初めて明らかとなった。

懐徳堂記念会の設立はこの年の九月、その後身である財団法人懐徳堂記念会の設立は三年後の大正二年（一九一三）、また重建懐徳堂の建設は六年後の大正五年（一九一六）である。後の懐徳堂顕彰運動の活動は、この時すでに天囚によっておよそのアウトラインが描かれていたのである。

天囚に対する木菟麻呂の反応

この明治四十三年二月二十八日の面談について、財団法人懐徳堂記念会に保存されていた新資料「懐徳堂記念会記録」の中には、天囚から人文会で懐徳堂記念祭挙行が議決されたことを聞いた木菟麻呂は、「大ニ此挙アルヲ喜ビ父祖ノ遺著、遺物ヲアゲテ之ヲ記念出版若クハ展覧会陳列ノ料ニ供センコトヲ約諾」したとある。ところが、『秋霧記』には、その木菟麻呂が記念祭の挙行について「明四十四年ハ蘭洲先生百五十年忌ナレバ、猶《なお》妙ナリ」と語り、懐徳堂記念室や将来の構想については「或ハ可ナラン」と思った、とだけ記されているのは興味深い。

そもそもこの時の面談は、木菟麻呂から協議をもちかけられたのを受けてのことではあるが、直接には天囚からの急な申し入れによって行われた。天囚がわざわざ東京まで来てどんな話をするのか、木菟麻呂としては大いに興味があったはずである。天囚の話の内容が『秋霧記』に比較的詳しく記述されていることからも、木菟麻呂の関心の高さが窺える。

にもかかわらず、天囚の話に対する木菟麻呂の反応は、「猶《なお》妙ナリ」とか、「或ハ可ナラン」と、実に素っ気ない。このことは、天囚の話を聞いた木菟麻呂が大いに喜んだわけではなく、不満や失望を抑えきれなかったことを示していると考えられる。

一体木菟麻呂は何に不満や失望を感じたのであろうか。

あくまでも推測に過ぎないが、天囚の手によって大阪で実現されようとしているものが、当初木菟麻呂自身が構想したものとは随分違ってしまっており、木菟麻呂の発案した通りではないことに対してではなかったかと考えられる。

先述のとおり、当初木菟麻呂が中井甃庵・竹山・蕉園の三人の祖先を祭るものとして発案した祭典が、懐徳堂の諸学者をすべて祭る記念祭になったことについては、木菟麻呂は天囚から聞いて知っていたのか、あるいは自ら「懐徳堂先哲記念年祭」として考え直したのかはよく分からないが、いずれにしてもこの面談で初めて耳にしたということではなかったと見られる。もちろんそうした修正がなされたからこそ祭典の挙行は実現に近づいたわけだが、懐徳堂の諸学者をすべて祭り、懐徳堂そのものを顕彰しようとしていることを天囚の口から直接聞いた木菟麻呂としては、当初自分が発案した中井家の祖先を祭る祭典の挙行に、かつて天囚の師である重野も天囚も賛成していたことが思い起こされたことであろう。そして、自らの計画がそのまま実現しそうにないことが、改めて不快に思われたのではなかろうか。

また懐徳堂記念室については、設置場所が木菟麻呂の発案から大きく変更されてしまった。木菟麻呂が当時住友銀行のあった場所に記念室を設置したかったのは、そこがかつて懐徳堂が存在し、そして木菟麻呂自身が生まれ育った場所であるからであった。同じ住友に縁があるからといって府立図書館の中に設置するのであれば、記念室を設置する意義は大きく損なわれる。木菟麻呂はそう考え、天囚の話に不満を禁じ得なかったに違いない。

それでも木菟麻呂は、天囚の話す計画について否定はしなかった。むしろ天囚からの申し出には積極的に協力した。

『懐徳堂考』下巻に「竹山・履軒諸先生ヲ列叙スルツモリ」である天囚が、面談の席で「材料ト為スベキ遺書類ヲ教示」してほしい頼むと、木菟麻呂は直ちに天囚を書楼へ導き、『奠陰集』などの遺書類を見せている。さらに天囚が、これらを是非筆写したいので、リストを送ってほしいと依頼すると、木菟麻呂は翌三月の三日には「天囚氏ニ送ルベキ竹山・履軒・蕉園・寒泉四先生ノ遺書目」を作成して、翌日には発送している。

記念祭や記念室を自力では実現することのできない木菟麻呂からすれば、天囚らの計画は「或ハ可」程度のものであっても、実現する可能性が十分にあると見込まれるものであった。そのため木菟麻呂は、天囚から寄せられるさまざまな協力要請を拒否することなく、誠実に応じていったと考えられる。

天囚の理想とする懐徳堂

天囚からすれば、木菟麻呂ほど懐徳堂をよく知り、また貴重な遺書・遺品を多数所蔵していた人物は他にいない。天囚の構想を実現する上で、木菟麻呂の協力は不可欠であった。天囚がこの日自ら上京して木菟麻呂と面談したのも、木菟麻呂に直接会って計画を説明し、その理解と協力を得ることがどうしても必要であると考えたからに違いない。

ただし、この時点で天囚が構想していたのは、あくまでも懐徳堂そのものを顕彰する記念祭の挙行である。その顕彰の対象となる懐徳堂は、木菟麻呂が生まれ育った頃の、幕末の懐徳堂ではおそらくなかった。

というのも、天囚は基本的に「懐徳堂は中井氏の私学に非《あら》ず」と、懐徳堂は中井家のものではなかったと認識し、またそのことをしばしば口にした。懐徳堂は竹山以降、学主・教授の地位を中井家が世襲する形となったが、それは本来のあるべき姿ではないと考えていたのである。

つまり、天囚が顕彰の対象と考える理想の懐徳堂は、五同志らによって創設されたばかりの、学主の世襲が禁じられていた創設期の頃の懐徳堂であった。おそらく天囚は、学生の世襲を否定したところを、近代を先取りするものであったとして高く評価したのである。

そのため天囚は、懐徳堂の学主の子孫である木菟麻呂が懐徳堂顕彰運動の全面に立つことになれば、懐徳堂を「中井家の私学」と捉える誤まった理解が広まりかねないと危惧した。この結果、天囚と木菟麻呂の関係はかなり複雑なものとなった。天囚は一方で懐徳堂顕彰運動に対する協力を木菟麻呂に求めつつ、その一方では、木菟麻呂が懐徳堂顕彰運動の表面に出ることを強く警戒したからである。

この点に関しては、木菟麻呂がロシア正教徒であることも、当然問題視されたと考えられる。天囚や人文会にとって、木菟麻呂のようにロシア正教に入信する日本人の出現は、明治以降の「世道人心」の荒廃を象徴する現象にほかならなかった。だからこそ、結局懐徳堂記念会も、木菟麻呂をその組織の中に明確な形で位置付けることをしなかったのであろう。

木菟麻呂の協力はほしいが、木菟麻呂を表には出したくない。木菟麻呂との関係は、天囚や人文会関係者にとって大いに悩ましいところだった。

今井貫一からの遺書寄託の申し入れ

明治四十三年三月十四日、木菟麻呂のもとに、帰阪した天囚からの手紙が届いた。天囚は、『奠陰集』など竹山・履軒・蕉園に関する遺書を大阪府立図書館で謄写することとなったので、木菟麻呂の所蔵する資料を貸与してほしいと要請してきたのである。おそらくこれは、『懐徳堂考』下巻の執筆に利用する目的のほか、懐徳堂記念祭にあわせて行われた記念出版の準備の意味合いも含んでいたのではないかと推測される。

なお、天囚は別便で『大阪府立図書館一覧』を木菟麻呂に送っている。これは木菟麻呂に「火難盗難ノ懸念ナキコト」を伝えるためであった。天囚は木菟麻呂から借用した資料を図書館で保管し、後にそれをそのまま懐徳堂記念室に移そうと考えていたのであろう。

木菟麻呂はこの天囚からの資料貸与の要請を承諾した。この後資料の貸与に関しては、木菟麻呂

今井貫一
大阪府立中之島図書館所蔵
『中之島百年』より

と府立図書館長の今井貫一との間で交渉が行われた。

今井と木菟麻呂との間でまず問題となったのは、懐徳堂関係の遺書・遺物の寄贈についてである。

前述の通り、木菟麻呂が稲垣環二や西村天囚に伝えた計画では、懐徳堂記念室が住友銀行内に設置された場合、木菟麻呂の所蔵する懐徳堂関係の遺書・遺物を寄付するとあった。これに関連して、三月二十七日、今井から木菟麻呂に手紙が届いた。今井は、木菟麻呂が「図書館内ニ懐徳堂記念室ヲ設備セラレタル後ニハ、懐徳堂ノ遺書遺物類ヲ寄付又ハ寄託スルコトヲ望ム」ことを天囚から伝え聞き、「非常ニ歓迎」すると知らせてきたのである。

そして、現在の大阪府立図書館の建物は狭く、今は記念室を設置することはできないが、二〜三年の内に増築の予定があり、その増築後の記念室設置を希望していることを木菟麻呂に告げた。その上で今井は、木菟麻呂に対して、「遺書全部ヲ附託セラル、コト叶《かなは》ズヤ」と、中井家の所蔵する遺書のすべてを府立図書館に附託してはもらえないか、と申し出たのである。

これに対して木菟麻呂は、懐徳堂記念室の設置の話を進めるように依頼した上で、遺書・遺品を「寄納シテ大阪府ノ公物ト為スコトヲモ辞セザル」決心をしたことを告げ、ただしそれにはいくつか条件があると回答した。

その条件とは、寄付や寄託は懐徳堂記念室の設置後とすること、記念室に陳列する図書は利用者が直接手にとって読むことを禁止すること、そのため副本を作成してその副本を閲覧に用いること、さらに、寄付・寄託の後も木菟麻呂に「保管ニ干与スル相当ノ権利」を認めることであった。この条件に、金銭や木菟麻呂の名誉に結び付くような内容はまったく含まれていない。

『秋霧記』には、この木菟麻呂の手紙に対する今井の反応については記述がない。条件を受け入れるか否かについて今井が回答しなかったのか、あるいは、寄付・寄託は懐徳堂記念室の設置後の問題であるから、当面は判断を先送りするのが適当と今井が判断したためなのか、詳しいことは分からない。

記念出版・展覧会の準備と木菟麻呂

この後、明治四十三年の七月六日から八月二十九日まで、木菟麻呂は正教会の大阪聖堂成聖式に出席するため、東京を離れて大阪へ出かけた。この旅行中の出来事について、木菟麻呂は『秋霧記』ではなく「旅中日録」という別の日記に記しているという。残念ながら「旅中日録」は現在所在不明であり、その内容を確認することができないが、おそらくこの大阪行きの間に、木菟麻呂は天囚や今井らと面談したものと推測される。

その面談では、人文会の側から木菟麻呂に、懐徳堂記念祭関連の行事への具体的な協力として、木菟麻呂の所蔵する遺書・遺物を展覧会に出品することが直接要請され、この要請を木菟麻呂は受け入れたと見られる。というのも、東京に帰った後、木菟麻呂は『秋霧記』に以下のように記述しているからである。

雑事　懐徳堂水哉館遺物装飾ノ予算ヲ人文会ニ送ル約束、有之ニ付、本日ヨリ取調ニ着手ス。

（明治四十三年九月二十七日付『秋霧記』）

「懐徳堂水哉館遺物装飾」とは、木菟麻呂が所蔵していた懐徳堂や水哉館関係の遺書・遺物を展覧会に出品するにあたり、必要な修繕を加えることであったと見られる。木菟麻呂と人文会とは、その修繕の経費は人文会が負担することとし、木菟麻呂はその見積もりを人文会に送るという「約束」をしていたのである。

こうして木菟麻呂の所蔵する遺書・遺品は、人文会（実際にはその後設立される懐徳堂記念会）の経費負担による修繕を加えた後、展覧会に出品されることとなった。

もっとも、その修繕費の見積は、簡単にはできなかったようである。懐徳堂記念祭挙行のちょうど一年前の明治四十三年十月五日、木菟麻呂は上松寅三に手紙を送り、「遺物類修繕費ノ予想未成《いまだな》ラザルコト」、つまり修繕費用の見積がまだできないことを通知している。理由はよく分からないが、出品に値する遺書・遺物の選定がなかなか進まなかったためかも知れない。

この時、懐徳堂記念会はすでに成立しており、その運営組織の整備が進み、一年後の記念祭をはじめとする各事業の準備が動き出そうとしていた。その時点で修繕費の見積がまだできなかったということは、当然記念会の予算の編成にも支障を生じたと思われる。

木菟麻呂の手紙を受け取った上松らにとっては困ったことだったであろうが、遺書・遺物が木菟麻呂の手元にある以上、記念会としては手の打ちようがなかった。

遺書・遺品の寄贈

話は七月の木菟麻呂の関西訪問にさかのぼる。この旅行には妹の終子も木菟麻呂に同行した。二人は京都正教女学校に勤めていた高橋五子とともに、木菟麻呂の好んだ京都・嵯峨野へと出かけた。この時三人の間で、遺物類の寄付問題が話題となった。

木菟麻呂は、「大阪記念館」（懐徳堂記念室のこと）が設立されたならば遺物類を寄付をすることを希望していると語った。すると終子と五子とは揃って反対したのである。

木菟麻呂は二人の反対を聞き入れず、意見が対立したまま帰京した。帰京後木菟麻呂と終子は、五子から手紙を受け取った。その手紙には、寄付にはなお不安があり、遺書類を手放すことは大変惜しいという、五子の意見が綴《つづ》られていた。

これに対して木菟麻呂は、関西滞在中は心が寄付に傾いていたが、二人の反対にあって再考した結果、以下のように決心したと、『秋霧記』に記している。

まず、府立図書館内の一室が「仮記念室」とされたならば、その期間は現在の寄託扱いのままとする。次いで、「懐徳堂記念室」として新たに建物が建てられ、そこで遺物が永久に保存されるとの見込みが立ったならば、懐徳堂関係の遺物はすべて寄付し、中井家関係の遺物は寄託とする。さらに、一旦は寄付・寄託とした場合であっても、万一将来「懐徳堂記念室」の建物が廃止される、あるいは何か別のものと併合される、あるいは名称が変更される、といったことがあった場合は、すべてを中井家に取り戻すことができるように、中井家の権利について条件を付ける。

以上のように決心した木菟麻呂は、その内容を直ちに終子に伝え、その同意を得た。そして京都の五子にも後日手紙で伝えている。五子からは十月二十三日に同意を伝える返事が届いた。

このように、木菟麻呂が明治四十三年十月、つまり懐徳堂記念会が設立された時点において、条件さえ整えば、遺書・遺品を大阪府立図書館に寄託、あるいは寄贈するとすでに決意していたことは、『秋霧記』によって初めて明らかとなった。木菟麻呂の示す条件を見る限り、彼自身にとって重要なことは、何よりも懐徳堂関係の遺物がそのままの状態で永く保存されることであり、そしてそれによって先祖の業績が後世に評価されることだった。寄託・寄贈に対する見返りなどといったものは、条件にはまったく含まれてはいない。信仰に生きた木菟麻呂の人柄が窺えよう。

顕彰すべき対象—中井家と懐徳堂

なお、この時の木菟麻呂の寄付・寄託に関する決心の中で注目されるのは、懐徳堂関係の遺物と中井家関係の遺物との扱いが区別されている点である。「懐徳堂記念室」の建物が新たに建設された場合、懐徳堂に関する遺書・遺物の所有権は手放して「之《これ》ヲ一切寄付」するが、中井家関係の遺物の所有権は手放さずに「寄託」のままとするというのである。

こうした区別は、同年四月の段階で今井図書館長に伝えた条件にはないため、その後半年の間に、木菟麻呂が中井家と懐徳堂との区別をある程度明確に意識するようになったことを示していると考えられる。おそらくこれは、人文会や懐徳堂記念会が行おうとしているのは懐徳堂そのものの顕彰であって、中井家の顕彰ではないということについて、木菟麻呂が次第に理解を深めていった結果であろうと考えられる。

木菟麻呂にとって、そもそも彼が発案した甃庵ら三人の中井家の祖先を祭る祭典が、その後懐徳堂ゆかりの学者をすべて祭り、懐徳堂そのものを顕彰する祭典へと修正されたことは、当初は祭典を実現するための方便程度のことと理解されていたように思われる。懐徳堂の顕彰を目的とする祭典が実際に行われたならば、懐徳堂の学主はほとんどすべて中井家の者だったわけだから、その中井家に対しては格別の配慮が加えられてしかるべきとの期待を、木菟麻呂は当初抱いていたと推測される。

ところが、その後天囚や今井らとの交渉を重ねる内に、木菟麻呂は天囚らの意図について次第に理解を深めていった。その結果、彼らが行おうとしている懐徳堂の顕彰においては、中井家への特別扱いはまったくなく、むしろ中井家を排除しようとしていること、つまり、先に述べたように、天囚が理想とするのは、創建直後の、学主の世襲が禁じられていたころの懐徳堂のあり方であり、竹山以降、中井家が代々学主・教授の地位を世襲した時の懐徳堂のあり方は、本来のあるべき姿ではないと考えていることをようやく察知したのである。

木菟麻呂は、もはや懐徳堂記念会が発足して活動を開始している以上、それに一人で対抗することはできないと観念し、遺書・遺物の寄託・寄贈に関して、基本的には懐徳堂記念会の意向に沿う形にしながらも、中井家としての権利までもが侵害されることだけは避けようとしたのであろうと推測される。

これに対する懐徳堂記念会や西村天囚の反応がどうであったのかは残念ながらよく分からない。しかし、木菟麻呂が懐徳堂記念会の意向に沿おうとしたのに対して、懐徳堂記念会や天囚の側は、木菟麻呂の意向を積極的に尊重しようとする態度を取ろうとはせず、それが結果的に両者の間の距離を拡大させていってしまったように思われる。

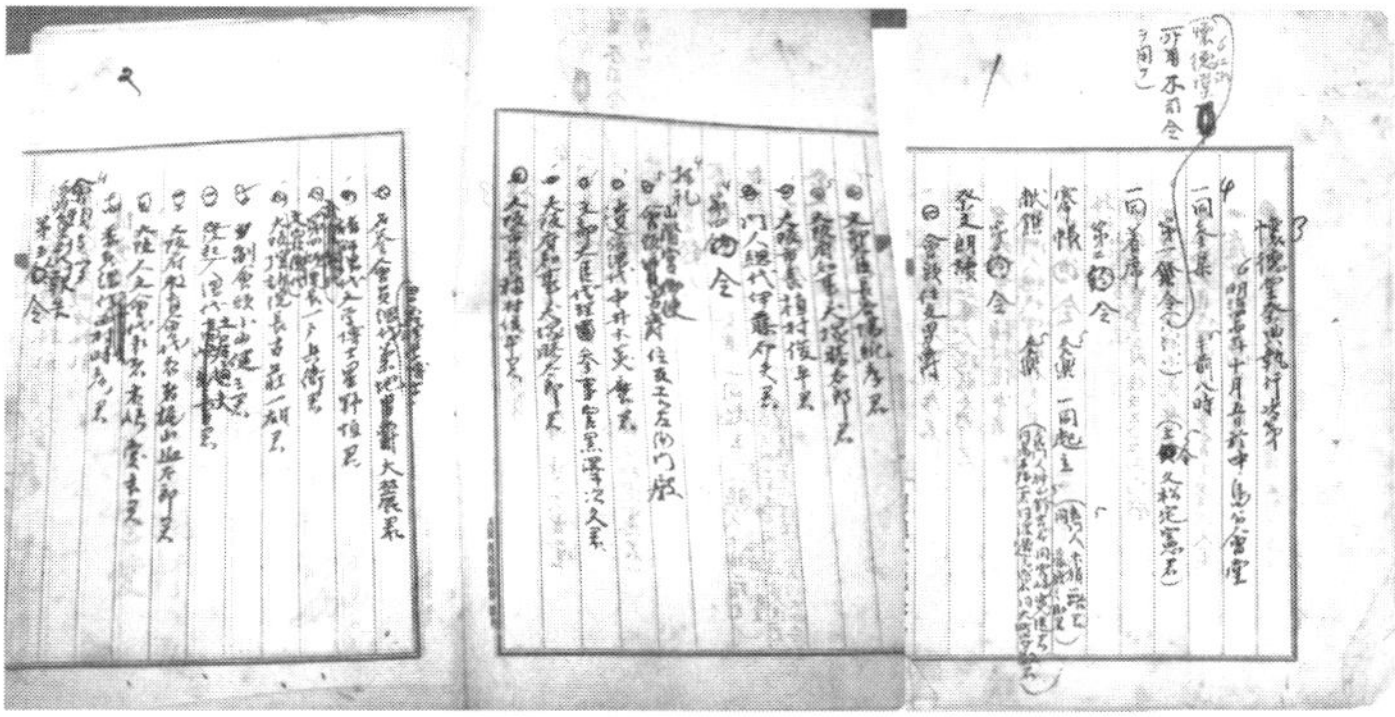

「懐徳堂祭典執行次第」

懐徳堂記念祭における木菟麻呂の処遇

もちろん、懐徳堂記念会の事業の推進には木菟麻呂の協力が不可欠であるから、木菟麻呂のことを大事にする必要もある。木菟麻呂を表に出して、懐徳堂が中井家の私学であるように見えてしまったり、あるいは懐徳堂記念会が木菟麻呂の意向に左右されるようなことがあってはならないが、木菟麻呂の協力はほしい。こうした木菟麻呂に対する懐徳堂記念会の複雑な対応を象徴しているのが、明治四十四年（一九一一）十月の懐徳堂記念祭における木菟麻呂の処遇である。

財団法人懐徳堂記念会に保存されていた新資料「懐徳堂祭典執行次第」は、内容から判断するに、懐徳堂記念会の祭典係の記録であるが、これによって、懐徳堂記念祭の式次第が、木菟麻呂の処遇をめぐって、ある時点で修正を加えられていたことが明らかとなった。

第二部で述べたように、懐徳堂記念祭の式典における祭文朗読は、結局の所、懐徳堂記念会の会頭である住友吉左衛門に続いて、二人目に遺族総代として中井木菟麻呂が行っている。また、その後の拝礼では、先頭が山階宮の使者、続いて住友吉左衛門で、三番目が中井木菟麻呂である。このことは、『懐徳堂記念会会務報告』や当時の新聞などから確認できる。

ところが、新資料「懐徳堂祭典執行次第」によれば、当初予定されていた式次第には、木菟麻呂の祭文朗読がなく、木菟麻呂は山階宮の使者に続いて、二番目に拝礼だけを行う予定であった。しかも祭文朗読者の中には、門人総代として伊藤介夫が予定に入っていた。

この当初の式次第の案は、明らかに遺族総代の木菟麻呂よりも門人総代を重視するものだったといえる。懐徳堂記念祭は中井家の祖先を祭るためのものではなく、懐徳堂が長く教化を行っていたことを顕彰するための祭典であるのだから、祭文の朗読者として学主の子孫の木菟麻呂よりも門人総代の方が相応しい、との判断に基づいて立案されたのであろう。

そうした式次第の案が修正され、実際の懐徳堂記念祭では、二人目の祭文朗読者として木菟麻呂が入り、かつまた門人総代の伊藤介夫の祭文朗読が割愛され、伊藤は拝礼者の一人として入るに止まったということは、門人総代よりも遺族総代を重視する形に変更が加えられたということである。

この変更が行われた経緯については分からないが、おそらく懐徳堂記念祭を挙行した懐徳堂記念会の内部で、木菟麻呂の処遇をめぐる意見の対立があったことを示していると考えられる。つまり、展覧会や記念出版など、懐徳堂記念会が取り組んだ各種事業を全体として見るならば、遺書・遺品を積極的に提供した木菟麻呂の貢献は非常に大きい。このため、当初祭典係が懐徳堂記念祭の式次第を木菟麻呂より門人総代を重視する形で立案したことを問題とし、その案に対して不満を示す者や、あるいは強く批判する者が記念会内部にいたと考えられるのである。

懐徳堂記念祭の挙行に際して、木菟麻呂と懐徳堂記念会とは確かに協力した。その協力がなければ懐徳堂記念祭の各種事業の実現はあり得なかった。しかし、木菟麻呂の扱いは、天囚や記念会関係者にとって実に悩ましい問題だった。木菟麻呂と懐徳堂記念会とが、常に心を一つにし、一体となって事業を推進したわけではなかったのである。

コラム☆懐徳堂記念室と祈祷書

正教会で用いられている聖書（新約）や主な祈祷書が、ニコライと木菟麻呂との共同作業によって翻訳されたことはよく知られている。

『秋霧記』によれば、懐徳堂記念会が発足した直後の明治四十三年九月三十日、ニコライは木菟麻呂に「大阪ノ懐徳堂仮記念室ニ諸遺物ヲ陳列スルコト、ナリタラバ、余ハ為ニ吾子ノ労シタル奉神礼書一切ヲ美装シテ、其室内ニ置キ、子孫ノ業務ヲ表章スルコトヲ為スベシ」と語ったという。懐徳堂記念室が設置され、そこに懐徳堂関係の遺書・遺物を展示することが実現したならば、木菟麻呂が苦心して翻訳した祈祷書類すべてに美しい装丁を施して記念室に置き、中井家の子孫である木菟麻呂の業績をあわせて顕彰したい、とニコライは言ったのである。

ニコライは、木菟麻呂から懐徳堂顕彰の運動に関する情報をいろいろと得ており、しかも木菟麻呂の活動に対して大変好意的であった。

ただし、翌明治四十四年十月に府立図書館内に設置された懐徳堂記念室に、果たして正教会の祈祷書が美装されて置かれていたかどうかは、今のところ分からない。懐徳堂が目指す漢学による世道人心の向上には直接関係がないとして、ニコライのアイディアは拒否され、実現しなかった可能性が高いと思われる。

4 『秋霧記』から明らかになった新事実―『懐徳堂水哉館先哲遺事』

西村天囚や懐徳堂記念会、財団法人懐徳堂記念会と中井木菟麻呂との関係は、天囚や記念会側からすると、木菟麻呂は懐徳堂を顕彰する事業の協力者として欠くべからざる存在だった。懐徳堂について木菟麻呂ほど詳しく理解し、その遺書や遺品をまとめて所蔵する人物は他にいなかったからである。天囚や記念会は、木菟麻呂に対して事業への協力を何度も重ねて要請した。ただし天囚らには、懐徳堂の諸学者のなかで、中井家だけを特別扱いするつもりは毛頭なかった。「懐徳堂は中井氏の私学に非(あら)ず」との立場に立ち、むしろ中井家の子孫である木菟麻呂が表に出ないように意図的にふるまった。

一方木菟麻呂はというと、天囚や懐徳堂記念会などが進める懐徳堂の顕彰は中井家の顕彰に直結するとの期待が当初強くあったためでもあろうが、基本的に記念会などからの依頼には積極的に応じて、その事業に協力した。それは、記念会が行おうとする事業は、修正を経たとはいえもともと木菟麻呂が発案したものであったからでもあった。懐徳堂の顕彰は中井家の顕彰に直結しないと分かった後も、結局中井家の祖先の功績に対する社会の認識が広まり、祖先の名声が高まることになると木菟麻呂は考えたと推測される。

こうした懐徳堂顕彰運動をめぐる木菟麻呂と西村天囚や大阪人文会、懐徳堂記念会、財団法人懐徳堂記念会などとの微妙な関係については、従来知られていた資料だけでは、全容の解明が困難であった。

近年、大阪大学附属図書館が所蔵する懐徳堂文庫の資料や、財団法人懐徳堂記念会が所蔵する資料についての整理・調査が進み、新たな事実の解明が進みつつある。

「アーカイブス」「アーカイブ」などという言葉を耳にすることが近ごろ随分と増えたように思われるが、アーカイブス（archives）とは、記録史料や、その史料を保管する文書館のことを指す（アーカイブは単数形。英語としては通常は複数形で用いる）。この言葉が注目されるようになったのは、特

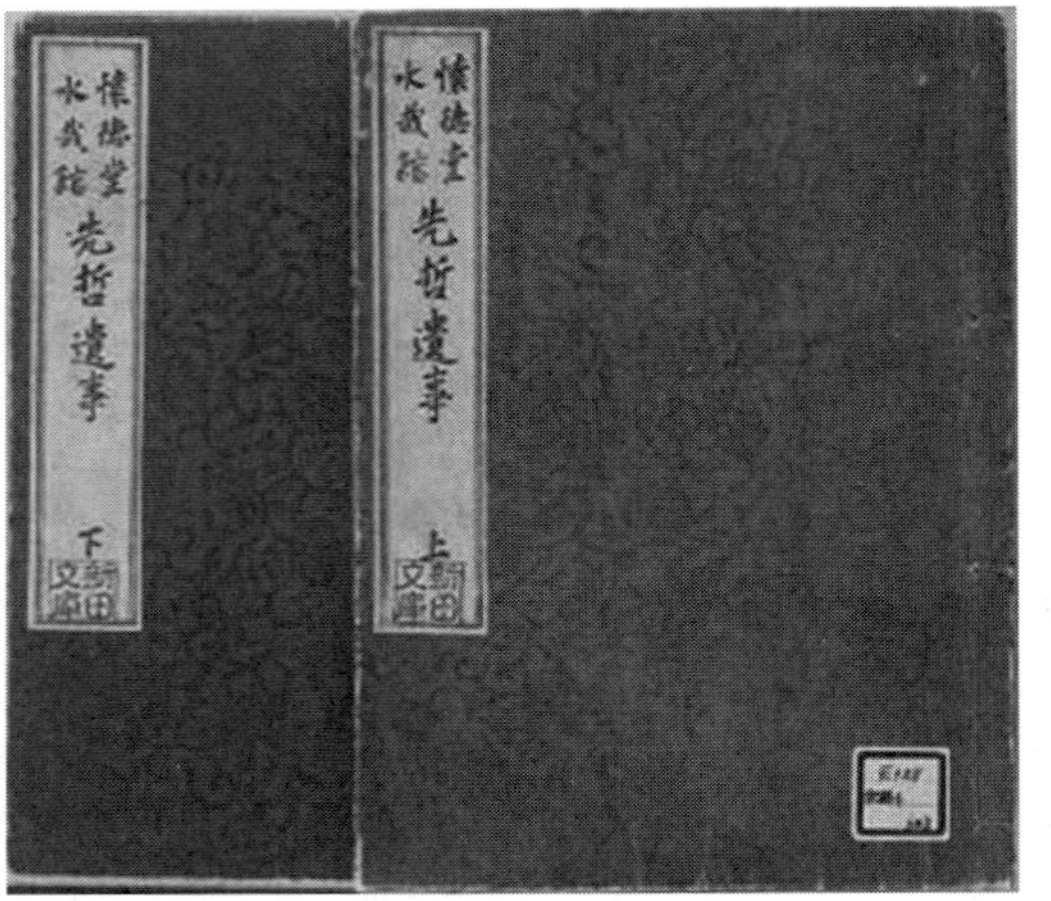

『懐徳堂水哉館　先哲遺事』

に歴史を研究する上で、従来図書館が担ってきた図書とは異なる史料の保存・蓄積の重要性や必要性について、認識が広まりつつあるからである。

懐徳堂や重建懐徳堂の研究について見た場合、大阪大学附属図書館の懐徳堂文庫に収蔵されている様々な資料や、財団法人懐徳堂記念会が所蔵する資料にも、このアーカイブスに該当するものが多数含まれている。残念ながら、その整理・調査はいまだ進行中の段階で、十分ではない面もある。しかし、そうした史料が保存されているということは、今後その活用によって、研究が大いに進展する可能性が十分にあるということである。

もちろんアーカイブスを活用するには、その整理や保管に十分な経費や専門家を確保する必要がある。今後その充実が期待される。

以下では、そうした従来ほとんど利用されていなかった史料の活用の一例として、懐徳堂文庫に収蔵されている木菟麻呂の日記『秋霧記』により、従来不明であった懐徳堂顕彰運動をめぐる木菟麻呂と西村天囚や大阪人文会、あるいは懐徳堂記念会などの関係について、解明が進んだところを紹介することとしたい。

『懐徳堂考』下巻と『懐徳堂水哉館先哲遺事』

まず第一に、西村天囚の『懐徳堂考』下巻の執筆・刊行と、木菟麻呂の『懐徳堂水哉館先哲遺事《かいとくどうすいさいかんせんてつい じ》』執筆との関係である。懐徳堂記念会と木菟麻呂との間では、記念会が木菟麻呂に対して協力を要請し、木菟麻呂はそれを受け入れるということが繰り返された。その一つとして、西村天囚が『懐徳堂考』下巻執筆の際にその材料の提供を木菟麻呂に求めたことがあげられる。

『懐徳堂考』下巻に関する天囚から木菟麻呂への依頼は、明治四十三年（一九一〇）二月二十八日、上京した天囚が木菟麻呂を訪問して実現した、両者の二度目の面談で行われた。大阪人文会第二次例会で天囚が五井蘭洲の講演を行った翌月のことである。

この時天囚は木菟麻呂に対して、『懐徳堂考』下巻に竹山・履軒などについて執筆するつもりであるから、「其《その》材料ト為《な》スベキ遺書類」を教えて欲しい、また材料にするに相応しい資料の目録を「成ルベク至急ニ」作成して送って欲しい、と依頼した。この後木菟麻呂は、天囚の求めに応じて資料の調査・収集に取り組み、『懐徳堂水哉館先哲遺事』の執筆に取り組んだ。

これと関連して、天囚は木菟麻呂に、「甃庵先生已後《いご》ノ系譜」を送ることも依頼している（明治四十三年十月十四日)。ところが中井家には、この時系譜はなかった。そこで木菟麻呂は、中井竹山の詩文集である『奠陰集』から墓誌などを集めるなどして系譜をわざわざ作成し、それを天囚に送っている。

明治四十三年の年末には、木菟麻呂は天囚の依頼に応えるための『先哲遺事』の執筆で忙殺された。その結果、十二月二十日から二十五日までは「竹山先生資料収輯ノ為《ため》ニ閑ヲ得ザルニ付《つき》、録スルヲ得《え》ザリキ」と、日記(『秋霧記』)を記すことができなかったと述べている。こうしたことは、この後何度か繰り返された。

こうして精力的に執筆された『先哲遺事』の第一巻は、明治四十三年十二月二十六日に天囚に送られた。引き続き木菟麻呂は第二巻以降を執筆し、完成すると順次天囚に送った。

右に述べた系譜だけでなく、他にも天囚からは、内容に関するさまざまな要請・要望が木菟麻呂に寄せられた。例えば、明治四十四年一月二十五日付の『秋霧記』には、「竹山先生門下高足の事を、西村天囚君のたのみによりて少しかいつく」とある。『懐徳堂水哉館先哲遺事』に竹山の弟子のことを書き加えて欲しいと天囚が依頼してきたので、木菟麻呂はその依頼に柔軟に対応したのである。

もっとも、木菟麻呂は『懐徳堂水哉館先哲遺事』の執筆だけに専念することはできなかった。神学校における授業の担当など、他の仕事も抱えていたからである。このために『先哲遺事』の執筆が滞ることもあった。明治四十四年三月二十一日付の『秋霧記』には、「さま〴〵の用事ありて、先哲遺事のつゞき作ることをえざりけるが、やゝ時もできたれば、この日よりとりかゝること、定めぬ」とある。多忙のため『先哲遺事』の執筆をしばらく中断していたが、この日再開することができたというのである。

するとその三日後に、天囚から原稿執筆を催促する手紙が来た。「四月初より朝日新聞に載すること」が決まったので、「蕉園其他の遺事を至急」書いて送って欲しい、というのである。木菟麻呂は直ちにその夜、蕉園の履歴を執筆している（明治四十四年三月二十四日付『秋霧記』）。

このように木菟麻呂は、度重なる天囚からの催促に応じつつ、『先哲遺事』の執筆に実に精力的に取り組んだのである。

『懐徳堂先哲遺事』の完成とその報酬

結局『先哲遺事』全七巻の執筆・浄書・発送がすべて終了したのは、明治四十四年六月末のことだった。

すると、大阪朝日新聞社より木菟麻呂に対して、「懐徳堂考ノ資料編輯慰労ノ為ニ金拾五円」が送られてきた。木菟麻呂は、七月三日の夜、「西村時彦氏及ビ大阪朝日新聞社」に対して、十五円の寄贈に対する礼状を発送している。

朝日新聞社刊『値段史年表　明治・大正・昭和』（一九八六年）によれば、明治四十四年の銀行員の初任給は四十円、公務員の初任給は五十五円である。また小学校教員の初任給は、明治三十三年が十～十三円、大正七年が十二～二十円であった。単純に計算すれば、おそらく明治四十四年頃は十一～十七円程度と見られる。大阪朝日新聞社が木莬麻呂に支払った十五円は、当時の小学校教員の初任給とほぼ同じ、また銀行員の初任給の四割弱、公務員の初任給の三割弱の金額ということになろう。

執筆の依頼が行われてから一年数ヵ月の間、木莬麻呂が精力的に執筆したことに対する報酬としては、決して多くはないと見るべきであろう。どう見ても『先哲遺事』の執筆は、木莬麻呂にしかできない、文字通り余人を持って代え難い作業であった。その代価が十五円であったということは、懐徳堂記念会や天囚の木莬麻呂に対する評価が決して高くはなかったことを示しているように見受けられる。

5 『秋霧記』から明らかになった新事実—『論語逢原』

『論語逢原』の記念出版と木莬麻呂

第二に、懐徳堂記念会が行った『論語逢原《ろんごほうげん》』の記念出版と木莬麻呂との関わりについても、『秋霧記』から新たな事実を解明された。

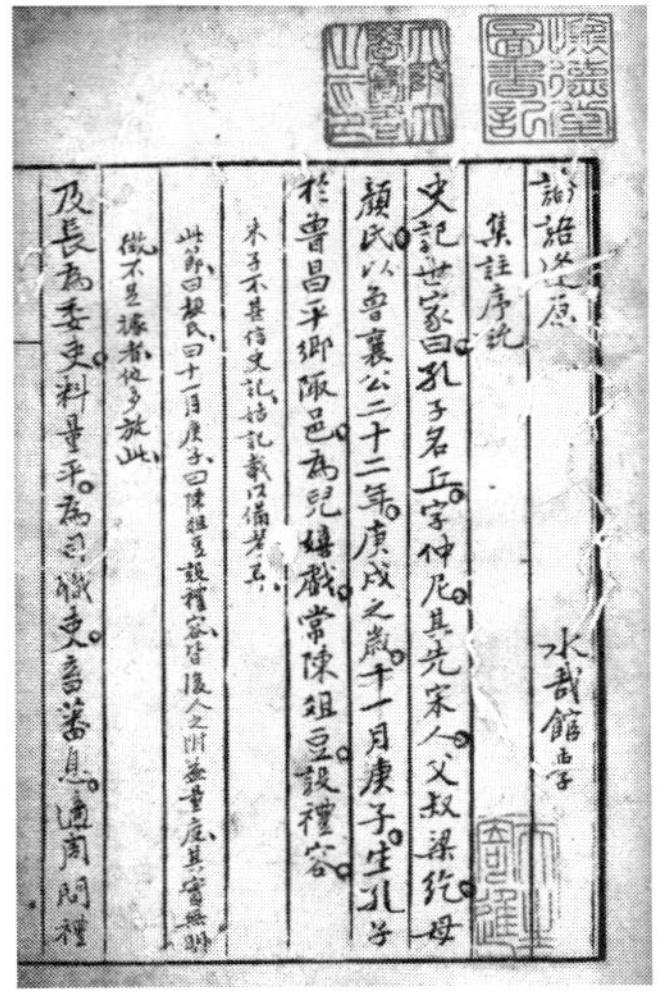
論語逢原　水哉館學
集註序說
史記世家曰孔子名丘字仲尼其先宋人父叔梁紇母
顔氏以魯襄公二十二年庚戌之歳十一月庚子生孔子
於魯昌平郷陬邑爲兒嬉戲常陳俎豆設禮容
及長爲委吏料量平爲司職吏畜蕃息適周問禮

『論語逢原』

第二部で述べた通り、明治四十四年（一九一一）十月の懐徳堂記念祭の挙行にあわせて、懐徳堂記念会は懐徳堂関係の貴重な図書を刊行する記念出版を行った。この時に出版された遺書には、中井履軒の『論語逢原《ろんごほうげん》』が含まれており、その校正は中井木菟麻呂が担当した。

ところが、実は明治四十二年の秋、つまり記念会が発足する一年前から、木菟麻呂は記念会とは無関係に、独力で『論語逢原』を出版することを決意し、その準備を開始していたのである。その木菟麻呂の自力での出版が実現しないうちに、記念会が『論語逢原』の記念出版を決め、そして木菟麻呂に協力を要請した。この結果、『論語逢原』は木菟麻呂の自力出版ではなく、記念会の記念出版によって刊行が行われたのである。

木菟麻呂による『論語逢原』出版の準備

木菟麻呂が個人で『論語逢原』の出版を行うことを思い立った発端は、明治四十二年（一九〇九）十月一日に東洋大学が発行した雑誌『東洋哲学』の中に、『論語逢原』が数頁掲載されたことである。

しかも、この後『論語逢原』を連載するとの予告がなされていた。これを知った木菟麻呂は、「無断刊行ヲ詰責シテ、次号以下ノ掲載ヲ止ム」ために、雑誌の発行元へ抗議の手紙を出した。

この事件をきっかけとして、木菟麻呂は『論語逢原』など懐徳堂関係の遺書、特に履軒の「七経逢原・七経離題ノ類」の出版を強く望むようになる。

木菟麻呂は、関わりのあった書店・東陽堂に話を持ちかけた。この頃「漢文学殊《こと》ニ儒学復活ノ兆《きざし》」があり、同様の書物の出版がいくつか行われていたため、木菟麻呂は、『論語逢原』も読者を得ることができるに違いないと考えたのである。東陽堂側も前向きな反応であった。

たまたまその数日後、ある書店（後に昭文堂と判明）が『七経逢原』を出版することを希望していると知らせる知人からの手紙が、木菟麻呂に届いた。

そこで木菟麻呂は、「時機ヲ得タリ」と、遺書出版の絶好の機会が到来したと喜んだのだが、木菟麻呂は出版に当たって「印刷装釘ノ事」を重視していた。できる限り原本の体裁を尊重した印刷・装丁を行いたいと希望していたのである。利益や印刷上の都合を優先するような出版は、木菟麻呂には断じて認められなかった。

もっとも、出版に必要な資金の目途が木菟麻呂にあったわけではないため、「議果シテ熟スベシヤ否ヤ」と、希望通りの出版が実現するだろうかと自問している。

印刷技術と費用

この後木菟麻呂は、東陽堂から『論語逢原』と『論語雕題』を出版することに決め、その準備を開始する。東陽堂との交渉で問題となったのは、やはり印刷・装丁の問題であった。明治四十二年十一月三十日、原本をそのままの形で印刷することを強く希望する木菟麻呂は、改めて東陽堂に相談を持ちかけた。

原本そのままの形で精細な印刷を行うとすれば、当時は写真石板《せきばん》、つまり原本を写真に撮り、それを石板に彫って印刷する方法があった。東陽堂の主人である吾妻健三郎はその専門家として著名であった。しかし、写真石板印刷は、通常の活版《かっぱん》印刷（活字を組んで印刷する方法）と比べて経費がかさむ。経費がかさめば単価が高くなり、単価が高ければ販売部数が伸びない。そうなると採算が取れなくなる恐れがあるため、東陽堂としては「躊躇《ちゅうちょ》スル有様《ありさま》」を示した。

もし資金が潤沢《じゅんたく》にあれば、販売部数や採算を度外視して出版に踏み切ることも可能であったろう。しかし、木菟麻呂にその資金はなかった。

資金の問題は木菟麻呂と東陽堂とでは解決できず、「志のある大商人か誰かが資金を出してくれないものだろうか」と考えるに至った。そこで木菟麻呂が重野安繹を頼って、三菱財閥の岩崎氏に出版資金の援助を求めることとした。前述の通り、この前年、明治四十一年の六月に、木菟麻呂は甃庵・竹山・蕉園の三人を祭る式典を大阪で挙行したいと重野に相談していた。

明治末から大正にかけて、企業家らが文化的事業に貢献する、いわゆるメセナ活動が盛んであったことは確かである。大阪府立図書館（現在の大阪府立中之島図書館）が明治三十三年（一九〇〇）に住友吉左衛門の寄付によって建てられ、さらにその増築も住友の寄付で行われたことや、明治四十四年（一九一一）に岩本栄之助が寄付した百万円を基として中之島公会堂の建設が始まったことなどがそれに該当する。木菟麻呂は、こうした大企業家の寄付があれば『論語逢原』の出版ができると考えたのであろうが、三菱に出資を求めるこの試みは成功しなかった。

その後木菟麻呂は、写真石板よりも写真金属板の方がはるかに優れた印刷が可能であるという話を国学者の小杉榲邨から聞き、写真金属板印刷の専門家である七條愷を紹介された。七條に直接会って見本も見た木菟麻呂は、「其精巧無比《むひ》ニシテ写真石板ノ如キニアラザルヲ見テ、徐《おもむろ》ニ心ヲ動カシ、万難ヲ排シテモコノ金属写真板ヲ以テ印行シタキ望《のぞみ》」を起こした（明治四十二年十二月四日付『秋霧記』）。しかし、写真金属板印刷にももちろん多額の資金が必要である。資金の問題を解決する有効な手立てがない以上、結局自力で出版を実現することは不可能だった。

資金の他にもう一つ問題があった。それは、写真石板印刷や写真金属板印刷を行う場合、写真撮影の際に原本の綴《と》じ紐《ひも》を解き、各葉をバラバラにする必要があるということである。

木菟麻呂はこれまで、原本のあり方をできる限りそのまま保存することに努めてきた。それだけに、後から元のように綴じ直すとはいえ、一旦綴じ紐を解くということは、原本を損なう行為にほかならなかった。そのため、写真印刷を決断することがためらわれたのである。

写真印刷から活版印刷へ

写真印刷か、それとも活版印刷か。木菟麻呂は悩みに悩んだ。

明治四十二年十二月十八日、木菟麻呂は再び東陽堂の主人と相談した。東陽堂は、『論語逢原』を広く一般に流布させることを重視するのであれば通常の活版印刷が良い、もっと良いのは「当代謂フ所ノポッケット入《いり》」の小型本とすることである、と主張した。しかし木菟麻呂は、ポケット版は論外だとして取り合わなかった。たとえ写真印刷を断念せざるを得ないとしても、可能な限りその体裁は原本に近づけなければ意味がないと考えたのである。結局この日の話し合いは物別れに終わった。

帰宅後も木菟麻呂は、履軒の「真蹟《しんせき》ヲ伝」えることのできる写真印刷か、それとも安価な活版印刷かで悩み続け、夜も眠れなかったというが、翌朝決意を固めた。それは、写真印刷を断念して活版印刷とすること、ただし、その体裁は原本に即し、可能な限り原本に近づける、というものであった。

木菟麻呂は最終的に、写真出版を行うため「書冊ノ綴合ヲ解」くこと、また撮影の際位置を正すため紙面に圧力を加えることなどは、原本を損なう危険性が高いために行うべきではないと判断した。「真蹟ヲ伝ヘンコトハ、目今《もっこん》ニ於《おい》テモ、将来ニ於テモ、断シテ為《な》スベカラズ」と、木菟麻呂は写真印刷による出版を断念したのである。

ただし、序説の部分だけは、「綴目《とじめ》ヲ解カズシテ容易ニ影写スル」ことができそうなので、ここだけは「真蹟ヲ伝ヘテ原本ノ彿《おもかげ》ヲ示ス」こととし、他の部分に関しては、題簽《だいせん》や表紙、版の大きさや行数、罫線に至るまで細かな注文を付け、可能な限り原本の体裁を再現するよう努めることとした。

青写真撮影に取り組む木菟麻呂

木菟麻呂としての基本方針は定まったが、印刷の具体的な作業の進め方については、東陽堂と相談してその協力を得る必要があった。

木菟麻呂ができる限り原本の体裁に忠実に再現する形での印刷を希望したので、東陽堂としてはまず原本の体裁を正確に把握する必要があった。そのため東陽堂は、木菟麻呂に『論語逢原』の青写真を撮影するように促した。近日中に木菟麻呂のもとに技術者を派遣するから、試しに撮影してみるように、というのである。

こうして明治四十三年一月二十日から、木菟麻呂の青写真法習得の試みが始まった。初日は、『論語逢原』第一巻第一頁を撮影しようとしたが、あいにくの曇り空で日光不足となり、思うような写真が撮れなかった。それにもめげず、以後木菟麻呂は、連日青写真の撮影に取り組んでいる。

前述の通り、懐徳堂記念会が結成される直接の発端となった大阪人文会の第二回例会は、明治四十三年一月二十九日に開催されている。木菟麻呂が青写真法の習得に励んでいたのはちょうどその頃のことである。

その後天囚が二月二十八日に上京して木菟麻呂と面談した。『秋霧記』によれば、その時天囚と木菟麻呂は記念祭挙行の計画と懐徳堂記念室に関して意見を交わしたが、記念出版や展覧会の具体的な話は出なかった。従って、この時点ではまだ、木菟麻呂は『論語逢原』を自力で刊行するつもりであったと見られる。

木菟麻呂と東陽堂とは、以後も数ヵ月にわたって、継続して『論語逢原』の刊行の準備を進めた。そして明治四十三年の秋十一月には、具体的な活字のサイズの検討まで行っている。

原本の体裁に近づけた活版印刷を行うためには、用いる活字のサイズは非常に重要であった。東陽堂との相談の結果、「座上ノ論ニテハワカリカヌル」、つまり実物を見ないと判断できないと言うことになり、二〜三葉を試し刷りした上で適当な活字のサイズを決定することになった。

『論語逢原』の記念出版

この翌日の明治四十三年十一月二十一日、木菟麻呂のもとに天囚から「論語逢原之件」を伝える手紙が届いたと『秋霧記』には記されている。この手紙こそが『論語逢原』の記念出版に関する懐徳堂記念会からの連絡であった可能性が高いと考えられる。

天囚からの手紙の内容は不明だが、懐徳堂記念会では『論語逢原』を記念出版することを希望しており、木菟麻呂に協力を求めたい、詳細について協議したいので来阪してくれないか、といった内容だったと推測される。木菟麻呂が十一月末から大阪へ出かけているのは、この天囚の誘いに応じたのであろう。

ただし、天囚からの手紙を受け取った後も、木菟麻呂は東陽堂との間で『論語逢原』の試し刷りの話を継続している。『論語逢原』の記念出版をめぐる木菟麻呂と記念会との間の協議はなかなか決まらず、最終的な決着を見たのは、おそらく明治四十四年の三月の末になってからと見られる。

明治四十四年三月二十四日付の『秋霧記』には、「西村時彦君の書到る。論語逢原をこの方にて印刷すること丶なりたれば、大阪にて写したるをおこせたまふこと」とある。この記述の意味するところは難解だが、天囚はおそらく、『論語逢原』の印刷を「この方」、つまり東京において行うことを懐徳堂記念会として了承し、大阪府立図書館が所蔵する三村昆山のテキストを「大阪にて写したる」ものを木菟麻呂に送る、と木菟麻呂に通知してきたものと考えられる。

つまり、両者の協議が長引いたのは、『論語逢原』の印刷を東京で行うのか、それとも大阪で行うのかが問題となったためだったのである。それでは、なぜ印刷の場所が問題となったのであろうか。それは、懐徳堂記念会から『論語逢原』出版への協力を要請された木菟麻呂が、その要請を承諾する条件として、東京の東陽堂で印刷することを強く要求したためと推測される。

常識的には、大阪の懐徳堂記念会が行う記念出版であるのだから、大阪の書店が印刷するのが当然である。事実、懐徳堂記念会の記念出版は、『論語逢原』を除いてすべてが大阪で印刷され、大阪で製本されている。そこに木菟麻呂が、申し入れた条件が受け入れられない場合は記念出版に協力しないと、かなり強い態度に出たため、木菟麻呂の示した条件を認めるかどうかで、記念会は検討に時間を要したと推測されるのである。

木菟麻呂が東陽堂での印刷を条件として求めた理由は、二つあったと考えられる。

一つは、印刷にかかわる問題である。記念会による出版の原稿は、複写した写本に訓点を施して作成されており、その刊行は活版印刷によって行われた。木菟麻呂も東陽堂との相談で、『論語逢原』の出版は活版印刷とすることに決めていたのであるから、活版印刷そのものが問題だったのではない。

先にも述べたように、木菟麻呂にとっては、懐徳堂の遺書を出版する上で重大な問題は、それが原本の体裁を尊重した、原本の体裁に近いものであるかどうかであった。『論語逢原』の記念出版の印刷が大阪で行われた場合、原稿を記念会に提出した後、木菟麻呂がその体裁について東京から細かな注目を出すことは極めて困難である。しかし、印刷を東陽堂で行うならば、東陽堂はすでに木莵麻呂の希望を十分承知している上に、木莵麻呂は原稿を提出した後でも、直接印刷所で印刷上の細かな注文を出すことが可能となるから、木莵麻呂としては大変好都合であった。

もう一つの理由は、明治四十二年の秋以降『論語逢原』の出版に協力してくれた東陽堂に、木莵麻呂が強く恩義を感じていたことである。『論語逢原』が大阪で印刷された場合、これまで東陽堂が『論語逢原』出版のために木莵麻呂に協力してくれたことが、すべて無になってしまう。木莵麻呂にはそれが耐えられなかった。

以上の二つの理由から、木莵麻呂は『論語逢原』の印刷を東京の東陽堂で行うようにとの条件を、懐徳堂記念会に対して申し入れたと考えられる。

『論語逢原』の出版は、懐徳堂記念会による記念出版の話が出る前から、木莵麻呂が取り組んでいたことであった。資金がないために不本意ながら実現には至ってはいなかったが、木莵麻呂は出版をあきらめてしまったわけではなかった。そこへ記念会が『論語逢原』を記念出版することを決め、木莵麻呂に対してその原稿の執筆を依頼してきた。木莵麻呂にとっては、懸案だった資金問題に煩わされることなく、かねて希望していた『論語逢原』の出版を実現することのできる絶好の機会がやって来たのである。

にもかかわらず、木莵麻呂はその記念会からの依頼を受け入れるにあたって、あえて条件を出して、東陽堂での印刷を記念会に求めた。記念会が木莵麻呂の要求を拒否すれば、『論語逢原』出版の機会は失われる。木菟麻呂はそうした可能性も十分に認識した上で、記念会に対して要求を突きつけたものと推測される。原本の体裁を尊重した出版を実現することと東陽堂との信義を守ることとは、それほど木菟麻呂にとって重要だったと思われる。

記念会とすれば、『論語逢原』を記念出版しようという企画自体が、木菟麻呂の全面的な協力を前提としていたと見られる。その木菟麻呂から、印刷所について条件を出されることは、まったく想定していなかったに違いない。他の記念出版はすべて大阪の印刷所で印刷することとなっているところに、『論語逢原』だけを特別扱いするということは、実務としてもかなり面倒なことである。また、そもそも懐徳堂記念会の事業は、大阪人が、大阪のために取り組んでいる文化的事業であった。その事業の一部とはいえ東京で行うことは、いささか心情的に受け入れ難く、木菟麻呂に対する反発を招いたのではないかと思われる。このため、木菟麻呂の要求を拒絶するという選択も、記念会としては当然考えたことであろう。

しかし、拒絶すると『論語逢原』の記念出版ができない。いうまでもなく『論語』は、日本人が最も親しんでいる古典の一つであり、『論語逢原』出版の企画には、懐徳堂を代表する学者である中井履軒の『論語』の注釈書を出版することによって、懐徳堂の学問的業績を世に広め、その評価を高めるというねらいが込められていたと考えられる。『論語逢原』が出版できなくなることは、記念会としても大きな痛手を負うことになりかねなかった。

結局記念会は、木菟麻呂の条件を受け入れることを選択した。『論語逢原』は是非とも出版したかったからなのであろう。

明治四十四年三月二十五日、大阪で筆写された『論語逢原』四冊が、天囚によって木菟麻呂に届けられた。以後木菟麻呂は、写本に訓点を施し、出版のための原稿を執筆する作業に取り組んでいった。

出版直前のトラブル

その後『論語逢原』の記念出版の準備は順調に進んでいったが、明治四十四年八月二日、つまり懐徳堂記念祭の挙行まであと二ヵ月という段階で、大きな問題が生じた。

この日の朝、木菟麻呂に西村天囚からの手紙が届いた。天囚は、『論語逢原』刊行の費用として記念会が見積もった金額を木菟麻呂に知らせてきたのである。また手紙には、東京で印刷する『論語逢原』の見本として、記念会が大阪で印刷した『奠陰集』の第一巻が添えられていた。

木菟麻呂が子細に検討したところ、刊行費用の見積額は、東陽堂が試算した金額のおよそ半額でしかなかった。しかも印刷の見本は、木菟麻呂の意に沿わず、『論語逢原』をこの見本と同じように印刷することはできないと木菟麻呂は判断した。『論語逢原』の出版は、その体裁と予算という二つの問題によって「一頓挫《とんざ》ヲ致《いた》」してしまったのである。

木菟麻呂は直ちに東陽堂の田中氏と相談したが、田中氏は、試算の半額では到底印刷を引き受けることができないが、主人の意向を確認し、また記念会の提示する金額で引き受ける印刷所が東京にあるかどうかを調べて、その上で正式に回答すると木菟麻呂に告げた。

この後も木菟麻呂は『論語逢原』の原稿作成を継続しつつ、東陽堂との相談を重ねた。

結局東陽堂は、記念会の示した見積額で印刷を請け負う業者を見つけることができず、ここに至っては『論語逢原』を東京で印刷することを断念して、大阪で印刷してはどうかと、木菟麻呂に提案した。しかし木菟麻呂は、それでは記念会との間で定めた「前議」を破棄することとなり「深ク遺憾」であるとし、その提案を拒否した。『論語逢原』を東陽堂で印刷することは、懐徳堂記念会が申し入れてきた出版への協力要請を受け入れる条件として、木菟麻呂から記念会に要求し、両者が協議を経て決定したことであった。それだけに、木菟麻呂としては何としてでも東京での印刷を実現したいと考えたのである。

そこで木菟麻呂は、「過超ノ印費ヲ大阪記念会ト東陽堂トニテ分担」してくれないか、と東陽堂に新たな提案をした。ただし、このことを当面記念会には知らせず、木菟麻呂と東陽堂とだけで「独断ニテ」決めておき、後日記念会に了承させよう、というのである。東陽堂の主人は、『論語逢原』は「後来ノ収益」が見込めるとの理由で、この木菟麻呂の新しい提案を承諾した。「後来ノ収益」というのが何を指すのかはよく分からないが、東陽堂が記念出版とは別に、後日『論語逢原』を刊行することを計画したのかも知れない。

ここで木菟麻呂が、懐徳堂記念会の意向を確認しないまま、「独断ニテ」東陽堂と記念会とで見積を超過した分の経費を負担することを提案し、記念会に事後承諾を求めようとしたという点は大変興味深い。出版経費を直接負担する立場ではないにもかかわらず、勝手にこうした提案を行った木菟麻呂の強気の姿勢には驚かされる。

木菟麻呂のこうした強気の姿勢は、記念祭まであと三ヵ月という段階であるから、記念会はこの提案を受け入れざるを得ないはずだとの計算があったからなのかも知れない。また、記念会の財政状況は余剰金が出るほど潤沢で、『論語逢原』の出版経費が見積を上回ったとしてもまったく問題がないとの情報を得ていたのかも知れない。

これに対して記念会がどう対応したのかは不明だが、見積の問題はこうして一応の決着が付いた。残る見本の問題については、記念会と木菟麻呂とが具体的にどのようなやりとりをしたのかはまったく分からない。そもそも記念出版される書籍は、すべて原本の体裁や内容が当然異なるのであるから、各本で多少違うところがあっても特に問題とはならなかったのではないかと考えられる。『論語逢原』の出版に当たって木菟麻呂が心を砕いたのは、原本の体裁をできる限り尊重した印刷をするにはどうすればよいか、ということだったが、この点について木菟麻呂は、おそらく記念会とはほとんどやりとりすることがなく、東陽堂との間で綿密に調整を行ったものと思われる。

木莵麻呂が『論語逢原』に訓点を施す作業を終えたのは、明治四十四年八月十六日である。十月の懐徳堂記念祭まであと二ヵ月を切った時点で、ようやく原稿はすべて完成した。すでに完成した分の原稿は印刷に回っており、その校正が翌日から始まっている。『論語逢原』の印刷が終わっても、それを東京から大阪に送って製本しなければならない。印刷に関わった記念会の担当者らは、大いに気を揉んだことであろう。

こうして何とか時間との戦いをも乗り越えて、『論語逢原』の記念出版は実現した。先にも触れた通り、記念出版された各文献の印刷・製本は、基本的にすべて大阪で行われたが、『論語逢原』だけは、印刷者が吾妻健三郎（東陽堂の主人）、印刷所が東洋印刷株式会社となっている。その製本所は大阪の堀越日進堂で、他の文献と同じである。

コラム☆木莵麻呂とニコライ

木莵麻呂の一生に大きな影響を与えた存在であったニコライ（ニコライ・カサートキン）は、明治四十五年二月十六日に没した。その前後は『秋霧記』の記述が途切れているが、その直前の明治四十四年十一月十七日付の部分に、「コノ後、又〻多事ノ為、終ニ録スルヲ得ズ」とある。具体的には触れられていないが、ニコライの最期をめぐり木莵麻呂は対応に忙殺され、また大いに心を痛めたのであろう。

ニコライの死後、木菟麻呂はニコライをたびたび夢に見ており、明治四十五年三月七日にも木菟麻呂はニコライの夢を見た。

その夢では、健在だった頃と何も変わっていないニコライが姿を現わして、二人で共訳した文献の一部には脱落があり、そのまま印刷すると信者が「祈祷ノ次第ヲ誤ル」ことになってしまう、と木菟麻呂に告げた。その様子は「真ニ逼《せま》」っており、木菟麻呂は脱落が本当にあるかどうかを精査した上で印刷しなければならない、と考えた。

木菟麻呂が夢でニコライを見たのは、この時までにこれを含めて四度に及んだという。長年共訳作業に従事した二人の結び付きの深さが窺える。

6 『秋霧記』から明らかになった新事実――『懐徳堂紀年』

懐徳堂記念会が法人化した後も、財団法人懐徳堂記念会と木菟麻呂とは関係を持ち続けた。しかし、財団法人懐徳堂記念会も懐徳堂記念会と同様に、結局木菟麻呂を部外者として位置付け、その組織の中に取り込むことはなかった。

しかし、先に見たように、財団法人懐徳堂記念会の中で懐徳堂の歴史に関して最も詳しい知識を持つ西村天囚ですら、『懐徳堂考』の下巻の執筆に当たっては、『懐徳堂水哉館先哲遺事』を木菟麻呂に執筆してもらう必要があった。

これと同じように、財団法人懐徳堂記念会が懐徳堂の歴史に関する情報を木菟麻呂に頼ったケースとして、『懐徳堂紀年《かいとくどうきねん》』の献上がある。

『懐徳堂紀年』とは―新田文庫と北山文庫の『懐徳堂紀年』

『懐徳堂紀年』とは、懐徳堂に関連する出来事をいわば年表風に記した、懐徳堂の編年史である。元禄十三年（一七〇〇）から明治二年（一八六九）までの出来事が、年表風に、漢文で記されている。

『懐徳堂紀年』は、平成十三年（二〇〇一）、懐徳堂文庫資料のデジタル・アーカイブ化に向けての調査の際に、懐徳堂文庫中の新田《にった》文庫に含まれていることが発見された。この時までこの資料は、存在すら忘れられていたといってよい。

新田文庫とは、中井木菟麻呂の異母妹・終子の養女に当たる新田和子氏が所蔵していた資料である。昭和五十四年（一九七九）と昭和五十八年（一九八三）の二回に分けて、新田和子氏より大阪大学へ寄贈された。木菟麻呂の日記『秋霧記』も、この新田文庫の資料の一つである。

『懐徳堂紀年』とはどういう資料なのか。発見とともに謎の解明が始まった。

新田文庫の『懐徳堂紀年』の巻末には、中井木菟麻呂の識語《しきご》と署名とが記されており、『懐徳堂紀年』は大正三年（一九一四）十一月、中井木菟麻呂によって執筆されたものであることが確認で

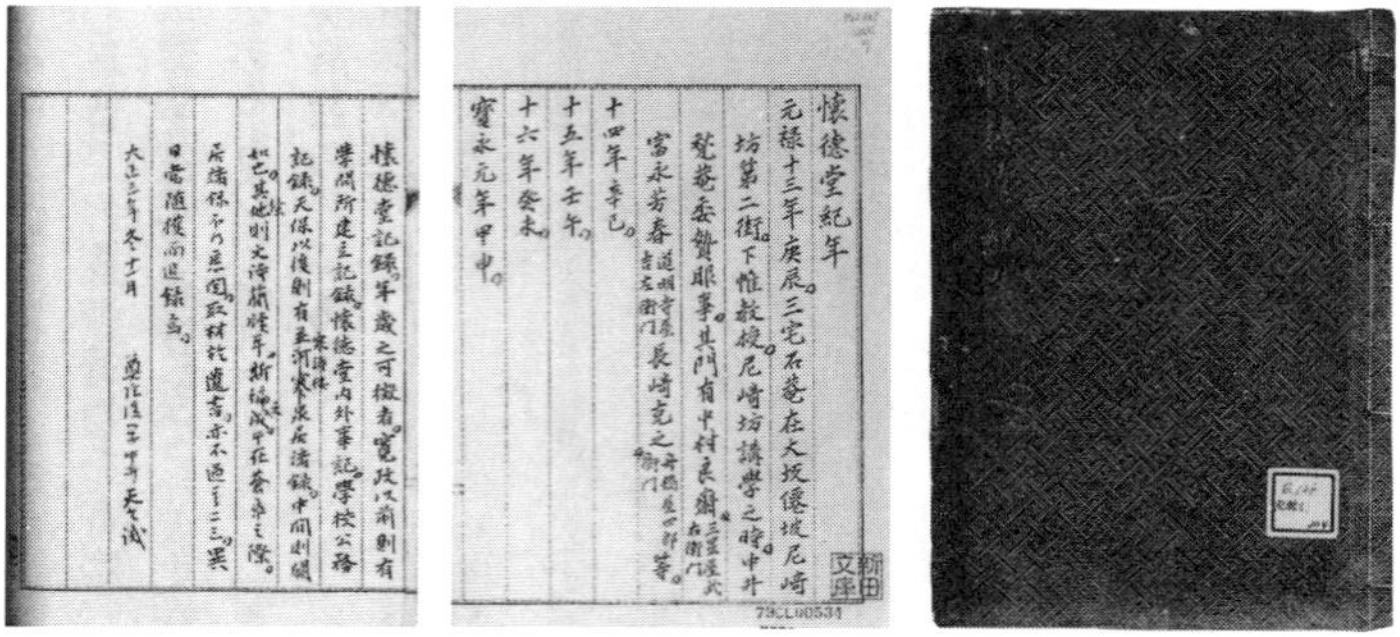

新田文庫本『懐徳堂紀年』右から表紙・巻頭・巻末

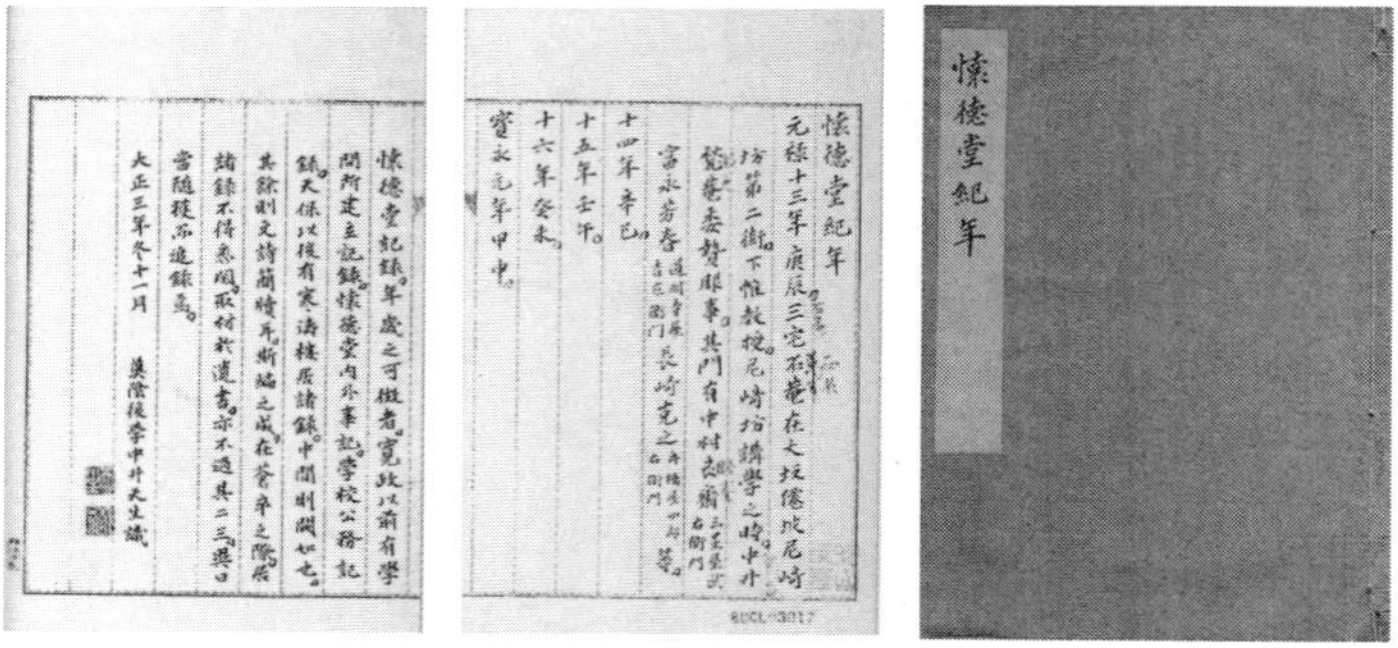

北山文庫本『懐徳堂紀年』右から表紙・巻頭・巻末

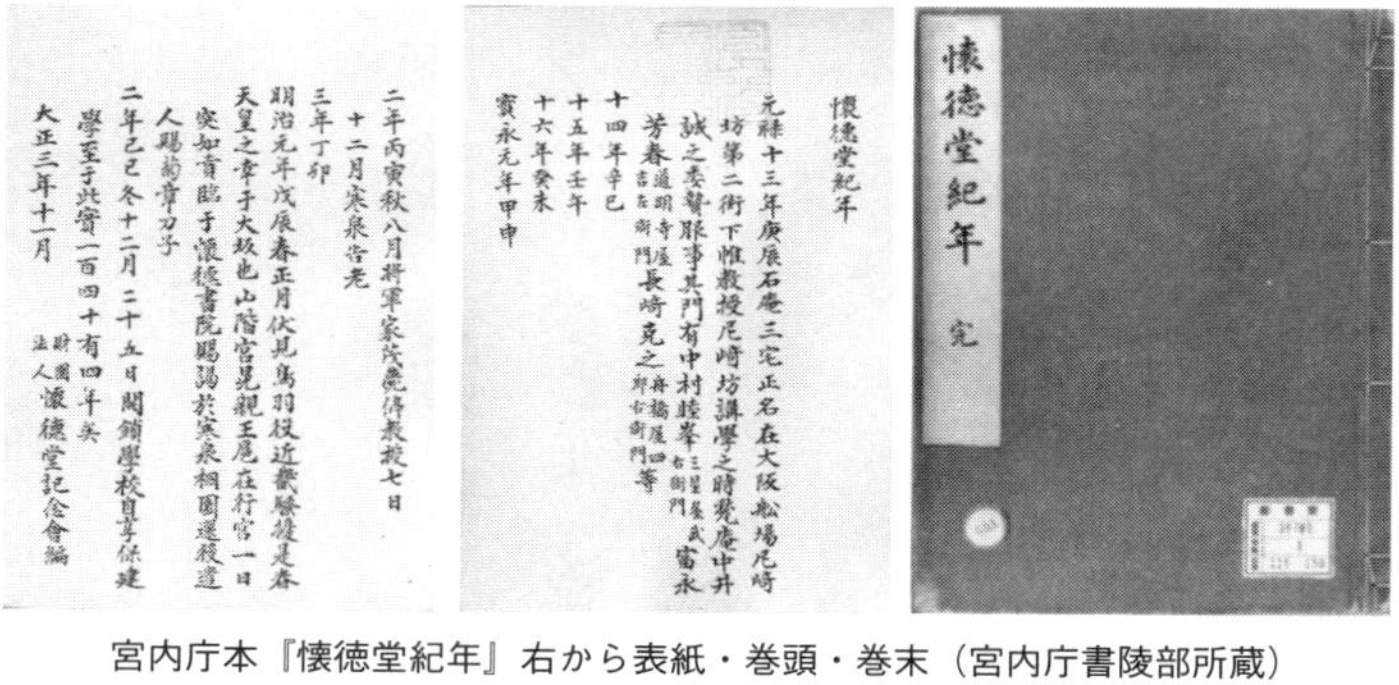

宮内庁本『懐徳堂紀年』右から表紙・巻頭・巻末（宮内庁書陵部所蔵）

きた。しかし、木菟麻呂がどういう経緯で『懐徳堂紀年』を著したのかは、識語からは分からない。

その後、新田文庫だけでなく、懐徳堂文庫の北山《ほくざん》文庫の中にも、『懐徳堂紀年』という資料が存在することが確認された。北山文庫とは、重建懐徳堂最後の教授であった吉田鋭雄《はやお》の旧蔵書で、昭和三十一年（一九五六）と昭和五十四年（一九七九）に大阪大学に寄贈されたものである。

新田文庫の『懐徳堂紀年』（以下、新田文庫本）と北山文庫の『懐徳堂紀年』（以下、北山文庫本）とを比較すると、使用している罫紙やその葉数、本文もほぼ同一で、巻末の識語の内容は完全に同一である。ただし、北山文庫本の本文は、新田文庫本の本文に多数加えられている修正を反映する形になっている。このため、まず新田文庫本が成立し、その新田本に修正が加えられた後に北山文庫本が成立したことが判明した。

しかし、北山文庫本には、新田文庫本にはまったく存在しない、朱筆の修正が多数加えられていた。このため、北山文庫本もどうやら完成した『懐徳堂紀年』ではなかったと考えられたが、その修正が何を意味するものなのかは、本文を見ただけでは分からなかった。

第三の『懐徳堂紀年』―宮内庁本

『懐徳堂紀年』の謎を解明する鍵となったのは、北山文庫本に挟み込まれていた一枚の原稿用紙のメモである。

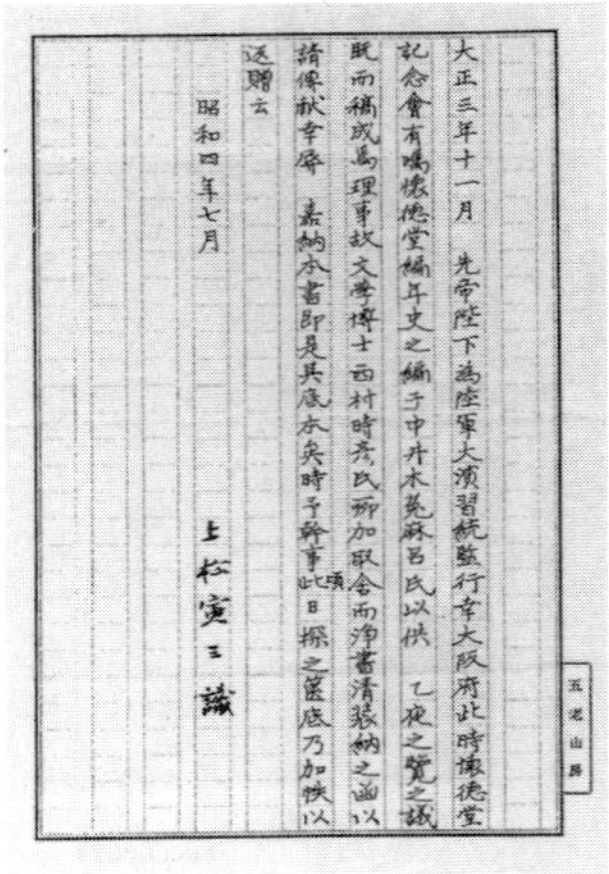

大正三年十一月　先帝陛下為陸軍大演習統監行幸大阪府此時懐徳堂
記念會有囑懐徳堂編年史之編予中井木菟麻呂氏以供　乙夜之覽之誠
既而稿成為理事故文學博士西村時彦氏所加取舍而浄書清裝納之函以
請傳献幸擧　嘉納本書即是其底本矣時予幹事此頃日探之篋底乃加帙以
送贈云
昭和四年七月
上松寅三識
五老山房

上松寅三のメモ

このメモは、昭和四年（一九二九）七月、上松寅三が北山文庫の『懐徳堂紀年』の来歴について漢文で書き記したものであった。

上松は懐徳堂記念会や財団法人懐徳堂記念会の中心にいた人物の一人であり、財団法人懐徳堂記念会では幹事をつとめ、記念会の窓口として中井木菟麻呂との交渉を担当していた。このため『秋霧記』にも、上松の名はしばしば登場している。

上松のメモによれば、大正三年（一九一四）、大正天皇が陸軍大演習を統監するため大阪に行幸した際、財団法人懐徳堂記念会は大正天皇に懐徳堂の編年史を献上することにし、その執筆を中井木菟麻呂に依頼した。木菟麻呂が依頼に応じて執筆した原稿に、記念会の理事であった西村天囚が修正を加えた上で浄書し、大正天皇への献上を行った。この北山文庫の『懐徳堂紀年』は、大正天皇に献上された『懐徳堂紀年』の底本であり、いつしか上松個人の書籍の中に紛れていたものを、後に上松が見つけたので、帙《ちつ》に入れて返贈したのだという。

この記述に基づき、懐徳堂記念会が大正天皇に献上したという『懐徳堂紀年』が実在するのかどうかを探索すると、果たして宮内庁書陵部《くないちょうしょりょうぶ》の図書目録（宮内廳書陵部編『和漢圖書分類目録』）に『懐徳堂紀年』の記載があった。宮内庁書陵部に行って調査したところ、大正天皇に献上された『懐徳堂紀年』が現存することが確認された。

この宮内庁書陵部の『懐徳堂紀年』（以下、宮内庁本）を北山文庫本と比較したところ、宮内庁本の『懐徳堂紀年』の本文は、北山文庫本に認められた朱筆の修正を反映していることが判明した。従って、新田文庫本・北山文庫本・宮内庁本の三つの『懐徳堂紀年』は、以下の関係であることが分かった。

まず最初に執筆されたのが、新田文庫本である。新田文庫本は、中井木菟麻呂が懐徳堂記念会からの依頼を受けて執筆した第一次の稿本である。木菟麻呂はこの第一次稿本に修正を加え、新たに浄書して第二次稿本を作成し、懐徳堂記念会に呈上した。この第二次稿本が北山文庫本である。その後懐徳堂記念会は、木菟麻呂が呈上した北山文庫本に朱筆で修正を加え、その上で浄書して大正天皇への献上を行った。こうして献上されたのが、いわば完本《かんぽん》にあたる宮内庁本である。

第一次稿本の新田文庫本は、第二次稿本の北山文庫本を懐徳堂記念会に呈上した後もそのまま木菟麻呂が手元に残し、その後木菟麻呂から中井終子へ、中井終子からさらに新田和子へと伝えられ、後に新田文庫に収められた。また第二次稿本の北山文庫本は、木菟麻呂が懐徳堂記念会に呈上した後、記念会が木菟麻呂には返却せず、そのまま所蔵していた。その後一旦上松の私物に紛れ、後に上松が記念会に戻したが、さらに懐徳堂最後の教授である吉田鋭雄の所持するところとなった。それが後に北山文庫の資料として阪大に寄贈された。

ともに木菟麻呂が執筆した新田文庫本と北山文庫本とは、北山文庫本が記念会に呈上されて別れ別れとなっていたのだが、それぞれ別の経緯を辿って大阪大学に寄贈され、懐徳堂文庫において再会を果たしたのである。

興味深いのは、記念会における北山文庫本の扱いである。記念会がこれを木菟麻呂に返却しなかったのは、天囚による朱筆の修正が残っていたからであろうが、記念会の正式な所有物として位置付けられることがなかった。後に上松個人の持ち物に紛れたというのも、またさらに後に吉田鋭雄の所蔵するところとなったのも、そのためと見られる。もしも記念会の正式な所蔵資料として管理されていたならば、戦後懐徳堂記念会が蔵書を大阪大学に寄贈した時点で、北山文庫本は懐徳堂文庫に入っていたはずである。

記念会が正規の所蔵資料として管理していなかったこと自体、『懐徳堂紀年』の作成が、財団法人懐徳堂記念会としての正式な事業ではなかったことを示唆していると見られるが、それと関連して、実は『懐徳堂紀年』に関しては不可解な点がある。それは、大正天皇に『懐徳堂紀年』を献上したということは、財団法人懐徳堂記念会がまとめた正式な記録類にまったく記されていないという点である。

懐徳堂記念会の不可解な態度

たとえば、懐徳堂記念会がその記念会創立前後の事情をまとめた「懐徳堂復興小史」を見てみよう。「懐徳堂復興小史」は、大正十四年（一九二五）に西村天囚の『懐徳堂考』を再刊した際に記念会がまとめて、その附録としたものである。そこには、大正時代に懐徳堂記念会が大正天皇から二度下賜金を受けたことを「無上の光栄」であると記しており、記念会が天皇との関係を重視する姿勢であったことが窺われる。ところが、『懐徳堂紀年』の献上に関しては一言も触れていない。

翌大正十五年に懐徳堂記念会が刊行した『懐徳堂要覧《ようらん》』も同様である。『懐徳堂要覧』は、財団法人懐徳堂記念会が戦後も含めて何度か刊行しているが、大正版が最初のものである。この大正版『懐徳堂要覧』では、懐徳堂記念会・財団法人懐徳堂記念会の発足とその後の活動の経緯が「新懐徳堂沿革」としてまとめられているが、ここにも『懐徳堂紀年』献上についての記述はまったく存在しない。

『懐徳堂紀年』の献上が財団法人懐徳堂記念会の正式な記録において完全に無視されていることは、『懐徳堂紀年』の第二次稿本である北山文庫本が記念会の正式な所有物となっていなかったことと同様に、その献上が、会としての正式な活動ではなかったことを示しているように思われる。

木菟麻呂への『懐徳堂紀年』執筆依頼

『懐徳堂紀年』の成立や、その献上の謎を解明する手がかりは、木菟麻呂の日記『秋霧記』に見出すことができた。『秋霧記』の記述から、『懐徳堂紀年』の成立と献上の経緯が初めて明らかになったのである。以下、木菟麻呂の日記『秋霧記』に描かれている『懐徳堂紀年』の執筆や献上の経緯について見てみることにしよう。

木菟麻呂が『懐徳堂紀年』と関わったそもそもの発端は、大正三年（一九一四）十月七日、懐徳堂記念会の幹事・上松寅三から届いた手紙である。

上松は、財団法人懐徳堂記念会が「懐徳堂小祭」を無事執り行ったことを木菟麻呂に報告し、加えてその夜の晩餐会の席上で出た話を知らせてきた。『懐徳堂紀年』に関係するのは、その晩餐会の席上での話である。

出席者の中から、来《きた》る大正三年十一月十三日、摂津・河内・和泉の地において陸軍大演習が行われ、大正天皇が大阪に行幸するので、この機会に「懐徳堂先哲ノ遺著筆蹟ヲ天覧《てんらん》ニ供《きょう》スベキ」ではないか、また、その天覧の際、懐徳堂に関して「御下問《ごかもん》アラセラレタル節ノ準備」として、懐徳堂の百四十年余りの歴史をまとめた資料を編纂してはどうか、という提案が出た。記念会の西村天囚と上松は「皆繁忙」で、その編年史の執筆はできないから、代わりに執筆してほしいと、木菟麻呂に依頼してきたのである。

ここで注目されるのは、まずこの依頼が行われた時期がかなり遅いという点である。上松の手紙が届いたのは十月七日、大演習の開始は十一月十三日であるから、『懐徳堂紀年』の執筆期間としては、僅か一ヵ月ほどしかなかったことになる。

『懐徳堂紀年』が厳しい時間的制約のもとで執筆されたということは、木菟麻呂が書いた新田文庫本・北山文庫本の識語からも窺えた。執筆は「蒼卒《そうそつ》の際」、つまり慌ただしい状況で行われたので、関連する資料を綿密に調査することができなかった、と木菟麻呂本人が記しているのである。しかし、僅か一ヵ月で執筆しなければならないほどであったことは、『秋霧記』によって初めて明らかになった。

また、「西村上松二氏皆繁忙ニ付」、代わって執筆してほしい、という木菟麻呂への依頼の仕方も注目される。大正天皇の行幸にあわせて懐徳堂の編年史を編纂することは、財団法人懐徳堂記念会の関係者の中から提案されたことであった。それを木菟麻呂に依頼するにあたり、記念会の天囚や上松が忙しいからという理由を挙げるのは、木菟麻呂の事情を顧慮しようともしない、随分と身勝手で、木菟麻呂を見下したかのような振る舞いであるように思われる。

もちろん、『秋霧記』には上松の手紙の文言がそのまま記されているわけではない。手紙の文言はもっと鄭重な依頼であった可能性もある。しかし、仮にそうであったのだとしても、この懐徳堂の編年史は、天囚でなければ、木菟麻呂にしかできないわけであるから、依頼の仕方はもっと鄭重であってしかるべきだったのではなかろうか。木菟麻呂が『秋霧記』に記した表現からは、執筆を依頼してきた記念会の態度に、いささか感情を害していたことが窺えるように思われる。

『懐徳堂紀年』の性格

また、この時木菟麻呂に依頼されたものが、「懐徳堂先哲ノ遺著筆蹟」を天覧に供する際に、懐徳堂に関して「御下問アラセラレタル節ノ準備」であった点も注目される。これも『秋霧記』の記述によって初めて明らかとなったのだが、『懐徳堂紀年』は、もともと天皇に献上するためのものでも、天覧に供するためのものでもなかったのである。

木菟麻呂にとって、依頼されたのが「御下問アラセラレタル節ノ準備」であったことは、『懐徳堂紀年』に記した内容にも当然影響したに違いない。後述する十一月二十一日付の『秋霧記』の紙面に貼り付けられている罫紙にも、「最初上松氏ヨリコノ書ノ編纂ヲ嘱セラレシトキハ懐徳堂遺書類ヲ天覧ニ供スル評議アル故万一御下問ニテモアリタルトキノ用意ニ編纂致シオクコトト承知致シ」ていた、と記されている。木菟麻呂にとって献上は、想定外のことだったのである。

『懐徳堂紀年』の成立・献上の経緯を記す記念会側の資料が今のところ確認できないため、詳しいことは分からないが、当初記念会関係者は、木菟麻呂に依頼したように、『懐徳堂紀年』を御下問があった時の準備として考えていたのであろう。その後方針を変更し、『懐徳堂紀年』自体を天覧に供することとし、さらにその後献上することにしたと推測される。

『懐徳堂紀年』執筆の準備

十月七日に届いた上松からの執筆依頼の手紙に対して、木菟麻呂は、執筆のための時間的が少ないこと、その上必要な資料が手許《てもと》に揃《そろ》っていないことから、執筆は「極メテ難事」となると冷静に判断した。しかし、懐徳堂の先哲（諸学者）の遺著筆蹟を天覧に供するのであれば、天皇より「御下問アラセラレタル」ことも十分あり得る。その準備として懐徳堂の編年史があれば都合がよいのは確かである。また木菟麻呂自身も、実は懐徳堂の年表を作ることを長年希望していた。そこで、詳細なものはできないことを承知の上で、「万事ヲ擲《なげう》チテ着手スル」ことを決意したのである。

「万事ヲ擲」つとは随分大げさにも思えるが、『秋霧記』を読む限り、この頃木菟麻呂は実際かなり多忙であった。正教会に関する仕事や、神学校や女子神学校における漢文の授業の担当など、多くの仕事を抱えており、また今後の正教会関係の翻訳の仕事に役立てるために、自ら進んでギリシア語の個人授業も受けていた。

執筆を決意すると、木菟麻呂は直ちに行動を開始した。上松からの手紙を受け取った七日のうちに、ギリシア語の個人授業を休止することを決めた。また、執筆にどのような資料が必要であるのかを検討した。そして、十月十三日に上松宛に手紙を出し、年表執筆を承諾することを伝え、同時に、『懐徳堂内事記』・『懐徳堂外事記』・『学校公務記録』・『懐徳堂水哉館遺事』・『懐徳堂纂録』を送付してほしいと要請した。

また同じ日に、木菟麻呂は羽倉信一郎に対しても「居諸録嘉永巳後明治二年迄ノ分ヲ借用スル為」の封書一通を発信した。これも『懐徳堂紀年』執筆に必要な資料を入手するためであった。

こうして木菟麻呂は、「懐徳堂年表編纂ノ為ニ諸凡《ママ》ノ要件ヲ取方付ケ」（十月十七日付『秋霧記』）ていった。当時木菟麻呂は、体調の不良にも苦しめられていたが、十月十九日にようやく執筆の準備を終え、大正三年十月二十日、ついに『懐徳堂紀年』の執筆を開始した。大演習の開始まで、もう一ヵ月を切っていた。

もっとも、一週間前上松に送付を依頼した資料は、まだ手元に届いていなかった。結局上松に頼んだ資料が届いたのは、二十二日朝であった。

資料も十分には揃わず、また健康状態にも不安を抱える木菟麻呂にとって、一ヵ月で『懐徳堂紀年』を執筆することは確かに「難事」であった。『先哲遺事』の時と同様に、執筆が忙しくなると、日記『秋霧記』をつけることもできなくなったほどである。

『懐徳堂紀年』の脱稿

『懐徳堂紀年』執筆のために『秋霧記』の執筆が途絶えたのは、十月二十三日付から約三週間分で、十一月十三日付から再開された。

木菟麻呂は十一月十二日までに『懐徳堂紀年』を脱稿、製本屋で製本した後、翌十三日朝に大阪の財団法人懐徳堂記念会に宛てて発送した。十一月十三日は大演習の初日に当たる。大正天皇は同日東京を出発し、その日は名古屋に宿泊、大阪には翌十四日に到着している。

後述するように、木菟麻呂の原稿はおそらく十四日夕刻に大阪の記念会に届いた。『秋霧記』の記述からは、原稿送付の締め切りの取り決めがあったかどうかは分からないが、記念会としては、もっと早く原稿が届くはずだったに違いない。

十一月十四日付の『秋霧記』によると、木菟麻呂から原稿が届かないので、上松寅三は木菟麻呂宛に「ネンプマダコヌ、ヘン」（「ヘン」とは、「返電を待つ」という意味の略語）という文面の「第三回目」の電報を打って原稿の未着を伝え、状況の報告を要請した。結果的にこの電報と木菟麻呂の原稿とは行き違いになったのであるが、上松からの三回に及ぶ電報は、すべて原稿を催促するものだったのであろう。

木菟麻呂の原稿の完成が遅れたのは、そもそも懐徳堂の編年史を僅か一ヵ月で執筆すること自体が容易ではなかったことが主な原因であった。また、その発送がぎりぎりのタイミングだったのは、木菟麻呂が編年史はあくまでも「御下問アラセラレタル節ノ準備」であると理解していたことが影響したと見られる。木菟麻呂は、執筆した原稿は「懐徳堂先哲ノ遺著筆蹟」の天覧に間に合えばよく、製本したものが天覧までに記念会に届けば十分と考えていたと推測されるのである。

ところが、記念会は木菟麻呂にあらかじめ通知することなく、当初の説明を変更して、編年史を大正天皇に献上することとしていた。もちろん、木菟麻呂が執筆したものをそのまま献上するわけにはいかない。木菟麻呂から送られてきた原稿に必要な修正を加えて浄書し、それを懐徳堂記念会が編纂したものとして献上することにしていた。

献上のための修正などには当然時間が必要となる。だからこそ上松は重ねて電報を打って原稿の送付を催促したのである。

木菟麻呂に対する献上の報告

記念会に送った原稿がその後どうなったのかは、木菟麻呂は十一月二十一日に上松から届いた手紙によって知らされた。上松の手紙の内容は、十一月二十一日付の記述がある『秋霧記』の紙面の上に後から貼り付けられた、罫紙を切り取った紙片に記されている。少し長いが重要なので引用しておこう。

上松氏ノ書示スル所ニヨレバ、懐徳堂紀年ハ十三日夕刻到着後、縞桐《しまぎり》ノ箱ヲ造リ、大鷹檀紙《おおたかだんし》ニ包ミテソノ間ニ納メ、御召羽二重《おめしはぶたえ》ノ上裏ヲ施シ、献上台ニ載セ、十八日（今井氏ノ書ニハ十九日トアリ）ヲ以テ進献ヲ終ヘタリ。献上物ハ十一日ヲ以テ限トスル定ナレドモ、本書丈ハ特別ノ取扱ト為リタリ。装飾品調製ノ為ニ更ニ時日カカ、リタル故ナリト云フ。コノ書信ニヨリテ、ソノ献上品ト為リタルヲ知レリ。最初上松氏ヨリコノ書ノ編纂ヲ嘱セラレシトキハ、懐徳堂遺書類ヲ天覧ニ供スル評議アル故、万一御下問ニテモアリタルトキノ用意ニ編纂致シオクコトト承知致シ、ソノ後、今井貫一氏ノ書ニヨリテ、供天覧ニス相談アル由ヲ漏ラサレタレドモ、遺品ト共ニ御前ニ差シ出シ置クコトトノミ思ヒ居リシガ、先ニ上松氏ガ本書受取ノ通知ニ、「伝献」ノ字アルニヨリテ、若《も》シヤ献上セラル、コトト為リタルカト思ハレシガ、今コノ書ニヨリテ明白ト為リタリ。蒼卒ノ撰ニシテコノ光栄ヲ得タルハ、惶懼《こうく》ニ勝ヘザル所ナリ。

これによると、木菟麻呂が十一月十三日の朝発送した原稿は、大阪に十三日の夕刻に到着した。しかし、十四日に上松が催促の電報を打っていることから考えると、到着は十四日夕刻の間違いであろう。その後この原稿は、十一月十八日か、あるいは十九日に献上された。献上の行われた日を上松は十八日と知らせて来たが、今井貫一からの別の知らせでは十九日であった。日付が異なる事情はよく分からない。

ともかく、木菟麻呂はこの上松からの手紙によって、初めて『懐徳堂紀年』が大正天皇の「献上品ト為リタルヲ知」った。木菟麻呂は、それを「光栄」なことと受け止めつつも、時間的制約から不十分な内容であることを自覚していただけに、「惶懼ニ勝ヘザル所」であるとしている。

記念会から事前に献上を知らされていなかった木菟麻呂であるが、振り返ってみれば思い当たる節もないではなかった。今井貫一から届いた手紙の中に、『懐徳堂紀年』を天覧に供するとの「相談」が記念会の中にある、と記されていたことがあった。木菟麻呂はそれを、「懐徳堂遺書類」と共に、『懐徳堂紀年』が「御前ニ差シ出シ置」かれることになったのであろうと考えていた。

また十一月十五日に上松から届いた葉書の文言に、「伝献」という言葉が記されていたこともあった。この時木菟麻呂は、「若シヤ献上セラル、コトト為リタルカ」と思ったという。しかし、この葉書が木菟麻呂に届いたのは、木菟麻呂が原稿を記念会に送った後のことである。しかも記念会からの正式な連絡ではなかったから、木菟麻呂は特に反応していなかったのである。

記念会が行った献上

木菟麻呂が執筆した懐徳堂の編年史、つまり『懐徳堂紀年』の原稿が大阪の記念会に届いたのは、先にも述べたようにおそらく十一月十四日の夕刻だったと見られる。『懐徳堂紀年』が天皇に献上されたのが十八日、あるいは十九日だったということは、懐徳堂記念会が献上のための準備を整える時間は、三〜四日、あるいはもっと短かったということになる。先に引用した『秋霧記』には、桐箱や献上台などの準備のことしか触れていないが、実際には木菟麻呂の原稿の本文に対する修正や浄書も行われた上で献上された。その準備は大変慌ただしく行われたに違いない。

その本文に対する修正についてであるが、北山文庫本『懐徳堂紀年』には、記念会の西村天囚が加えた削除・修正の指示が朱筆で残っている。面白いことに、この修正の指示と、大正天皇に献上された完本の宮内庁本の本文とを比較すると、表記上の不統一や誤記が少なくない。

たとえば、「大阪」の地名について、木菟麻呂は「大坂」で統一しており、北山文庫本の修正前の本文ではすべてそうなっている。天囚はそれを「大阪」に修正したのだが、六カ所だけ「大坂」という表記が残っている。その部分だけ「大坂」でなければならない必然性は認められないから、六カ所は単純に修正漏れだったと考えられる。

また、履軒が誓願寺に葬られた日付について、北山文庫本には「十八日」とあるが、宮内庁本は「十六日」としている。これは「八」を「六」と見誤ったための誤記であろう。

この他、浄書の際に残すべき記述を、誤って削除してしまったと考えられる箇所もある。安政四年三月二十三日、水戸藩から懐徳堂に『大日本史』が贈られたとの記述がそうである。北山文庫本のこの箇所には、削除の指示は加えられていないのだが、宮内庁本には記述がない。

おそらくこれは、北山文庫本において、この箇所の前後の部分をかなり大量に削除する指示が加えられていたため、浄書の際に見誤り、削除の指示がなかった『大日本史』の贈与の記述までも一緒に削ってしまったものと推測される。

大正天皇に献上された『懐徳堂紀年』に、こうした表記の不統一や誤記などが少なからず認められるというのは、献上のため記念会が極めて短期間に修正・削除と浄書とを行わなければならなかったことを示していると考えられる。

上松の手紙によれば、この時天皇への献上品の受付は、十一月十一日が期限とされていたという。木菟麻呂から記念会に原稿が届いた時点で、すでに期限を過ぎており、本来ならば『懐徳堂紀年』の献上は実現しなかったはずである。にもかかわらず「本書丈ハ特別ノ取扱」となって献上が行われているということは、何か公にできないような事情があった可能性も考えられる。

献上をめぐる『秋霧記』の記述

さて、そもそも木菟麻呂の日記『秋霧記』には、その日に起きた出来事や、受け取ったり送り出した手紙や葉書の内容などが、実に詳しく書き記されている。その本文に対して後から補足を加えたり、表現を修正している箇所も多い。また余程《よほど》のことがない限り、記述のまったくない日はない。木菟麻呂の几帳面な性格がよく表れている。

前述の通り、この『秋霧記』の記述によれば、木菟麻呂が『懐徳堂紀年』の献上を知ったのは、十一月二十一日に届いた上松寅三からの手紙によってであった。ところが、この上松からの手紙の内容については、十一月二十一日付の『秋霧記』の本文には、当初は記されていなかった。実は、

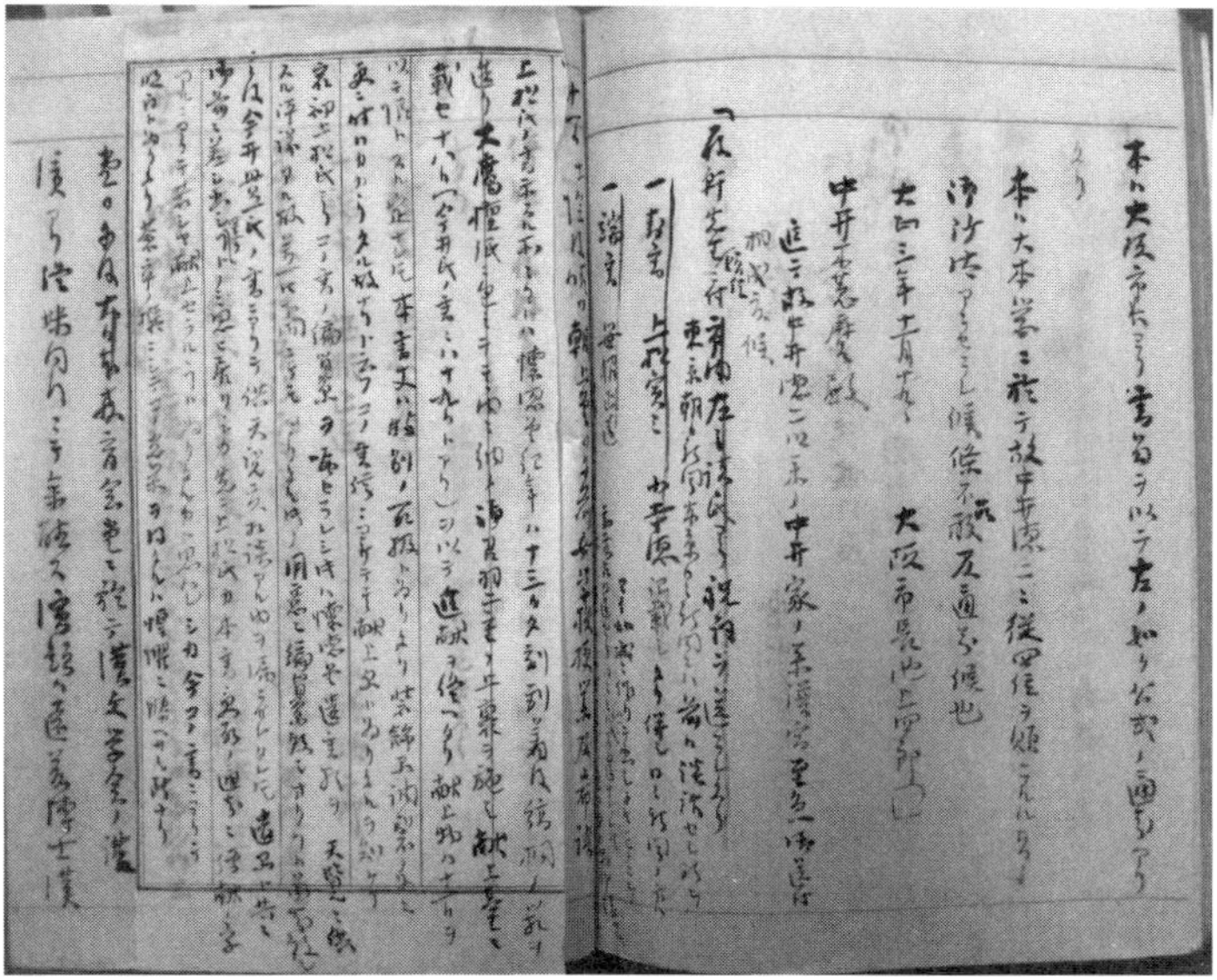

『秋霧記』大正３年11月21日付（左側に貼紙）

後から追加された記述の中に記されているのである。

しかもその追加された記述は、追加とはいっても、紙面の隙間のところに書き加えられたといった程度のものではない。上松からの手紙の内容は、『秋霧記』本文紙面とは別の罫紙に書かれ、その罫紙が『秋霧記』の十一月二十一日の記述がある紙面の上に貼り付けられているのである。これほど大量の記述がこうした形で追加されていることは、『秋霧記』の中でも珍しい。

上松からの手紙は、木菟麻呂が執筆して記念会に送った『懐徳堂紀年』が、その後どうなったのかについて知らせるものだったのであるから、本来ならば『秋霧記』の本文に初めから書かれていてしかるべきであろう。『懐徳堂紀年』の執筆の依頼から発送に至るまでの経緯や、その後の関連する出来事は『秋霧記』に詳しく記されているのであるから、この上松からの手紙の内容だけを後から罫紙に書き付けて、それを本文に貼り付けて追加するというのは、どう見ても不自然である。

あくまでも推測だが、木菟麻呂は『懐徳堂紀年』の原稿を記念会に送付した後、それが献上されたことについて、一旦は『秋霧記』に一切記述しないことに決めたのだが、後に考え直して、別紙に書き付けて追加することとしたのではないかと考えられる。

なぜ木菟麻呂は一旦献上のことを日記に記述することをやめたのであろうか。

『秋霧記』には、木菟麻呂が『懐徳堂紀年』の献上自体を「光栄」なことと受け止めたことが記されているから、献上そのものを否定しようとした訳ではなかったと考えられる。おそらく木菟麻呂は、あらかじめ木菟麻呂に断ることなく、勝手に『懐徳堂紀年』の献上を行ったことを知り、記念会や上松に対して激しく憤慨し、強い不快感、不信感を抱いた。そこで、献上を無視することに一旦は決めた。そのために、『秋霧記』の本文には当初記述しなかったのであろう。

先に見た通り、『懐徳堂紀年』の執筆を依頼する際も、財団法人懐徳堂記念会の木菟麻呂に対する依頼の仕方は、甚《はなは》だ失礼な態度であったように見受けられる。それでも木菟麻呂は依頼に応じて執筆を終えて、記念会に送付した。にもかかわらず、木菟麻呂に対する予告も、また事前に了解を得ることもなく、記念会がそれを突如天皇に献上したのであるから、木菟麻呂が憤慨したとしても、それは当然であろう。

しかし木菟麻呂は、後に冷静さを取り戻し、事実を正確に記録しておく必要があると考え直して、分量の多さも厭《いと》わずに『秋霧記』への追記を行ったのである。

『懐徳堂紀年』をめぐる木菟麻呂と記念会との確執

木菟麻呂が記念会に不信感を抱いたのは、無断で献上したことについてだけではない。木菟麻呂が執筆した『懐徳堂紀年』に記念会がかなりの削除を加えたことも、木菟麻呂を憤慨させた。ただし、そのことを木菟麻呂が知ったのは後のことである。献上が行われた直後からしばらくの間は、おそらく木菟麻呂は、記念会が原稿に削除・修正を加えて天皇に献上したということを知らなかった。というのも、『秋霧記』の中には、削除・修正について木菟麻呂が知っていたことを窺わせる記述がまったくないからである。木菟麻呂は、記念会に送った北山文庫本の『懐徳堂紀年』がそのまま献上されたと誤解していた可能性もあると考えられる。だからこそ木菟麻呂は献上を「惶懼ニ勝ヘサル所」であると述べたのかも知れない。

献上直後は知らなかったとしても、後に木菟麻呂は、記念会が原稿に削除・修正を加えたことを知り、大いに憤慨した。そのことは、大正十五年（一九二六）に記念会が再刊した天囚の『懐徳堂考』

宮内庁本『懐徳堂紀年』巻末

に収められている、木菟麻呂の執筆した「懐徳堂年譜」（再刊本『懐徳堂考』所収）の識語から分かる。

その識語で木菟麻呂は、「記念会頗《すこぶ》る刪削《さつさく》して献納の事を終《お》へたり」と述べている。「頗る刪削」を加えたという表現からは、木菟麻呂が記念会による削除・修正をかなり不快に受け止めていることが窺える。木菟麻呂の知らないところで、記念会が勝手に削除・修正を加えていたのであるから、それを知った木菟麻呂が記念会に対する強い不信感を抱いたのも当然と考えられる。

確かに懐徳堂記念会が加えた削除はかなりの分量だった。特に、安政元年（一八五四）から慶応三年（一八六七）にかけての幕末の記述については、大幅に本文の記述が削除されている。削除・修正されたのは本文だけではなかった。木菟麻呂が巻末に付した識語と署名はすべて削除された。しかもその上で、巻末に「財団法人懐徳堂記念会編」と記されていたのである。

木菟麻呂が執筆した二つの稿本の内、記念会に呈上《ていじょう》した第二次稿本の北山文庫本は、第一次稿本の新田文庫本と比べて、本文・識語とも文字の書きぶりが端正である。また巻末の署名には新田文庫本にはない落款が添えられている。これは、木菟麻呂が北山文庫本『懐徳堂紀年』を、完結した一つの著作として認識していたことを示すと思われる。木菟麻呂の意識としては、北山文庫本『懐徳堂紀年』は、懐徳堂関係の遺書を天覧《てんらん》に供《きょう》した際、天皇から懐徳堂に関する御下問《ごかもん》があった場合の備えとして執筆した、完成した懐徳堂の編年史だったのである。

その北山文庫本に対して、執筆者の承諾もなく勝手に修正・削除を加え、しかも木菟麻呂の名を削って「財団法人懐徳堂記念会編」と記して献上を行った懐徳堂記念会の行為は、いわば木菟麻呂の業績の横取であり、木菟麻呂に対する裏切りといってよい。

木菟麻呂が、献上された『懐徳堂紀年』に「財団法人懐徳堂記念会編」と記されていたことを知っていたのかどうか、知っていたとすれば何時知ったのかは不明であるが、仮に知っていたとするならば、記念会に対する不信は大いに強まったに違いない。

コラム☆木菟麻呂と飛行機

大正時代の初め頃、中井木菟麻呂が当時まだ珍しい乗り物であった飛行機に強い興味を抱いていたことが、『秋霧記』の記述から窺うことができる。

石原氏ト談話中、偶《たまたま》飛行機ノ空中ヲ通過スルアリ。氏ト庭ニ出デ、天ヲ望ムニ、パーセバル式ノ飛行機ノ悠然トシテ進行スルヲ見タリ。極メテ壮観ト為ス。（大正元年十月二十六日付）

朝、飛行機ノ過ルヲ聞ク。出デテ之ヲ望メバ、已ニ遠距離ニ去リテ鳥ノ翔ルガ如キヲ見タ

リ。蓋《けだし》徳川大尉ノ構思セシ所ニシテ、純日本式ノ者ナリト云フ。（同十月二十七日付）

日本における飛行機の初飛行は、公式にはこの二年前の明治四十三年（一九一〇）十二月十九日、東京代々木の陸軍練兵場における徳川好敏大尉の飛行（フランスから輸入したアンリ・ファルマン機を使用）とされている。もっとも、非公式には五日前の十二月十四日、日野熊蔵大尉がドイツのグラーデ機で飛行したという。ちなみに、ライト兄弟による世界初の飛行はその七年前、明治三十六年（一九〇三）十二月十七日である。

木菟麻呂が大正元年十月に見たのは、飛行機を広く国民にアピールするため、東京都心の上空を飛んだ訪問飛行だったようである（山崎明夫『ニッポンが熱狂した大航空時代』（枻出版社、二〇〇七年））。飛行機のエンジン音を聞いて談話中の客とともに庭に飛び出し、飛行機を見上げる木菟麻呂の姿からは、好奇心の旺盛なところがよく窺える。

7 『秋霧記』から明らかになった新事実―履軒への贈位

履軒への贈位問題

『懐徳堂紀年』の献上をめぐって木菟麻呂が財団法人懐徳堂記念会に対する不信を強め、両者の間に確執が生じたのと同じ時期に、もう一つ別の問題が起きた。それは、中井履軒に対する贈位をめぐる問題である。

大正三年（一九一四）十一月十九日、大演習のために大本営の置かれた大阪城において、十四人に対する贈位（功績のある人物に対して、天皇が位階を贈ること）が発表された。十四人のうち十三名は故人であり、その中に中井履軒（徳二）が含まれていた。ところが、この履軒への贈位を、子孫である木菟麻呂はその直前まで知らなかったのである。

木菟麻呂が履軒の贈位の話を耳にしたのは、思わぬ所からであった。十一月十五日、木菟麻呂は外出先で表具師から、三宅万年（石庵）・中井甃庵・中井履軒の三人に贈位が行われるとの新聞報道があったと知らされたのである。寝耳に水だった木菟麻呂は「始メテ之ヲ知リテ打チ驚」いたという。

結局この時贈位を受けたのは三人のうち履軒だけだったが、懐徳堂関係者としては、中井竹山に続くものであった。

竹山への贈位が行われたのは、明治四十五年（一九一二）二月のことで、懐徳堂記念会による懐徳堂記念祭が挙行された四ヵ月後のことである。まだ財団法人懐徳堂記念会は設立されておらず、おそらく懐徳堂記念会関係者が申請を行った結果だったと見られる。

大正三年の履軒への贈位は、財団法人懐徳堂記念会が申請を行った。問題は、そのことが木菟麻呂にはまったく知らされていなかった点である。

竹山の時は、懐徳堂記念会の中心メンバーの一人である上松寅三から木菟麻呂に対して、申請についての連絡があった。ところが履軒の時は、財団法人懐徳堂記念会関係者からは何も連絡がなかった。上松は木菟麻呂に対して「贈位申請ノ件ニ付、忙殺セラレ居」るとは漏らしていたのだが、木菟麻呂はそれが履軒の申請のことであるとは知らされていなかったのである。木菟麻呂が「始メテ之ヲ知リテ打チ驚」いたというのは、そういうことだった。

木菟麻呂は、「予ガ屢《しばしば》履軒先生ノ為《ため》ニ申請セラル、コトナカランヤウ注意シオキタルコトアレバ、故《ことさ》ラニ通知セラレザリシニアラズヤ」と、かねて木菟麻呂は履軒の贈位を申請しないようにと記念会に「注意」していたから、わざと自分に知らせなかったのではないかと疑った。その「注意」を無視された形の木菟麻呂は、記念会に対して強い不信感を抱いたのである。記念会と木菟麻呂との間でこうした問題が起きていたことも、『秋霧記』によって初めて明らかとなった。

贈位と履軒

木菟麻呂は、贈位自体を否定していたわけではない。懐徳堂に関係する学者のなかで、履軒を除く石庵や甃庵が贈位を受けるのであれば、それは「実《まこと》ニ至当《しとう》ノ事《こと》ニテ有《あり》カタキコト」であり、「無上ノ光栄トシテ感刻ニ勝《た》ヘサル所《ところ》」であるとしている。

かつて木莵麻呂は、『懐徳堂紀年』が大正天皇に献上された時、それを「光栄」であり、また「惶懼《こうく》ニ勝ヘザル所」であるとした。木莵麻呂は天皇とのかかわりを得ること自体については、いずれも大いに名誉なことであると受け止めたのである。従って、履軒への贈位も、それが決定した以上は「御辞退申スベキ」ことではなく、子孫として「有《あり》カタク拝戴《はいたい》スヘキコト」であると『秋霧記』に記している。

それでは、木莵麻呂が履軒について贈位を申請しないようにと、わざわざあらかじめ記念会に「注意」していたというのは、何故だったのであろうか。

それは、履軒は「忌名如蛇蝎」、つまり「名を忌《い》むこと　蛇蝎《だかつ》の如き」人物であったと、木莵麻呂が理解していたからである。履軒は世間一般が追い求めようとする名声には関心がなく、名声を得ることを蛇蝎のように嫌い、否定した。そういう履軒に贈位は相応しくないと木莵麻呂は考えていたのである。

もちろんそうした履軒の人柄は、記念会側も知っていた。記念会の理事である天囚は『懐徳堂考』の中で、履軒は「市井《しせい》に隠《かく》れて諸侯の招聘《しょうへい》を謝絶」したと述べ、また古賀精里の伝えるところとして、松平和泉守が使者を派遣して履軒を招聘しようとしたところ、履軒は押し入れに入って使者との面談を避けたとも述べている。木莵麻呂が贈位の申請をしないよう申し入れてきた理由は、記念会側にも十分理解できたはずであった。

にもかかわらず記念会が履軒の贈位を申請したのには、記念会としても事情があった。

大正三年（一九一四）は、懐徳堂記念会が財団法人として新たなスタートを切った翌年にあたる。第二部で述べたように、この頃財団法人懐徳堂記念会は、講堂（重建懐徳堂）の建設資金を確保するための寄付集めに奔走していた。しかし、期待したほどには寄付が集まらなかった。前年の大正二年に財団法人になったばかりの懐徳堂記念会は、具体的な活動実績がほとんどなく、このため、社会的認知度も低かったのである。

そこで財団法人懐徳堂記念会関係者は、懐徳堂や財団法人懐徳堂記念会に対する社会の関心を高めるための方策として、竹山に続いて履軒・石庵・甃庵らが贈位を受けられるように申請を行った。当時大きな影響力があった皇室との結び付きを得ることによって、寄付金が増加することを期待したのである。財団法人懐徳堂記念会が、木菟麻呂の意向を知りながらも、それを無視して履軒の贈位の申請を行ったのは、そうした事情があった。

木菟麻呂の困惑

木菟麻呂は、履軒への贈位を「有《あり》カタク拝戴《はいたい》スヘキコト」であるとは思ったが、やはり困惑をぬぐい去ることができなかった。

十一月十九日、履軒の贈位について新聞記者が取材に訪れた際、木菟麻呂は、贈位はやはり履軒の「性格ト相容《あひい》レサルコト」であるとはしつつ、一旦「陛下ノ思召《おぼしめし》ニヨリテ下サレタル以上ハ無論《むろん》祖先ノ為《ため》ニ有《あ》リカタク恩命ヲ拝戴《はいたい》」すべきであり、おそらく履軒も「感喜《かんき》スル」に違いないと述べている。木菟麻呂の複雑な思いが窺われる。

同日付の『秋霧記』には、祖先が忝《かたじけ》なくも天皇からの贈位を受けたことは「感喜ニ勝《た》ヘサル」ところであるが、同時に「亦《また》枕上雑題中ノ『生前無所求、飲啄燕雀比、身後不朽名、於我如殿屎』ノ話ヲ讀ミテ、無量ノ感慨アリ」と記した履軒の詩集である『枕上雑題』に収められている詩の一節に、「身後不朽名、於我如殿屎」（身後の不朽の名、我に於《お》いては殿屎《でんき》〔うめき声〕の如《ごと》し）とあるのを読み、死後も不朽の名声などといったものは、自分にとっては悩みや苦しみによるうめき声と同じだとした履軒に対して、死後約百年たってから贈位が行われたことに「無量ノ感慨」を禁じ得なかったというのである。この「無量ノ感慨」には、木菟麻呂の意向を尊重しない、記念会に対する不満も含まれていると見るべきであろう。

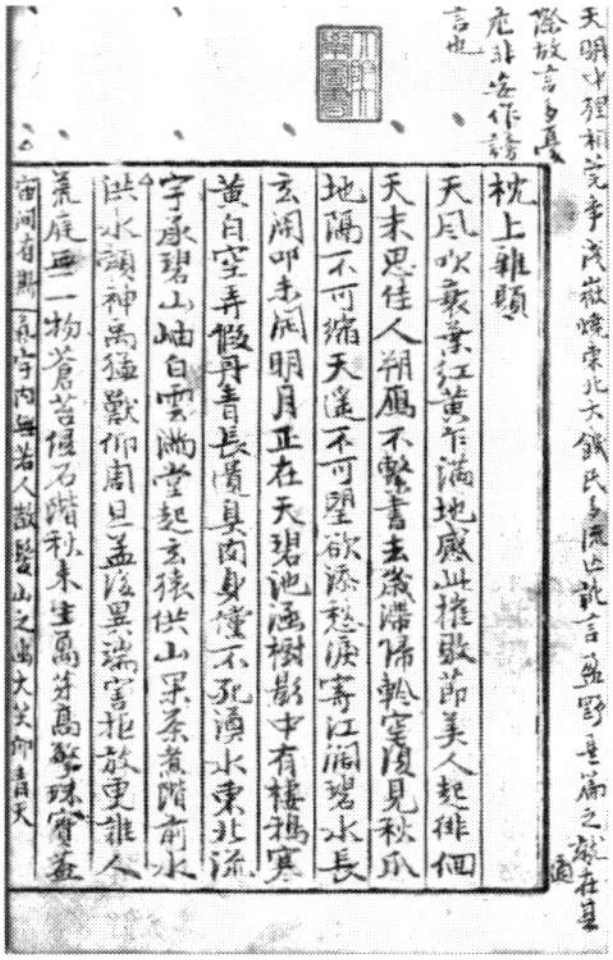

中井履軒『枕上雑題』

以上のように、木菟麻呂が記念会の振る舞いに対して、重ねて不満や不信を抱いたことは確かであると考えられるが、だからといって木菟麻呂は、懐徳堂記念会に対して直接強く反発したり、あるいは記念会を公然と批判するといった行動には出なかった。

その理由についてはなお慎重に検討する必要があるが、懐徳堂記念会や財団法人懐徳堂記念会が展開した懐徳堂を顕彰する運動の成果を、木菟麻呂は基本的に評価していたということが最大の理由だったと考えられる。

すでに見たように、木菟麻呂は先祖を祭るための祭典の挙行や『論語逢原』の出版などを、個人として何一つ実現できなかったが、懐徳堂記念会はそうした事業を見事に実現した。また、木菟麻呂が発案した懐徳堂記念室も、府立図書館内の一室としてではあるが実際に設立された。懐徳堂記念会を継承した財団法人懐徳堂記念会も、やがて重建懐徳堂を建設し、そこを拠点に多くの講演や講義を実施し、継続的に活動を展開した。

懐徳堂記念会や財団法人懐徳堂記念会の関係者らの尽力により、こうした見事な成果を懐徳堂顕彰運動が挙げたこと、そしてそれによって懐徳堂で活躍した中井甃庵・竹山・履軒など中井家の祖先の功績が広く社会に認められるようになったことは、否定できなかった。その事実を、木菟麻呂も重く受け止めていたと考えられる。

もちろん、だからといって木菟麻呂の懐徳堂記念会に対する不平や不満が消えてなくなるということもなかった。それは、懐徳堂旧阯碑にかかわるエピソードからも窺うことができる。

懐徳堂の記念碑

懐徳堂旧阯碑は、かつて懐徳堂が建っていた現在の大阪市中央区今橋三丁目に建つ石碑で、大正七年（一九一八）、この地を今も所在地とする日本生命が、財団法人懐徳堂記念会が講堂（重建懐徳堂）を建設したことを記念して建てたものである。日本生命からの依頼によって碑文を作ったのは西村天囚であり、その天囚の文章を、天囚からの依頼を受けた中井木菟麻呂が揮毫《きごう》した。

この碑が作られた時のことを、木菟麻呂は大正十四年（一九二五）に「追懐遺事三篇」（『懐徳』第二号所収）に記している。それによれば、この時天囚は、自分が書いた碑文の草稿を木菟麻呂に送り、木菟麻呂に批評を求めた。木菟麻呂は、「懐徳堂旧阯の碑文だから十分に意見をいはせて頂きたい」といって「無遠慮に筆を加」えたという。

かつて天囚が『懐徳堂紀年』を大正天皇に献上するにあたり、木菟麻呂の執筆した稿本に対して天囚が大幅な削除・修正を加えたことを思い起こすならば、「無遠慮に筆を加」えたという木菟麻呂の行動は、これまで懐徳堂記念会に対する意見を十分に表すことができず、遠慮を重ねた不満をいささかなりとも晴らそうとした行動だったかのように見える。

ただし、このエピソードの記されている木菟麻呂の「追懐遺事三篇」は、大正十三年（一九二四）

七月に天囚が亡くなった後に、追悼文集として出版された『懐徳』第二号に収められているものである。従って「追懐遺事三篇」は、全体として天囚を立派な人物であったと称えている。木菟麻呂は「無遠慮に筆を加」えたことについても、天囚はそれを不快に思わなかっただけでなく、木菟麻呂の意見を「起手の一語を除く外、悉《ことごと》く採用」したと述べ、さらに碑文を揮毫を依頼する際の天囚の態度は非常に謙虚で、自分は亡き天囚を敬服していると述べている。二人の間にはいろいろなことがあったのは確かだが、懐徳堂の顕彰運動の中心となった天囚の功績を、木菟麻呂は大いに評価していたのである。

懐徳堂旧阯碑

コラム☆懐徳堂記念碑の発端

懐徳堂旧阯碑は、江戸時代に懐徳堂があった地に、日本生命が重建懐徳堂の建設を記念して大正七年（一九一八）に建てた。こうした記念碑を懐徳堂のかつての所在地に建てること自体は、実は木菟麻呂が明治四十三年（一九一〇）一月にすでに思い付いていた。

明治四十三年一月三日、木菟麻呂が年始の挨拶に訪れた知人宅で「屠蘇《とそ》酒ヲ饗《きよう》セラレ」た際に、話が懐徳堂の事に及んだ。知人は外国の例を引き合いに出し、「現ニ住友銀行ノ巍立《ぎりつ》セル間地《かんち》ニ、一ノ記念碑ヲ建テンコトヲ請求セバ如何《いかん》、彼必《かれかならず》其《その》名誉トシテ之《これ》ニ応ズルナラン」と、江戸時代に懐徳堂があった地に建っている住友銀行の敷地に、懐徳堂記念碑を建てることを請求したならば、住友銀行はそれを名誉として請求に応ずるであろうと語った。これを受けて木菟麻呂は、住友家が江戸時代から経営する別子《べっし》銅山で採掘した銅を用いてその碑を建てたならば、「吾ガ望《のぞみ》足《た》レリ」と語った。

これが後の懐徳堂旧阯碑に直接結び付いたかどうかは分からない。しかし、後に日本生命から依頼された天囚が、その碑文の揮毫をわざわざ木菟麻呂に依頼したのは、木菟麻呂の記念碑設立の希望を天囚が知っており、天囚の尽力によって実現したからだったという可能性は十分考えられる。

8　その後の木菟麻呂と記念会

天囚の死と木菟麻呂への対応の変化

天囚の死後、記念会と木菟麻呂との関係は、若干変化したように思われる。以前と比べて、記念会の側に木菟麻呂をやや尊重しようとする態度が見受けられるようになっていったのである。

たとえば、大正十四年（一九二五）九月に再刊された天囚の『懐徳堂考』の序文である。

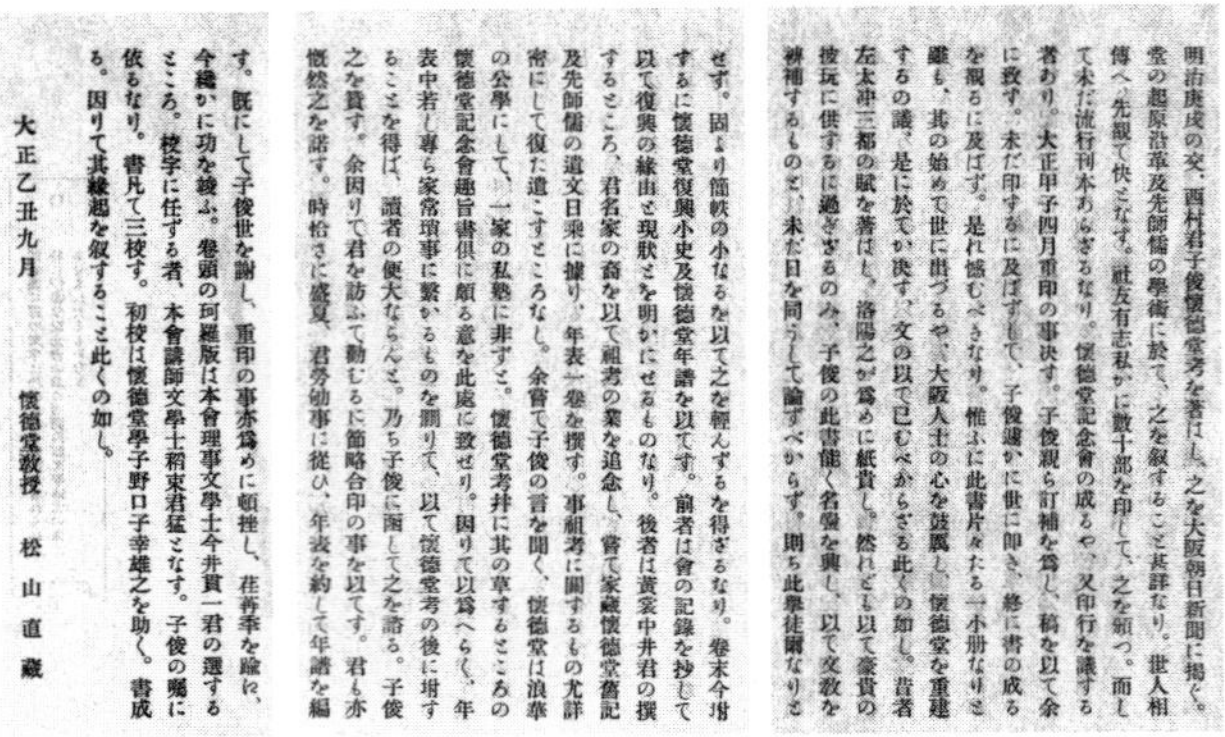
明治庚戌の交、西村君子俊懐徳堂考を著はし、之を大阪朝日新聞に掲ぐ。堂の起原沿革及先師儒の學術に於て、之を叙すること甚詳なり。世人相傳へ、先睹て快となす。社友有志私かに數十部を印して、之を頒つ。而して未だ流行刊本あらざるなり。懐徳堂記念會の成るや、又印行を議する者あり。大正甲子四月重印の事決す。子俊親ら訂補を爲し、稿を以て余に致す。未だ印するに及ばずして、子俊遽かに世に即き、終に書の成るを覩るに及ばず。是れ憾むべきなり。惟ふに此書片々たる一小册なりと雖も、其の始めて世に出づるや、大阪人士の心を鼓舞し、懐徳堂を重建するの議、是に於てか決す。文の以て已むべからざる此くの如し。昔者左太沖三都の賦を著はし、洛陽之が爲めに紙貴し。然れども以て豪貴の披玩に供するに過ぎざるのみ。子俊の此書能く名儒を興し、以て文教を裨補するものと、未だ日を同うして論ずべからず。則ち此擧徒爾なりとせず。固より箇帙の小なるを以て之を輕んずるを得ざるなり。巻末今増するに懐徳堂復興小史及懐徳堂年譜を以てす。前者は會の記録を抄して以て復興の縁由と現狀とを明かにせるものなり。後者は黄裳中井君の撰するところ、君名家の裔を以て祖考の業を追念し、嘗て家藏懐徳堂舊記及先師儒の遺文日乘に據り、年表一巻を撰す。事祖考に關するもの尤詳審にして復た遺こすところなし。余嘗て子俊の言を聞く、懐徳堂は浪華の公學にして、一家の私塾に非ずと。懐徳堂考并に其の草するところの懐徳堂記念會趣旨書俱に頗る意を此處に致せり。因りて以爲へらく、年表中若し専ら家常瑣事に繫かるものを刪りて、以て懐徳堂考の後に増することを得ば、讀者の便大ならんと。乃ち子俊に商して之を諮る。子俊之を賛す。余因りて君を訪ふて勧むるに節略合印の事を以てす。君も亦慨然之を諾す。時恰さに盛夏、君努劬事に從ひ、年表を約して年譜を編す。既にして子俊世を謝し、重印の事亦爲めに頓挫し、荏苒季を踰に、今纔かに功を竣ふ。巻頭の珂羅版は本會理事文學士今井貫一君の選するところ。校字に任ずる者、本會講師文學士稲束君猛となす。子俊の囑に依るなり。書凡て三校す。初校は懐徳堂學子野口子幸雄之を助く。書成る。因りて其縁起を叙すること此くの如し。

大正乙丑九月　懐徳堂教授　松山直蔵

再刊本『懐徳堂考』序文

当時重建懐徳堂の教授であった松山直蔵が書いたこの序文は、再刊の経緯を説明するとともに、巻末に付された「懐徳堂復興小史」と「懐徳堂年譜」との来歴について、解説を加えている。その中で松山は、特に木菟麻呂が執筆した「懐徳堂年譜」に関して、木菟麻呂を「名家の裔《すゑ》」、つまり名門中井家の末裔と持ち上げつつ、木菟麻呂が「懐徳堂年譜」を執筆した経緯を次のように説明している。

木菟麻呂はかねて祖先の功績を思い、家蔵する懐徳堂や先祖の資料・日記に基づいて、懐徳堂の「年表」一巻を作成していた。ただし、この懐徳堂の「年表」は、中井家に関する内輪の事柄の記述を多く含んでおり、そのままでは懐徳堂が中井家の私塾であったかのような誤解をもたらしかねないものであった。

そこで松山は、「年表」から中井家関係の記述を削除し、それを再刊する『懐徳堂考』の巻末に合わせたならば、懐徳堂のことを知ろうとする読者にとって大いに便利であろうと考え、天囚に提案した。天囚が松山の提案に賛成したので、松山は木菟麻呂を訪問して協力を要請した。木菟麻呂は松山の要請を受け入れ、大正十四年の盛夏の中、「年表」の修正作業に取り組み、この「懐徳堂年譜」が成立したのである。

記念会側からの提案・依頼に応じた木菟麻呂が、「懐徳堂年譜」の修正に積極的に協力したことについて、松山がこれほど詳しく説明している点は大変興味深い。記念会側が木菟麻呂の功績をこうした形で率直に認めることは、これまでまったく見られなかったからである。

記念会から見た木菟麻呂

もっとも、この序文の中で松山は、懐徳堂は「懐徳堂は浪華の公学」であって中井家の私塾ではないということを常々天囚が主張しており、その認識は懐徳堂記念会の中で共有されているとも述べている。この点については、記念会の基本的な姿勢は変わっていない。

これまで見てきたとおり、懐徳堂記念会の中には、木菟麻呂を軽んずる傾向が確かに存在した。おそらくそれは、天囚が強く主張した「懐徳堂は浪華の公学」との認識を過剰なほどに重視した記念会の内部の者が、懐徳堂が中井家の私塾であったかのように理解されかねない要素はすべて排除すべきであり、木菟麻呂の貢献や功績を積極的に評価してはいけないと主張し、それが認められてきたことによるのであろう。懐徳堂記念祭の祭文朗読者に当初は木菟麻呂を入れなかったり、また木莵麻呂を懐徳堂記念会の会員にしなかったのも、そのためと推測される。

そうした基本的な姿勢は、財団法人懐徳堂記念会になってからも維持された。大正三年に『懐徳堂紀年』が「懐徳堂記念会編」として献上された際に、巻末の木莵麻呂の識語や署名が消されたのは、おそらくこのことと関連していると考えられる。

懐徳堂記念会や財団法人懐徳堂記念会の中に、こうした木莵麻呂排斥の動きがあったのは、木莵麻呂の信仰も大きく影響していたに違いない。

記念会の資料の中に、記念会が木莵麻呂の信仰を問題視したことを明確に示すものは今のところ確認できない。しかし、「懐徳堂記念会趣旨」にあるように、懐徳堂記念会が懐徳堂を顕彰しようとしたのは、懐徳堂が「大阪人を教育して、其の品性を養ひ、其の風俗を正し、以て世道人心を維持」するのに大いに貢献したためであった。江戸時代の懐徳堂の教育は儒教を中心としていたため、懐徳堂記念会の目指す「徳育」も当然儒教・漢学が中心に位置付けられた。重建懐徳堂の教授が漢学者に限られたのもそのためであった。

従って、懐徳堂記念会としては、ロシア正教を篤く信仰する木莵麻呂を積極的に受け入れることは極めて困難であった。懐徳堂に生まれながら、若い時からロシア正教に入信した木莵麻呂の存在自体が、「世道人心」が荒廃した維新後の日本の社会を象徴するものと受け止められていたと考えられる。

儒教を尊崇する者が、ロシア正教徒である木菟麻呂を受け入れようとしなかったことについては、後年木菟麻呂自身が「己巳残愁録」（『懐徳』第10号、昭和七年）の中で次のように述べている。

余は孔教《こうきよう》を尊崇すると共に基督《キリスト》正教を信奉して、教育上に特殊の意見を立て、基督正教を経《たていと》となし、孔教を緯《よこいと》とするでなければ、完備なる教育は成立たない、今の世に当りて、孔教己を死守して、他を顧みないものは、孔道の本旨を得《え》た者でない、といふ意見を持つてゐたので、所謂《いわゆる》認識不足の人々には、之を容《い》る丶ほどの器量を具《そな》へてゐなかつたので、遂《つひ》に実行不可能の事となつてしまつた。

これは、懐徳堂記念会による懐徳堂顕彰の運動が起きるよりも前に、木菟麻呂は懐徳堂の再興を企画したけれども実現はしなかった、ということを述べた部分である。ここで木菟麻呂は、「基督正教（ロシア正教のこと）を経となし、孔教を緯とする」木菟麻呂の思想的立場が、「孔教」つまり儒教のみを尊崇し、他を許容しない「認識不足の人々」に理解されなかったことが懐徳堂再興失敗の原因だったとしている。おそらく儒教・漢学による徳育を目指す懐徳堂記念会や財団法人懐徳堂記念会の中にも、木菟麻呂の言うような「孔教己を死守して、他を顧みないもの」が存在したと推測される。

その一方で、展覧会であれ記念出版であれ、記念会が懐徳堂に関する事業を行う場合には、結局木菟麻呂を頼りにしないわけにはいかなかった。懐徳堂の歴史そのものについて、木菟麻呂ほど深く広く理解している人も他にはいなかったからである。懐徳堂顕彰運動の中心となった天囚さえ、『懐徳堂考』の下巻を独力では執筆できず、木菟麻呂に材料の提供を仰いだ。記念会と木菟麻呂との関係が屈折したものとならざるを得なかったのは、こうした事情があった。

もっとも、再刊本『懐徳堂考』が世に出た大正十四年ともなると、重建懐徳堂を拠点とする財団法人懐徳堂記念会の活動もおおむね安定した。そして懐徳堂は中井家の私塾であったとするような理解も、警戒するほど広まらなかった。そして、これまで懐徳堂の顕彰運動を強力に引っ張ってきた天囚も亡くなった。

こうした状況を背景として、松山は天囚の敷いた「懐徳堂は浪華の公学」との基本路線を踏襲しながらも、殊更《ことさら》に木菟麻呂を排斥する態度を取る必要はもはやなくなったと判断し、記念会の活動に対する木菟麻呂の協力を積極的に認めて、その功績を評価する方向に転じたのである。

木菟麻呂の転居

話は少し遡る。懐徳堂旧阯碑が建てられた大正七年（一九一八）、木菟麻呂の一家には大きな変化が生じた。東京で木菟麻呂ら家族と暮らしていた妹の終子が、二十四年間勤務していた東京女子神学校の教師を七月に辞職し、前橋の共愛女学校の国漢の教師となったのである。これには、女子神学校の給料が安いことや、またニコライ大主教の死後、女子神学校の運営などをめぐって正教会の内部で混乱が生じたことも影響したようである。

さらに終子は、翌大正八年（一九一九）秋に大阪の梅花高等女学校へと転職した。この時、母・春も大阪へ転居している。

そして翌大正九年（一九二〇）八月には、東京に残っていた木菟麻呂と姉の蘭も大阪へ移り、木菟麻呂は終子と同じ梅花高等女学校の漢文の教師となった。

この頃重建懐徳堂では、すでに様々な講義や講演が活発に行われており、近代大阪における市民学校としての活動は次第に定着し、充実していった。木菟麻呂も後に懐徳堂堂友会に顧問として招かれ、重建懐徳堂の活動と直接関わりを持つようになっていく。

この後、昭和七年（一九三二）には、旧懐徳堂書院の屛風・扁額など、書堂の付属物四十七点が木菟麻呂から懐徳堂記念会へ寄贈された。

木菟麻呂の死

木菟麻呂は、昭和十二年（一九三七）まで梅花高等女学校で漢文を教えた。木菟麻呂の退職後、中井家の生活は、大正十五年に木菟麻呂の養女となって中井家を継いだ妹の終子によって支えられることとなったが、終子も同じ昭和十二年に梅花を退職させられており、中井家は経済的に大変苦しい状況となった。

その後昭和十四年（一九三九）に大阪府立図書館に寄託されていた懐徳堂と水哉館の遺書・遺物を財団法人懐徳堂記念会に寄贈する話がまとまった。寄贈ということではあるが、実際には一万円で買い取られたのだという。これに伴い、大阪府立図書館への寄託はすべて解除され、府立図書館内の懐徳堂記念室は同年廃止された。

昭和十八年（一九四三）三月二十五日、木菟麻呂は八十九際の生涯を終え、彼が愛した嵯峨野の地にある祇王寺に葬られた。質素な墓が建てられていたが、死後三十六年たった昭和五十四年（一九七九）、木菟麻呂の教え子や正教会関係者らの寄付によって川西市に再建・整備された。

コラム☆木菟麻呂の書

『秋霧記』によれば、明治四十四年二月四日、木菟麻呂は知人の古稀の祝いの返礼として開かれた酒宴に出かけた。その際、木菟麻呂が寿詩（長寿をことほぐ詩）をつくって持参したところ、同席した人々が口を揃えて「木菟麻呂の書は竹山の書に似ている」と評したという。木菟麻呂はこの時の感想を次のように記している。

おのれ竹山先生を学びたることなけれど、筆を下せば、おのづから其筆意ほのめきたれば、自もかくおもひけるに、人〻もかやうに見たまへば、わざとならぬ筆のはこびにまかするかたよからむとおもへば、是より竹山先生をも習びては、などおもふ。

木菟麻呂は竹山の書に学んだことは無かったが、筆をとると自然に筆遣いが似ると、以前から自分でも思っていた。他人もそのように見るので、意図的ではない、自然の筆の運びにまかせるのがよいのだろうと木菟麻呂は思った。そこで木菟麻呂は、そういうことならばこれをきっかけとして、竹山の書を真面目に習んでみてはどうだろうかと思った、というのである。『秋霧記』には、翌二月五日の夜、木菟麻呂が早速竹山の唐詩を学んだことが記されている。木菟麻呂は思い立ったことを即行動に移す、そういう一途な人であった。

おわりに

懐徳堂と重建懐徳堂とは、存在した時代がまったく違い、従ってそれぞれが社会に果たした役割も当然異なる。しかし、学ぶ意欲を持った一般の人々に向けて広く門戸の開かれた大阪の学校という点で、この二つの学校には共通性がある。

特に重建懐徳堂は、現代の市民大学のさきがけともいうべき、実にユニークな学校である。明治以降の急速な社会の近代化の中で、学校教育制度の整備が進み、各地で各種の学校が設立されていった時期に創設された重建懐徳堂において、学歴や資格とは直接結びつかない講義や講演を、多くの市民が受講し、進んで学んだことは、注目に値する。

戦後の財団法人懐徳堂記念会が大阪大学と提携して継続的に取り組んでいる一般市民向け講座を含めて、こうした一般市民を対象とした学校には、現代社会において一般の「学校」が見失いがちな、学ぶ意欲を持った人々が集い、そして学ぶよろこびを感じる場としての機能が、なお確かに存在しているように思われてならない。

ひるがえって、その一般的な「学校」、学校教育制度の中に組み込まれている学校は、今日様々な問題を抱えている。少子化、いじめ、不登校、学級崩壊、モンスターペアレンツ、指導要領の改訂、教員免許の更新等々――筆者は地方大学の教員養成学部に勤務していることもあり、そうした様々な問題を耳にすることが多い。

もちろん、問題が山積みだからといって「学校」はなくならない。社会に対して或《あ》る一定の役割を果たすものとして、今後も必要とされるに違いない。もちろん、未来の「学校」のあり方が今とまったく同じということはないであろうが。

懐徳堂や重建懐徳堂の研究に携わるようになってから、今日の「学校」が抱える問題について考える上で、「そもそも学校とは何なのか」という問いに立ち帰ることの必要性を痛感するようになった。

懐徳堂を創建した五同志、初代学主の石庵、あるいは官許を得るために奔走した甃庵、最盛期の竹山、履軒、懐徳堂が閉鎖された時の寒泉、桐園。また懐徳堂記念会を立ち上げた大阪人文会、西村天囚、そして中井木菟麻呂。彼らにとって懐徳堂とは、重建懐徳堂とは、そしておよそ学校とは一体何だったのだろうか。そうした問題を通して、今日の、そしてこれからの学校を考えることの意義は大きいように思われる。

つきつめると、そこで学ぶ人と、そこで教える人との間に密接な結び付きが生まれてこそ、初めて生命が吹き込まれるのが学校というものなのではなかろうか。学校を生かすも殺すも「人」にかかっている――そう思われてならない。

本書の執筆を勧めて下さった大阪大学大学院の湯浅邦弘先生に心より厚くお礼申し上げる。

参考文献

湯浅邦弘『墨の道　印の宇宙　懐徳堂の美と学問』（大阪大学出版会、二〇〇八年）
湯浅邦弘・竹田健二共編著『懐徳堂アーカイブ　懐徳堂の歴史を読む』（大阪大学出版会、二〇〇五年）
湯浅邦弘編『懐徳堂事典』（大阪大学出版会、二〇〇一年）
湯浅邦弘編『懐徳堂研究』（汲古書院、二〇〇七年）
中村健之介・中村悦子『ニコライ堂の女性たち』（教文館、二〇〇三年）
脇田修・岸田知子『懐徳堂とその人々』（大阪大学出版会、一九九七年）
週刊朝日編集部編『値段史年表　明治・大正・昭和』（朝日新聞社、一九八八年）
釜田啓市「重建懐徳堂の事業」（『清真学園紀要』第23・24合併号、二〇〇八年）
天野郁夫『大学の誕生　上・下』（中公新書、二〇〇九年）

懐徳堂友の会・㈶懐徳堂記念会『懐徳堂—浪華の学問所』（発売所・大阪大学出版会、一九九四年）
㈶懐徳堂記念会『懐徳堂記念会の九十年』（㈶懐徳堂記念会、一九九九年）
牛丸康夫『パウエル中井木菟麻呂小伝』（大阪ハリストス正教会、一九七九年）
国立国会図書館リサーチ・ナビ　過去の貨幣価値を調べる（明治以降）
http://rnavi.ndl.go.jp/research_guide/entry/theme-honbun-102809.php

本書の図版は、図版下部に出典・所蔵として掲げたもの以外は、一部をのぞいて大阪大学附属図書館、大阪大学文学研究科、財団法人懐徳堂記念会からの提供による。

竹田健二（たけだ・けんじ）

1962年生まれ。島根大学教育学部教授。専門は、中国哲学。共編著に『懐徳堂アーカイブ　懐徳堂の歴史を読む』（大阪大学出版会、2005）、共著に『諸子百家〈再発見〉－掘り起こされる古代中国思想－』（岩波書店、2004）、論文に、「大阪人文会と懐徳堂記念会―懐徳堂記念会蔵「経過報告第一」を中心に―」（『中国研究集刊』第46号、2008）、「『曹沫之陳』における竹簡の綴合と契口」（『東洋古典学研究』第19集、2005）など。

阪大リーブル20　懐徳堂

市民大学の誕生　―大坂学問所懐徳堂の再興―

発　行　日　2010年２月15日　初版第１刷　〔検印廃止〕

著　　　者　竹　田　健　二

発　行　所　大阪大学出版会
代表者　鷲田清一
〒565-0871
吹田市山田丘2-7　大阪大学ウエストフロント
電話：06-6877-1614　FAX：06-6877-1617
URL　http://www.osaka-up.or.jp

印刷・製本　株式会社 遊文舎

ISBN 978-4-87259-244-3 C1321